U0536031

LEADERSHIP
GENERAL COURSE

领导力通识课

于永达　战伟萍◎著

中央编译出版社
Central Compilation & Translation Press

图书在版编目（CIP）数据

领导力通识课 / 于永达，战伟萍著 . — 北京：中央编译出版社，2023.11

ISBN 978-7-5117-4473-9

Ⅰ.①领… Ⅱ.①于… ②战… Ⅲ.①领导学—通俗读物 Ⅳ.① C933-49

中国国家版本馆 CIP 数据核字（2023）第 197974 号

领导力通识课

出版统筹	潘　鹏
责任编辑	何　蕾
责任印制	李　颖
出版发行	中央编译出版社
地　　址	北京市海淀区北四环西路 69 号（100080）
电　　话	（010）55627391（总编室）　（010）55627116（编辑室）
	（010）55627320（发行部）　（010）55627377（新技术部）
经　　销	全国新华书店
印　　刷	北京中科印刷有限公司
开　　本	710 毫米 ×1000 毫米　1/16
字　　数	260 千字
印　　张	22
版　　次	2023 年 11 月第 1 版
印　　次	2023 年 11 月第 1 次印刷
定　　价	69.80 元

新浪微博：@ 中央编译出版社　　微　信：中央编译出版社（ID：cctphome）
淘宝店铺：中央编译出版社直销店（http://shop108367160.taobao.com）（010）55627331

本社常年法律顾问：北京市吴栾赵阎律师事务所律师　闫军　梁勤

前　言

领导力之美

中国正带着数千年的精神传统崛起于当代世界，开启同世界交融发展的新画卷。面对国内外形势的深刻复杂变化，如何提高科学性、预见性、主动性和创造性，以卓越的思想和眼光、成熟的处世方式、强大的心理素质，在各类组织中发挥领导力，发现并培养未来的领导者，是当下需要研究的突出课题。

西方学者沃伦·本尼斯（Warren G.Bennis）讲过："领导力就像美，很难定义，但当你看到时，就会知道。"纵观浩如烟海的领导力文献，你会发现领导力是个人特质，也是管理行为；领导是做人，也是成事，是使命愿景，也是服务奉献。正如一千个读者眼中就会有一千个哈姆雷特，一千个学者也会有一千个领导力的定义。在领导力课堂上，我们一再强调领导力是个复杂的问题，它有不同的场景和维度，正如"千江有水千江月"，但也有万变不离其宗的核心理念，就像"万里无云万里天"。在本书中，我们并不会停留于某种界定，而是为有志于攀登领导力高峰的读者们提供一组地图和一系列工具，帮助其深入思考、科学选择和持续进步。

一、如同美一样，领导力是人之为人、自然而然的需求，也是永不过时的话题

追求美是人的本性，人们本能地而非理智地向往美的意境，对领导

力的追求亦如此。欧洲学者马克·范福特（Mark van Vugt）和安加娜·阿胡贾（Anjana Ahuja）在《自然选中：领导和追随的秘密》一书中提出了进化领导理论，认为生存的压力自然催生了领导行为，领导和追随是人的社会化本能。有了"领头羊"，大自然中的食草动物族群才有可能摆脱困境、躲避捕食者，维系生存。在原始部落中，一个人饿了，他只要追随最优秀的猎人就比较容易获得食物；一个人被攻击了，可以通过追随最强壮的人免受伤害。可见人类天然就有领导和追随他人的能力。甚至在领导和追随的问题上，我们也经常受到原始意识的影响：比如在选择领袖方面，我们天然就喜欢身材高大、外表威武的领导者，此外，善于言辞、充满激情和信念坚定等特征也是人们判定领导者的重要依据。

作为一个古老而时尚的名词，"领导力"内涵在不断地得到扩充。领导力曾被认为是基于特定的领导岗位的能力，现如今，通过将领导岗位所带来的"权力"和人本身所具备的"影响力"分离，对领导力的定义和研究早已超出了权力的范畴，而被看作是一种能够推动社会进步、促进社会变革的合作过程，是一种面向未来不可或缺的能力。

二、如同美一样，领导力需要与外部环境的统一和谐

和谐是东西方公认的美。西方美学最早从宇宙秩序的角度来探讨美，古希腊哲学家认为美的本质在于整体的和谐。东方美学注重人与自然的和谐共生，"天人合一"是其代表思想。如著名建筑设计师贝聿铭所设计的香山饭店，风格简洁平淡，将西方现代建筑原则与中国传统的营造手法相结合，以园林和民居的典型风格与外部的水光山色、参天古树密切融合，是东西方文化交融大背景下中式庭院的美学表现。

同样，无论东西方，都没有放之四海而皆准的领导力，只有最贴合具体情境的领导力。本书介绍了西方的领导理论和东方的领导智慧，并尝试从文化领导力等视角对东西方情境下的领导力需求进行对比和剖析。东西方历史上对于领导力研究的切入点不同，东方从宏观出发，强调对宏观、普遍、规律性的追求；西方从微观出发，强调对个体领导技艺的追求。但从与外部环

境和谐统一的角度来看，对领导力的追求可谓是殊途同归。领导力源于文化，又在塑造文化。从宏观来看，领导力要与国家、地区、民族的文化传承相适配；从微观来看，领导力要与所处的社会情境、法律体系、组织文化相适配。只有自我、他人、团队、组织和外部环境实现统一和谐，才能取得"功成事遂，百姓皆谓：我自然"的理想效能。

三、如同美一样，领导力是可以量化的科学，也是不可言传的艺术

毕达哥拉斯学派将美学定义为自然科学，同时认为"万物皆数"，数字就是宇宙美感的体现。他们试着用黄金分割和由此产生的斐波那契数列来解读《蒙娜丽莎》《最后的晚餐》等世界名画，研究法国巴黎圣母院、美国白宫、中国西安钟鼓楼的设计。黄金分割的科学计算可以解释美，但并不能将美学创作本身等同于科学。黑格尔认为，"美是理念的感性显现"，美学实质上是"艺术哲学"。庄子说"天地有大美而不言"，美是难以定义、言传的。

与此类似，一代又一代人孜孜不倦地对领导力进行度量，通过量化方法从各个侧面、各个维度去观察和测度，将领导学纳入科学的范畴。伴随着心理学、神经科学和博弈论等的发展，领导科学领域成果丰硕，领导力要素组成和作用机理等方面的理论模型层出不穷。然而，科学能够揭示的依然只是冰山一角，至今我们无法以固定的参数、统一的标准度量和表述领导力。人们从各个侧面、各个维度去观察、去研究，但领导力的整体面貌依然很难用语言来表现。哲学家路德维希·维特根斯坦（Ludwig Wittgenstein）曾经提出，"凡有意义的，皆不得不以荒唐的语言传递其意义"。"凡有意义的"是指除了数学、科学，人类生活特别是精神和思想生活中，还有更大、更重要的事情，领导力当然也在其列。虽有难度，但我们义无反顾地探索和研究领导力，不遗余力地宣传和培育领导力，正是因为感受到其重大意义所在。

四、如同美一样，领导力的提升既需要持之以恒的练习，也要取法乎上的眼光

领导力并不是一种天赋，领导力的培养也无法一蹴而就。图灵奖得主理查德·哈明（Richard Hamming）认为，在很多领域，通往卓越的道路不是精确计算时间的结果，而是模糊与含糊不清的，并没有简单的模型通向伟大。《蒙娜丽莎》的惊鸿一瞥，背后是达·芬奇几千页手稿的积累。达·芬奇随时收集和积累一闪而过的思绪、不成熟的想法、未经润饰的素描和尚未精炼的专著，他的手稿是"纸本纪录上人类观察力和想象力最惊人的证明"。

领导力作为一种高复杂性的认知行为活动，需要结合具体情境更有耐心地进行长时间周期的练习，才有可能得到"知行合一"的实质性的提升。赫伯特·西蒙（Herbert A.Simon）认为，人的有限理性体现在学习中就是情境理性，在哪里用就在哪里学。通过在具体情境下的训练，可以对所遇到的不同局面创建出高度复杂和精密的心理表征，进而使领导者吸收和考虑更多的信息，并将那些普通人看来并没有密切关系的信息关联起来，提升领导者的洞察力和工作效能。同样，心理表征还可以用于学习中的反馈，使人们能够敏锐地察觉自己所犯的错误，知道需要做什么才能够表现得更为优秀，这对于领导力的提升形成正向的反馈。在这种良性循环下，人就像一边在攀爬楼梯，一边在搭建新的阶梯，不断向上。

在紧贴实际练好基本功的同时，还需要清醒地认识到，我们长期置身其中进行练习、获得成长的具体情境毕竟是有限的。取法乎上，得乎其中；取法乎中，仅得其下。这需要跳出时空的束缚，打开视野，纵观世界，放眼历史，寻找其中最为卓越的领导者、最为经典的领导力理论，从经验和理论中汲取丰富的领导力养分。哪位卓越领导者的领导风格最能够打动你？从他们的成败中能够得出哪些教训？借古以开今，借鉴前人的成果，但不重走老路，需要独立而诚实地思考，构建自身的格局和品位。同时，广取博采也是有效鉴别市场上"传销式""洗脑式"领导力培训的有效方式。

个体领导力的发展过程，是寻找人生意义、成就自我的过程。康德说"人是目的而非手段"，对领导力的学习像是一种启蒙运动，可借由领导力的学习与实践，使自己成为更好的人。愿本书能够成为一把钥匙，为大家开启成就人生、走向卓越的大门。

目 录

第一讲 特质领导 / 001

一、特质理论与伟人特质 / 002

二、特质理论的发展 / 014

三、领导特质的测评 / 021

第二讲 领导风格 / 029

一、领导的行为风格 / 030

二、领导的心理风格 / 039

三、案例：自恋型人格的悲剧英雄——项羽 / 052

第三讲 情境领导 / 057

一、情境领导的理论渊源 / 058

二、情境领导的行为方式 / 063

三、情境领导力的延伸：追随力 / 074

四、案例：奈飞模式是否值得学习 / 078

第四讲 沟通领导力 / 085

一、沟通的不同类型 / 086

二、沟通的潜在关键：情绪　／090

三、提高沟通效能的行为方式　／098

四、沟通的内容策略　／104

第五讲　创新领导力　／111

一、创新的内涵与过程　／112

二、领导者的创新素养　／119

三、对创新人才的招聘和使用　／124

四、创新组织文化的营造和维系　／129

五、案例：中国高铁与中国创造　／135

第六讲　变革领导力　／141

一、组织的领导变革理论　／142

二、把握变革方向与时机　／147

三、释放变革势能　／155

四、巩固变革成果　／161

五、案例：清华大学的准聘—长聘改革　／167

第七讲　文化领导力　／175

一、文化的内涵与功能　／176

二、文化领导者：厚植基础　／190

三、组织文化领导力：植入干预　／195

四、国家文化领导力：文以载道　／202

目 录

第八讲　发展领导力　/ 211

一、个体层面的发展领导力　/ 213

二、组织层面的发展领导力　/ 220

第九讲　集聚优势领导力　/ 229

一、集聚优势理论　/ 230

二、集聚优势领导力的作用过程　/ 234

三、集聚优势领导力的构成要素　/ 237

四、案例：林肯的集聚优势　/ 243

第十讲　数字时代的领导力　/ 249

一、数字时代的领导者　/ 251

二、数字时代的组织领导力　/ 257

三、数字时代的领导行为　/ 263

四、首席数据官与数字时代的治理领导力　/ 267

第十一讲　科技人才的领导力　/ 277

一、科技人才及其重要性　/ 279

二、价值使命　/ 284

三、中国科技事业的新跨越　/ 289

四、探索创新　/ 295

五、聚天下英才而用之　/ 299

第十二讲　危机领导力　/ 309

　　一、危机情境的挑战　/ 310

　　二、危机洞察力　/ 313

　　三、危机中的决策　/ 319

　　四、案例：沙克尔顿的"坚韧号"南极探险　/ 330

后　记　/ 339

领 | 导 | 力 | 通 | 识 | 课

第一讲
特质领导

为什么有的人天生雄才大略，能名留青史，而有的人却默默无闻，很快在历史的洪流中湮灭？从文学巨著中对伟人的独特个性的洞察和探究，到使用心理学工具对商界和更广泛领域领导者性格与动机的测试与剖析，对领导者特质的关注代表着人们对领导力的最初好奇和本能追逐。特质，是个体众多特征中最独特且稳定的部分，领导特质则反映和体现了领导活动的最主要和根本的特点。研究者试图通过"特质"这一广泛概念来理解领导力，因此可以说，领导特质是卓越领袖的灵魂，是一个领导者水平、能力的主要表现和集中反映，也是衡量领导者称职与否的基本标准。

从西方领导力研究的发展脉络来看，学术界对特质领导力的态度事实上经历了"否定之否定"的过程。特质是研究领导力最直接、最基础的切入点，虽一度因为缺乏可证伪的科学方法、忽略了多元化外部因素影响等被主流研究抛弃，但随着情境理论、行为理论、变革理论的发展，特质对领导力开发和预测组织绩效的影响重新回到研究者的视野，在传统特质理论基础上衍生出内隐领导、魅力领导、胜任力等多种理论，并不断演化发展，领导特质理论再次焕发生机，在当下依然是理解和分析领导力的重要框架。21世纪初期开始，越来越突出的变异性领导力、个性化领导力的出现和放大化，对于研究特质领导力提出了新的挑战。

一、特质理论与伟人特质

特质理论认为，高效的领导者具有一些相似的特征，只要能够区分领导者和非领导者的不同特点，就可以揭示他们成为领导者的原因。因此，归纳总结领导者必备的"相似的特征"，成为百年来不同领域的研究者孜孜以求的目标：心理学家从人格和性格等视角出发来研究领导特质，历史学家和传记作家从历史事件和具体行为方式中推测领导特质，管理学家和经济学家从具体行为方式中分析领导特质。漫漫历史长河中的诸多伟大人物，成为各领域的重点研究对象。早期研究者认为，天才的领导者都有能言善辩、英俊潇洒、智力过人、充满自信、能影响他人、外向而敏感等一系列特性。本部分从特质这一心理学概念着手，以对伟大历史人物的特质分析为落脚点。有志于自我培养、自我超越的读者，可以诸多卓越领导者为榜样，通过对其领导特质进行分析，在领略伟人风采的同时，汲取他们的优秀特质，作为自身成长的养料。

1961年，美国心理学家高尔顿·奥尔波特（Gordon W.Allport）这样对特质进行定义，"一种心理结构，这种结构使个体能够对许多作用相同的刺激进行反应，并且激活和引导相同形式的适应行为或表现行为"，"同样都是遇到火，黄油会融化，鸡蛋却会变硬"。特质被用来解释为什么面对同样的刺激，不同的人会作出不同的行为反应。例如，是否具备"谦虚"这一特质，使个体对不同种类的刺激作出相似的反应。与习惯相比，特质更具有一般性，往往是在适应过程中整合特殊习惯的结果。

特质分为共同特质和个人特质。共同特质属于同一文化形态下人们所具有的一般性质。它是在共同的生活方式下形成，并普遍地存在于每一个人身上。从共同特质看，个体间的差异，只不过是指个人所具备这种特质的多寡或强弱不同而已。具体来说，这种特质包括支配—顺从、外向—内向、自信—自卑等。

个人特质是个人所独有的特质。世界上没有两个人的个人特质是完全相同的，即使两个人在共同特质上是相似的，他们的行为表现仍各具独特性。

从特质对人格不同的影响和作用来看，特质可以分为首要特质、重要特质和次要特质。

首要特质，是个人最重要的特质，代表整个人格，往往只有一个。它在人格结构中处于支配地位，具有极大的弥散性和渗透性，影响到个人行为的所有方面。首要特质未必每个人都具有，也有不少人因具有单个首要特质而成为某领域的领导者，如创新是爱迪生的首要特质。

重要特质，是人格的组成部分。每个人都有几个彼此相联系的重要特质构成其独特的人格。它虽然不如首要特质那样对行为起明显的支配作用，但本身也具有相当的概括性，对人格有一般意义的倾向，如准时、整洁、勤奋、诚恳等。奥尔波特认为，每个人所具有的重要特质一般在 5—10 种之间。

次要特质，不是决定人格的主要特质。它最不明显，渗透性极小，对个体行为影响小。与首要特质和重要特质相比，次要特质是从更为狭窄的各种刺激来说的，它包括一个人独特的偏爱（如对某些食物、衣着的偏爱），一些片面的看法和由情境所制约而产生的特质等。

对领导特质的早期研究和探索离不开对历史人物的研究。对伟大人物的个人生活史、事业史、生命史的描写，不但是对领导特质的总结和特质来源的挖掘，同时对读者具有引导意义，激励他们学习和模仿伟大人物的高尚品德、优秀特质和杰出行为。史学家章学诚认为："史志之书，有裨风教者，原因传述忠孝节义，凛凛烈烈，有声有色，使百世而下，怯者勇生，贪者廉立。"

（一）毛泽东的领导特质

以美国作家埃德加·斯诺（Edgar Snow）在《红星照耀中国》（曾译名为《西行漫记》）一书中对毛泽东的观察和描述为例，剖析如何通过人物传记对领导特质进行归因。

埃德加·斯诺在书中以西方的探究视角，对毛泽东这位中国共产党领导人的性格特征进行了"人物画像"。1937 年，他第一次见到毛泽东时，毛泽东 44 岁。斯诺对毛泽东的第一印象是"精明"，"他是个面容瘦削、看上去很像林肯的人物，个子高出一般的中国人，背有些驼，一头浓密的黑发留得很长，双眼炯炯有神，鼻梁很高，颧骨凸出。我在一刹那间所得的印象，是一个非常精明的知识分子的面孔"[1]。

他对毛泽东的第二印象是"不拘一格"。"我第二次看见他是傍晚的时候，毛泽东光着头在街上走，一边和两个年轻的农民谈着话，一边认真地在做着手势。我起先认不出是他，后来等到别人指出才知道。南京虽然悬赏25万元要他的首级，可是他却毫不介意地和旁的行人一起在走。"[2]

经过一段时间了解之后，斯诺又谈了一些主观印象。

一是毛泽东身上有一种魅力。"这并不是什么昙花一现的东西，而是一种实实在在的根本活力。你觉得这个人身上不论有什么异乎寻常的地方，都是产生于他对中国人民大众，特别是农民——这些占中国人口绝大多数的贫穷饥饿、受剥削、不识字，但又宽厚大度、勇敢无畏……的人们——的迫切要求作了综合和表达，达到了不可思议的程度。"[3]

二是热爱学习，专心致志。毛泽东是一个精通中国旧学的有成就的学者，博览群书，对哲学和历史有深入的研究，还有演讲和写作的才能，记忆力异乎常人，专心致志的能力不同寻常，个人习惯和外表落拓不羁，但是对于工作却事无巨细，一丝不苟，他精力过人，不知疲倦，是一个颇有天才的军事和政治战略家。他对当前世界政治惊人的熟悉，熟读世界历史，对于欧洲社会和政治的情形也有实际的了解，对英国的工党，对美国总统罗斯福，对印度，对美国的黑人问题，对希特勒和墨索里尼都有自己的看法。他还是一个认真研究哲学的人，读书范围不限于马克思主义哲学家，也读过一些古希腊哲学家、斯宾诺莎、康德、歌德、黑格尔、卢梭等人的著作，这加深了他思想的理性深度。

三是身体硬朗，精力过人。毛泽东每天工作十三四个小时，常常到深夜两三点钟才休息，他的身体仿佛是铁打的。"他认为这要归因于他在少年时代在父亲的田里干过苦活，要归因于他在学校读书的刻苦时期，当时他与几

---

[1] ［美］埃德加·斯诺：《西行漫记》，董乐山译，东方出版社2010年版，第70页。
[2] ［美］埃德加·斯诺：《西行漫记》，董乐山译，东方出版社2010年版，第70页。
[3] ［美］埃德加·斯诺：《西行漫记》，董乐山译，东方出版社2010年版，第71页。

个志同道合的人组织斯巴达俱乐部一类的团体。他们常常饿着肚皮,到华南山林中作长途的徒步跋涉,在严寒的日子去游泳,在雨雪中光着脊梁——这一切都是为了要锻炼他们自己。他们凭直觉知道,中国的来日需要他们有忍受最大的艰难困苦的能力。有一次,毛泽东曾经花了整整一个夏天走遍他的家乡湖南全省。他靠挨家挨户替农家做工换饭吃,有时候甚至靠行乞。有一次他几天不吃饭,只吃些硬豆和水——这又是一种'锻炼'肠胃的方法。"[1]

斯诺发现,毛泽东"把天真质朴的奇怪品质同锐利的机智和老练的世故结合了起来"[2]。他有着中国农民的质朴纯真的性格,颇有幽默感,喜欢憨笑,甚至在说到自己以及苏维埃的缺点的时候,他也笑得厉害——但是这种孩子气的笑,丝毫也不会动摇他内心对他目标的信念。他说话平易、生活简朴,有些人可能以为他有点粗俗。"他似乎一点也没有自大狂的征象,但个人自尊心极强,他的态度使人感到他有着一种在必要时候当机立断的魄力。我从来没有看见他生过气,不过我听到别人说,他有几次曾经大发脾气,使人害怕。在那种时候,据说他嬉笑怒骂的本领是极其杰出和无法招架的。"[3]

上述文字展现了一位鲜活的领导者形象,可以总结出斯诺所观察到的领导特质包括:忧国忧民、知识渊博、精力过人,生活中平易近人而又不拘小节,有当机立断的魄力。

英国作家乔纳森·芬比(Jonathan Fenby)在《蒋介石传》一书中将蒋介石的特质与毛泽东进行对比,并将蒋介石的失败归因为性格特质。乔纳森总结道,毛泽东和蒋介石生于同一个时代,都来自农村的普通家庭,都有深爱自己的母亲和熟读圣贤书的童年,都是少小离家,经历过漂泊不定的生活。但其性格上有很多不同之处:蒋介石对外表过分挑剔、较为刻板,毛泽东则因不修边幅和农民作风而著称于世;蒋介石显得很有自制力,而毛泽东则心怀宽广,要带领人们进入自信的心境;蒋介石的演讲是在发布军事命

---

[1] [美]埃德加·斯诺:《西行漫记》,董乐山译,东方出版社2010年版,第77页。
[2] [美]埃德加·斯诺:《西行漫记》,董乐山译,东方出版社2010年版,第74页。
[3] [美]埃德加·斯诺:《西行漫记》,董乐山译,东方出版社2010年版,第75页。

令，毛泽东却知道怎样吸引他的听众，在触及核心内容之前，会插入一些题外话、笑话或引述乡间事例；蒋介石向士兵们保证，所有士兵都是他大家庭的一部分，但蒋介石只是遥远讲台上的一个身影，毛泽东却可以建立一种真实的个人联系。在列举上述特质差异后，乔纳森写道："尽管有大批军队供其调遣，蒋似乎已经命中注定成为历史中失败的一方。"[①]

（二）富兰克林的领导特质

本杰明·富兰克林，1706 年出生于美国，与乔治·华盛顿、托马斯·杰斐逊并称为"美国开国三杰"，参与领导了美国独立运动，起草了《独立宣言》，签署了《美国宪法》，为美国的国家独立作出了不可磨灭的贡献。作为一个通才，除了政治家和外交家之外，他还有多种身份：出版商、印刷商、记者、作家、慈善家、发明家，在他所涉猎的领域都有所建树。在启蒙时代，富兰克林被看作美国最伟大的人物之一。1785 年，杰斐逊被任命为驻法全权公使接替富兰克林，人们向杰斐逊祝贺时，这位后来的美国总统这样评价富兰克林："谁也取代不了他，先生；我只不过是他的接班人。"

富兰克林在晚年书写自传以引导和激励后人。他写道："我特别强调和格外直率地提到勤劳这一点，虽然好像我是在自吹自擂，我的目的不外是：当我的后裔读到这里，当他们在这个故事里看见勤劳是怎样地对我有利时，他们可以晓得这一品德的可贵了。"[②]《富兰克林自传》不但成为美国传记文学的开山之作，也是一部影响了几代美国人、历经 300 余年经久不衰的励志奇书，被公认为是改变无数人命运的精神读本。

童年时代，父亲经常用所罗门的箴言教育富兰克林，"若是一个人勤勉从事，他将站在君王的面前，他将不站在普通人面前"[③]。在自传中，富兰克

---
① [英]乔纳森·芬比：《蒋介石传》，陈一鸣译，中国青年出版社 2011 年版，第 214—215 页。
② 《富兰克林自传》，姚善友译，生活·读书·新知三联书店 1985 年版，第 85 页。
③ 《富兰克林自传》，姚善友译，生活·读书·新知三联书店 1985 年版，第 113—114 页。

林体现出勤奋、敬业、节俭和节制的伟大精神，证实了父亲的话："诚实和勤勉，应该成为你永久的伴侣。"

在青年时代（1728年左右），富兰克林酝酿并践行了其美德计划。拟订计划的初衷，是希望任何时候都能不犯任何错误地生活；克服天性、习惯或伙伴可能给他造成的一切缺点。在《富兰克林自传》一书中，富兰克林提到了美德条目的产生方式："在我的阅读中，我发现在列举道德品质时，各家的分类多少有点分歧，因为对不同的作者同一个词的涵义可以或多或少节制这个词，比方说，有人把它的意义限于饮食，但另外有人却使它的意义包括调节其他的快乐、欲望、癖好和肉体的或精神的情欲，甚至把它推广到贪婪和野心方面。为了明确起见，我主张宁可多设几个项目，每一项底下少包括一点涵义，不要项目少而涵义多。我提出了十三种德行，这是当时我认为是必需的或是相宜的全部德行名目，在每一项底下我加了一些简单的箴言，充分地说明了我认为该词涵义应有的范围。"[①]

美德的13个条目和具体含义如下：

1. 节制。食不过饱；饮酒不醉。

2. 沉默寡言。言必于人于己有益；避免无益的聊天。

3. 生活秩序。每一样东西应有一定的安放的地方；每件日常事务当有一定的时间。

4. 决心。当做必做；决心要做的事应坚持不懈。

5. 俭朴。用钱必须与人或与己有益，换言之，切戒浪费。

6. 勤勉。不浪费时间；每时每刻做些有用的事，戒掉一切不必要的行动。

7. 诚恳。不欺骗人；思想要纯洁公正；说话也要如此。

8. 公正。不做不利于人的事，不要忘记履行对人有益而又是你应尽的义务。

[①] 《富兰克林自传》，姚善友译，生活·读书·新知三联书店1985年版，第117—118页。

9. 中庸适度。避免极端；人若给你应得处罚，你当容忍之。

10. 清洁。身体、衣服和住所力求清洁。

11. 镇静。勿因小事或普通的不可避免的事故而惊慌失措。

12. 贞节。除了为了健康或生育后代起见，不常举行房事，切戒房事过度，伤害身体或损害你自己或他人的安宁或名誉。

13. 谦虚。仿效耶稣和苏格拉底。

上述美德名目起初只有12项；第13项谦虚是他听从朋友的建议所增加的。富兰克林发现，说话应摒弃高高在上、专横武断的态度，否则只会引起别人的反感，极大地破坏语言用于思想和情感交流这一功能，保持谦虚反而会增强自身领导力。"我经常禁止我自己说出一切直接与别人的意见相左的和一切过分自信的话……例如，'一定地'、'无疑地'等等。相反地，我采用了'我想象'、'我料想'、或是'我猜想一件事情是如此如此'，或是'现在在我看来好象是……'。当别人表示一个我认为是错误的意见时，我并不粗暴地驳斥他的主张，立刻指出他提案中某些荒谬悖理的地方，我放弃了这样驳斥时所给我的快慰。……由于我谦逊地提出了我自己的见解，这些意见反而更容易为人所接受，更少引起人们的反驳。当我发现我错了的时候，我也不至于过分地懊丧；当我是对的时候，我也更能说服别人放弃他们的错误，接受我的意见。……我之所以在议会中有那么大的影响，我想这主要当归功于这种种谦逊的习惯（撇开我的诚实廉洁品德不讲的话）；因为我不善辞令，从来不是一个能说善辩的人，讲话疙里疙瘩，常有语病，但是尽管如此，我的主张一般仍然得到人们的支持。"[①]

富兰克林进行了详尽的计划，并列出了各项美德的优先养成排序："既然我的目的是在养成这一切美德的习惯，我认为最好还是不要立刻全面地去尝试，以致分散注意力，最好还是在一个时期内集中精力对付其中的一个。当我掌握了那个美德以后，接着就开始注意另外一个，这样下去，直等到我

---

① 《富兰克林自传》，姚善友译，生活·读书·新知三联书店1985年版，第130—131页。

做到了十三条为止。因为先获得的一些美德可以便利其他美德的培养，所以我就按照这个主张把它们像上面的次序排列起来。"①

为了切实将这些美德养成习惯，富兰克林还做了详尽的自查计划。他订了一个小本子，一项美德占一页。每一页用红笔画上竖线，形成7行，一行代表一周中的一天，每天用一个字表示。再用红笔画13条横线，与7条竖栏交叉，每一条横线的开头写上一项美德的头一个字母，每天在自查中发现哪项美德有过错，就在相应的竖栏中的横线上画一个小黑点。每13周做一个循环，每天自我监督、自我反省，并在睡觉前给自己打个分数。做得不好的就涂黑点，做好标记，连续一周都没有黑点的话就培养下一个美德。富兰克林刚开始用这个方法管理自己的时候，发现身上的毛病比自己设想的还要多，不过在他不断坚持改进下，很多方面都有了非常大的进步。

在《富兰克林自传》一书中，富兰克林强调了美德养成对于自身成功的重要意义："我的后裔应当晓得他们的祖先一生中持久不变的幸运，直到他七十九岁写本文时为止……他把他长期的健康和他那迄今还强健的结实体格归功于节制；他早年境遇的安适和他的财产的获得和一切使他成为一个有用公民和使他在学术界得到一些声誉的知识，这一切当归功于勤勉和俭朴。国家对他的信任和国家给他的光荣的职位当归功于诚恳和公正。他的和气和他谈话时的愉快爽直当归功于全部这些品德的总影响，即使他不能达到尽善尽美的境地。由于他谈话时的愉快爽直，即使在晚年他还颇受人们的欢迎，甚至年轻的友人们也喜欢与他交往。因此，我希望我子孙中会有人步我的后尘，获得良好的效果。"②

（三）拿破仑的领导特质

传记作家埃米尔·路德维希（Emil Ludwig）擅长以精到的笔触剖析历史上杰出领导者的心路历程，强调领导者的特质个性，开辟了传记写作的新

---

① 《富兰克林自传》，姚善友译，生活·读书·新知三联书店1985年版，第119页。
② 《富兰克林自传》，姚善友译，生活·读书·新知三联书店1985年版，第128页。

流派。他的传记作品涉及林肯、拿破仑、俾斯麦、罗斯福等多位领导者,意在鼓舞读者,尤其是年轻人,去追寻伟人的足迹。他于1925年创作《拿破仑传》①的初衷也在于激励世人:"一个人凭借自信与勇气、激情与想象、勤奋与意志,究竟能达到怎样的高度?……欧洲的热血青年恐怕找不出比拿破仑更好的榜样、更大的教训了。"

拿破仑·波拿巴,1769年生于科西嘉岛,历任法兰西第一共和国第一执政和法兰西第一帝国皇帝,是19世纪法国伟大的政治家、军事家,对世界历史发展具有极大推动作用,丘吉尔曾评价他说:"世界上没有人比拿破仑更伟大。"在路德维希的笔下,拿破仑早期是个沉默寡言的男孩,个子矮小,腼腆,并且孤独。这个孤独、多疑、好问、叛逆、志向远大、好作深思的孩子,如何成为欧洲历史上的战争之王?在传记的最后,作者总结主宰拿破仑这一躯体的灵魂有3种动力,也就是对拿破仑的3种典型特质进行分析,分别是自信、精力和想象力。

1. 自信

路德维希写道:"常人的野心与拿破仑自信心的差别就好像躁动不安的鹦鹉和自由飞翔的雄鹰的差别。"这种自信体现在其用权、用人的各个方面。

首先,拿破仑的自信表现为对权力的热爱和对发号施令的擅长。权力意志像是一种本能,深深植根于拿破仑的内心深处。拿破仑这样评价自己:"我热爱权力,没错,但是以艺术家的身份爱它,正如音乐家热爱他的小提琴,是为了用它奏出和谐的音乐。"其次,拿破仑天生爱发号施令,"不管在什么地方,我要么发号施令,要么一言不发"。最后,拿破仑还特别擅长谈判,将一生中1/4的时间都用于谈判。路德维希认为,拿破仑从不顺从,其君临天下的气质是与生俱来的,犹如牛犊一出娘胎就会站立和行走一样。因为他天生是一个指挥官,因此,完全不知求情为何物;还因为他比任何人都

---

① [德] 埃米尔·路德维希:《拿破仑传》,梁锡江译,北方文艺出版社2018年版。

会发号施令，所以也从不指望他人的恩赐。

　　自信还为他带来天然的威严。早在他年纪轻轻的时候，就能让所有接触过他的人心生敬佩，所有的战友在谈论起他时，发自肺腑的敬意便油然而生。他的一位好友这样写道："只要他讲话，人们都会侧耳聆听，因为他说得头头是道；一旦他缄默，也会令人充满敬畏之情。没有人会试图打破这片沉寂，这并非因为害怕他发脾气，而是由于大家都能觉察到我们和他之间横亘着一种伟大的思想，这思想占据了他的心灵，令人不敢与他狎昵。"

　　同时，自信让拿破仑不慕虚荣，而且在任何时刻都可以不讳言自己的错误。终其一生，他常说：明天我就可能吃败仗。到每个营地，他都会向好友或专家征询意见。他洞察献媚者的动机，毫无政治价值的谄媚姿态只会激起他的愤怒。与之相反，他会将直陈真相之人牢记在心。他赞扬攻击过他的夏多布里昂，在他任执政期间，每次参院会议之后，他总是邀请敢于直刺他的人共同进餐。一名被俘的俄国将军告诉他莫斯科大火的真实情况，他先是大怒，把将军赶走，然后又命人把他唤回，并握着他的手说："你是一位真正的勇士！"

　　然而，自信与自负是一体两面，拿破仑在自信的同时也很自负，正是由于自负，以追求荣誉为最高目标，地位和身份问题困扰了拿破仑一生。自负使拿破仑摇摆于革命和正统之间，这些矛盾不可避免地导致了一种悲剧性的冲突。

2. 精力

　　精力是构成拿破仑本质的第二要素。早年的拿破仑凭借着训练有素的强壮体魄，能连续乘坐100个小时的马车，在到达时依旧精神抖擞；能在连续骑马行军穿越波兰之后，于午夜抵达华沙，并于翌日清晨7点接见新政府的官员。但我们不能说天生的精力充沛就是领导者成功的原因，勤奋地使用这些天赋才是。拿破仑为自己选择了蜜蜂作为徽记，在称帝之后皇袍上绣满了金色的蜜蜂，并特地在枫丹白露宫御座厅放着一把象征着皇位的椅子，椅子座垫上绣满了蜜蜂。他强调说，天才就是勤奋，不懈追求，不停工作，以期拥有一切。

拿破仑将其旺盛的精力用于计算中，在军事决策和行动之前对每个细节反复衡量、考虑和摒弃，这让他对即将发生的一切心中有数。在筹备一次战役时，拿破仑会与自己辩论以期驳倒自己；在制订作战方案时，则唯恐失之谨慎，总是将一切危险和意外做最坏的考虑。这种持续的思考沉淀和数字化思维为拿破仑带来了决策所需的精确性，他在写给驻意大利的欧仁的信中说："你怎么能分发 374.7 万份牛肉呢？……我能大致算出所需干菜、葡萄酒、盐和酒精的总数。我希望能按照军队的编制计算数量。我已经损耗了 50% 甚至 70% 的军饷……你怎么能允许他们一次算出 137.1 万捆干草来呢？这足够 12000 匹马吃！你知道我可只有 7000 匹马。办公费用也高得离谱：4 个月要 11.8 万法郎，那相当于一年 40 万法郎！这笔钱足够管理整个意大利了！"

对速度的追求也是他精力旺盛的表现。他不知疲倦地工作，并对下属也如此要求。有几次，他在命令下属时亲手写道：行动起来！一次作战期间，他写信给贝尔纳多特："由于你，我浪费了整整一天的光阴，世界的命运也许就会因为这一天而改变。"拿破仑具有一种实用的记忆力，他能说出所有重要地名以及所有征战过的国家，对自己的处境了如指掌。他记忆的技巧是将头脑分为若干储忆箱。"当我想中断一件事情的时候，就关上一个箱子，打开另外一个箱子。这样就不会变得杂乱无章。如果要睡觉，我就关上所有箱子，如此便能安然入梦。"

3. 想象力

路德维希认为，想象力是拿破仑本性的第三要素，也是他自负与精力的源泉。拿破仑有一句脍炙人口的名言，"统治这个世界的，是想象力"。想象力将诗人与政治家融为一体，这使得拿破仑既能了解别人，也能了解自己。只有敢于幻想的人，才会不受任何体制和原则的束缚，参与到时代的运动中来,任心灵自由翱翔,在前进中创造自我。

除了军事上的成就,拿破仑在政治上对欧洲乃至整个世界也有深远的影响,他曾预言"中国是东方的一只沉睡的狮子,一旦觉醒,将会震惊世界"。拿破仑是最早提出欧罗巴合众国的构想,并试图通过武力来实现的人。虽然他本人并未成功实现这个梦想,但在他之后欧洲不断朝向一体化的目标迈进。

对于欧洲新秩序,拿破仑是这样设想的:"欧洲有 3000 万法国人,1500 万西班牙人,1500 万意大利人,3000 万德意志人……我试图为每个民族建立一个简单而统一的民族国家……若如此,那么我们也许将有机会贯彻统一的法律、基本准则、思想感情以及观点和利益……然后就有可能以美利坚合众国或希腊城邦联盟为模板创建欧罗巴合众国……多么兴盛、强大、繁荣的未来啊!……法国已经实现统一,而西班牙的统一却还遥遥无期。统一意大利要花费我 20 年的时光,而德意志则更加需要耐心。我必须简化那些古怪的宪法。我将如统一我们的政党一样,为统一欧洲各国的利益做准备……我不会将各民族的怨言放在心上,结果会使他们最终拥戴我……欧洲真的将成为一个民族。每个人都会觉得是在自己的祖国内部进行旅游……这是大势所趋。或迟或早,这样的联合终将到来。这是不可逆转的潮流。现有体系消亡之后,我相信,唯有谋求民族间的联合才使欧洲处于均势。"

二、特质理论的发展

特质是研究领导力最直接也是最基础的切入点,但由于特质指标自相矛盾、缺乏可证伪的科学方法、忽略了多元化外部因素影响等原因,一度被主流研究抛弃。一个具备领导特质的人,在某些场合可能成为领导者,在另外一个场合未必成为领导者;在相同的情境下,拥有不同特质的领导者也都能取得成功。在对特质理论进行反思和批判的基础上,领导风格理论、领导情境理论得以快速发展,这些理论又不断推动着领导特质理论推陈出新。当研究者们开始以更科学的视角、更广阔的眼光、更动态的思路去看待领导特质时，领导特质理论又以多元化的形式重新回到人们的视野中，在传统特质理论基础上不断焕发生机，个体特质的内涵随社会发展不断丰富，观察领导特质的角度变得多样化，并着重揭示领导特质影响领导效能的过程和路径。

（一）内涵丰富：魅力领导理论

20世纪七八十年代，随着市场竞争日趋激烈，各类组织尤其是企业迫切需要领导者的改革和创新精神以应对挑战，魅力领导理论得到进一步发展，成为领导学领域的研究热点。

"魅力"一词起源于希腊，本义为"神授的礼物"，内含的意思是这种品质并不是人人都可得的，而且没有人知道它从哪里来。马克斯·韦伯（Max Weber）将魅力定义为：存在于个体身上的一种品质，超出了普通人的品质标准，因而会被认为是超自然所赐，是超凡的力量，或者至少是一种与众不同的力量与品质。

魅力领导理论是领导者利用其自身的魅力鼓舞人心并实现重大变革的一种领导理论。管理学家罗伯特·豪斯（Robert House）首次提出魅力领导理论，并这样定义魅力型领导：支配性的，强烈感染的，充满自信的，具有强烈的个人道德观感。他从领导者对下属的影响角度出发，认为领导者的魅力能让下属充分认识到领导者信仰、价值观的正确性并且接受其信仰和价值观；能让下属无条件地接受、热爱并服从领导者；能使下属认同领导者并模仿其行为；能使下属对达成组织目标产生使命感。创造性、冒险性、自信、社会敏感性等个性特征，能够有效地区分魅力型领导者与非魅力型领导者。

美国领导理论大师沃伦·本尼斯（Warren G.Bennis）通过对90名"美国最有成就的领导者"进行研究，发现魅力型领导者有4种共同的能力：有远大目标和理想；明确地对下级讲清目标和理想，并使之认同；对理想的贯彻始终和执着追求；知道自己的力量并善于利用这种力量。魅力型领导者大都具有卓越的口才和沟通能力，不论演讲还是说话都极具煽动性，而且往往在交谈中会显示出自己丰富的知识积累，所讲内容也更具深邃的思想，因此，往往能对追随者产生极大的感染力，从而使得下属心甘情愿追随左右。

领导者的魅力特质可通过以下行为展现：

1. 角色模拟。魅力型领导者通过自己的行为来表明一系列的价值观和信仰，这些价值观和信仰正是他们希望追随者遵从的。

2. 形象塑造。魅力型领导者不仅要为追随者树立行为榜样，而且应有意识地采取精心设计的行动，以便给追随者留下能干和成功的印象。

3. 愿景规划与传递。魅力型领导者擅长为下属描绘具有吸引力的愿景。这种愿景尽管远离现状，但又保持在追随者可接受的范围之内。凭借这样的愿景，魅力型领导者能够使下属更好地理解工作的意义，有效地激发下属的工作热情，提高下属对实现组织目标的情感投入和承诺水平。

4. 表达较高的期望和足够的信心。魅力型领导者应该经常向追随者表达较高的期望，以及对他们实现这一期望的信心。

5. 承担个人风险。个人风险包括经济上的损失和事业上的失败，领导者为共同的事业所承担的个人风险越大，他们在追随者眼里就越有魅力。

6. 展示非常规行为。在带领追随者实现愿景的过程中，魅力型领导者所展示的行为往往是新奇的、非常规的、与众不同的，这些行为与他们所在组织、行业或社会的现有规范并不一致，甚至是相互冲突的。

7. 对环境的敏感性。魅力型领导者对组织内外部环境的变化非常敏感，他们会实事求是地评估组织内外的各种环境资源和限制条件，这是他们制定愿景的前提和基础。

8. 行为方式富有表现力。魅力型领导者擅长通过语言或非语言的方式（如服装、肢体语言等形式）来表明自己的价值观、信念和态度。

虽然与传统特质理论有着千丝万缕的联系，但魅力领导理论在传统特质理论基础上向前发展了一大步。其区别于传统特质理论最显著的特点是强调在具体情境中领导者以魅力强化与下属的互动而发挥影响力。在关注领导者—追随者互动过程的基础上，学者们从个体领导特质到团队集体绩效的作用机理，基于激励理论、心理契约理论和归因理论，分别提出了团队凝聚力的形成与组织公民行为的形成模型，逐步揭开个人领导力对组织绩效的影响机理黑箱。魅力是一种归因现象，其产生取决于领导者的个性和行为特征，同时也与追随者的个性特征有关。他提出魅力领导对追随者的影响机制主要涉及3个过程：一是领导者强化追随者关于愿景重要性和价值的认识，二是领导者引导追随者为了集体的利益和目标而超越个人私利，三是领导者激发并满足追随者的高层次需要。

值得注意的是，魅力型领导者也可能有消极的方面。尽管已有大量研究成果证实，魅力型领导者在个体层面和群体层面都具有较强的有效性，能提升下属及群体的绩效，但如果魅力型领导者过分强调个人需要高于一切，要求下级绝对服从，或利用其高超的说服能力误导、操纵下级，则可能产生不良结果。

（二）角度多样：内隐特质理论

为了破解特质论不能解释所有工作情境下的领导行为的局限性难题，美国学者罗伯特·劳德（Robert Lord）将认知思想引入组织管理背景，发展了内隐领导理论，强调个体会在心目中形成关于领导者特质和行为的假设和预期。同时，劳德对早期的领导者特质研究重新进行了统计检验，分析数据表明领导者特质与领导的产生和效能之间的相关性远比研究者原先的估计要高。这一结论得到了其他一些类似研究的支持，从而带动了学者们对领导特质研究的再一次重视。

内隐特质理论认为，领导效能并不是取决于某个具体的领导特质，也不是来源于对外部环境的控制，而是存在于下属的心目中。[1] 正如"一千个人眼里有一千个哈姆雷特"，即使是面对同一位领导者，不同的下属也有不同的特质感知。下属会对领导者进行分类，在心目中设定某种领导原型，形成一

---

[1] 参见杨艳、胡蓓：《基于认知视角的内隐领导理论研究述评》，《外国经济与管理》2009年第8期。

套对领导者的假设和预期条件，从而影响自身的工作态度和行为。因此，内隐领导是存在于领导者和下属心目中关于领导者所应具备的特质和行为的认知结构或原型。这种认知结构或原型是一种认知图式，往往处于意识的边缘，不会外显出来。但是，如果下属心目中的内隐领导在特定现实情境和任务中被激活，就有可能改善他们的表现，并最终提升组织绩效。

1984年，劳德等人以在校大学生为研究样本，采用自陈问卷法，要求被试者就11个类别的领导原型（包括商业领导者、教育领导者、军事领导者、体育领导者和行政领导者等）选出自己心目中认定的各种类型的理想领导者应该具备的特质，然后通过因素分析编制用于测量个体内隐领导理论的包括59个测项的领导特质表，并发现了正负两种内隐特质原型。研究发现，人们更容易从记忆中调整并更迅速地处理有关正面特质原型的信息，领导行为原型会影响个体对领导者的感知。[1]

在此基础上，奥夫曼等于1994年创建了内隐领导理论量表（ILT Scale），包含41个测项和8个特质维度，其中6个正面特质分别是正向敏感性、奉献、感召力、吸引力、智力和力量；而2个负面特质则是专制和男性化。通过内隐领导测量量表研究发现，人们关于领导者、有效领导者和管理者的感知是有差异的，但具有跨群体的一致性。[2]

林琼于2003年通过对中国领导特质因素的调查、分析，发现当前中国人内隐领导概念由目标有效性、才能多面性、个人品德和人际能力4个维度、19项构成，详见表1-1所示。

第一维度是目标有效性。就是说，领导者应该具有事业心、自信心、责任心，具有组织能力、管理能力和应变能力，善于处理重大问题，善于用人。这些特质将有助于他们所领导的团体目标的实现。

---

[1] R.Lord, and K.Maher. Perceptions of leadership and their implications in organizations [A]. in JS Carroll (Ed.). *Applied social psychology and organizational settings* [C]. Hillsdale, NJ: Lawrence Erlbaum Associates, Inc., 1990: 129−154.
[2] L.R. Offermann, J.K. Kennedy, and P.W. Wirtz. Implicit leadership theories: Content, structure, and generalizability [J]. *Leadership Quarterly*, 1994, 5(1): 43−55.

第二维度是才能多面性。领导者应多才多艺、兴趣广泛，不仅要喜爱艺术、爱好体育运动，而且要精通外语，还要有冒险精神。这些特质代表着领导者"才能"的广度，既有助于组织目标的达成，又有助于处理人际关系，从而增强领导效果。

第三维度是个人品德。在中国，道德标准从来都是衡量领导者的重要尺度。德才兼备、以德为先，领导者应该身先士卒，办事严谨，能接受新事物、新观念，言行一致，有原则性，善于授权，不屈不挠，以身作则。

第四维度是人际交往能力。这是与社会成熟性有关的领导特质。领导者应作风民主，表里如一，能理解别人，有人情味，体察民情，与群众打成一片，平易近人，友善。这些特质会使领导者具有吸引力，形成独特的人格魅力，有助于协调和处理好方方面面的人际关系，达到有效沟通的目的。

表 1-1 中国内隐领导评价量表

序号	表述	很不符合	不太符合	无法确定	有点符合	非常符合
1	我的领导有事业心。	1	2	3	4	5
2	我的领导有组织能力。	1	2	3	4	5
3	我的领导有管理能力。	1	2	3	4	5
4	我的领导有自信心。	1	2	3	4	5
5	我的领导有责任心。	1	2	3	4	5
6	我的领导爱好体育运动。	1	2	3	4	5
7	我的领导兴趣广泛。	1	2	3	4	5
8	我的领导有文学修养。	1	2	3	4	5
9	我的领导多才多艺。	1	2	3	4	5
10	我的领导精通外语。	1	2	3	4	5
11	我的领导身先士卒。	1	2	3	4	5
12	我的领导能不屈不挠。	1	2	3	4	5
13	我的领导言行一致。	1	2	3	4	5
14	我的领导能以身作则。	1	2	3	4	5
15	我的领导平易近人。	1	2	3	4	5
16	我的领导友善。	1	2	3	4	5

续表

序号	表述	很不符合	不太符合	无法确定	有点符合	非常符合
17	我的领导能与群众打成一片。	1	2	3	4	5
18	我的领导有人情味。	1	2	3	4	5
19	我的领导能体察民情。	1	2	3	4	5

（三）注重过程：现代特质理论

领导特质理论的研究在经历过20世纪初期和80年代前后的两次高峰之后，从21世纪开始进入注重揭开特质作用于领导者这一"黑箱"的现代特质。

现代特质理论从心理学领域和组织行为学领域的角度出发，关注领导特质对领导有效性的作用机制，其基本假设是相对稳定的个人特质产生领导行为，继而影响领导结果，如领导感知和效能。换言之，领导技能和行为可视为特质与效能的中间因子。领导有效性的指标范围比较广泛，可分为3个层面：组织层面，包括组织的绩效和成长、组织结构的稳固、组织处理危机的应变能力、组织承诺、组织认同、组织信任和组织公民行为等；领导者层面，包括下属对领导者的满意度、对领导者的信任、对领导者的专业尊敬以及领导是否能保有权力、是否能得到职位的晋升等；下属层面，包括下属工作态度、工作满意度、幸福感、工作投入、建言行为、工作发展和心理健康等。

学者们采用科学方法揭开领导特质的作用机理，以心理授权、心理契约、组织公民行为、下属自我效能感、信任等因素作为中间变量进行大量的实证检验，并得出领导特质与绩效有显著关系，这种"过程类型"模型可以清晰辨明特质效应如何表达为个体结果甚至组织结构和系统。

例如，随着企业和政府中不断发生领导者与管理者渎职现象，出于对领导者道德行为的担忧，学者们开始呼吁一种真诚的并且基于价值观的新型领导——真诚型领导。不同的研究者基于不同角度为"真诚"这一特质做了如下定义：真诚领导者能够真实地进行自我认知，行为和内在观念具有一致性，不会因为他人或社会的压力而伪装自己；真诚领导者能够对他人展现真实的自我，不弄虚作假，避免冲突；真诚领导者顺从自身道德价值观和信念的真诚行为，不受地位、荣誉或其他利益的诱惑，具有高度正直的特点；真诚领导者善于对信息平衡加工，在决策前客观地考虑相关的因素，公平公正地对待下属等。[①]2010年以来，围绕真诚领导力提升领导效能的机理，学界展开了广泛研究：有学者发现真诚领导力能够营造充满信任感的组织环境，从而对员工产生激励；有学者发现真诚型领导能够正向预测员工心理资本，提升员工的创造力，并通过创造力的中介作用对员工的创新精神有积极的影响；有学者指出真诚型领导能够减少工作场所的欺凌行为，增强员工的工作满意度，降低离职率。这些都是现代特质理论的具体应用。

现代特质理论中的特质不再是静态概念，一位领导者的行为反映了某种特质或多种特质与不同情境因素之间的互动关系，并在一定的领导环境中产生相应的效能。面对领导科学实践和理论的不断发展，越来越多的学者认识到领导的产生和效能一定是领导特质、行为和情境综合作用的结果，单单重视或忽视哪一方面都可能会产生错误的研究结论。因此，对不同层面的情境变量特别是社会、文化、制度等方面的情境变量，如何影响领导者特质与领导效能的关系的研究逐渐增多，对处于高度复杂性和不确定性的环境中的领导者选任和发展等活动具有重要意义。

三、领导特质的测评

特质是个体众多特征中最稳定的部分，表现出随时间和情境的稳定性，能够预测态度、决策或行为以及结果的个体特征。微软、盖洛普、华为等众多企业的领导力实践活动也表明，领导特质在领导力开发中能够起到预测

---

① 参见王震、宋萌、孙健敏：《真实型领导：概念、测量、形成与作用》，《心理科学进展》2014年第3期。

绩效的作用。对领导力评估的工具包括360度反馈、情景模拟、人格评估和结构化面试等，通过回顾过去的经验、了解当前的表现和在新的情境下评估的表现，可以提供多方面信息用于领导人才决策。作为领导力测评的主流方式，胜任力测评关注能区分特定岗位绩效突出者与绩效平平者潜在的深层次特征，并将上述评估工具涵盖其中，是领导特质理论的实践性应用。

（一）领导胜任力理论

领导力测评是领导者选拔与领导力开发的重要手段。如何区分在特定工作岗位、角色或情境中的领导效能，成为一代又一代理论家和实践者不断思考和探索的问题。长期以来，对领导者的选拔，尤其是公共领导者的选拔主要以学习成绩和工作资历为标准。第二次世界大战后，人们尝试使用智力测验的方式进行人事决策，但智力测验分数与工作绩效的相关性并不显著。胜任力理论的提出，将动机、特质、自我形象、态度或价值观、某领域知识、认知或行为技能等任何可以被可靠测量或计数的并且能显著区分优秀与一般绩效的个体特征都纳入领导测评的范畴，有效提升了测评的准确度和可靠性。

所谓胜任力，是指能将某一工作中有卓越成就者与普通者区分开来的个人的深层次特征。胜任力理论由美国社会学心理学家戴维·麦克利兰（David McClelland）提出，他的研究小组发现，传统的学术能力和知识技能测评并不能预示工作绩效的高低和个人生涯的成功与否。同时他们发现，从根本上影响个人绩效的是诸如"成就动机""人际理解""团队影响力"等能区分在特定的工作岗位和组织环境中绩效水平的个人特征。

1973年，麦克利兰发表了题为《测量胜任力而非智力》的文章，提出了"行为事件访谈法"，之后成为构建胜任力模型中最通用的一种方法。在行为事件访谈中，访谈者需要对受访者近半年（或一年）在工作上最具有成就感（或挫折感）的关键事例进行数据采集，例如，其最成功的和最失败的事情，需要包括事情的内容本身、发生背景、发生原因、过程中自己的实际行动和举措、对事情结果产生哪些效果、需要解决的问题、如何克服困难、解决问题是否寻求他人帮助、自己对事情的总结和想法等。通过访谈获得第一手数据，对绩效表现优秀者和一般者进行对比，最终确认胜任力要素。

首次应用行为事件访谈法来确定领导人选的项目是为美国政府甄选驻外联络官。在此之前，要成为联络官，必须通过一种十分苛刻的被称为"驻外服务官员测试"的考试，考查候选人的智商、学历和成绩，并对包括美国历史、西方文化、英文以及政治、经济等专业知识进行考试。1970年以前，驻外联络官基本上是男性白人，但不少经过严格挑选的联络官并不能胜任自己的工作。通过行为事件访谈法，麦克利兰以对比分析的方法来寻找区分杰出者和平庸者之间差异的信息并进行编码，成为当今被广泛使用的胜任力模型的雏形。

除了行为事件访谈法，目前用于确定某个领导岗位胜任力指标的方法还包括问卷调查法、工作分析法、专家讨论法等。问卷调查法是一种标准化的调查方法，通过文献分析等方式提前设计题目，然后发放给调查对象，在规定时间内取回调查结果，并对结果进行系统分析，最终得出结论。工作分析法是依据岗位说明书，根据职位内容和经验要求分析所需要的知识、技能、经验以及责任的程度，确定岗位所有需要的胜任力要求的过程，但对于受环境影响较大、需要灵活决策的岗位不适合用该方法。邀请该领域从业时间较长的技术专家、高层管理人员、资深学者等组成专家组，根据岗位特征和对目标人选的期待进行讨论，并确定胜任力指标。

（二）胜任力模型设计

由于与岗位情境密切相关，胜任力发展的趋势是分散化，而非集中化，既不存在统一的标准，也不存在唯一的内容。对于能力模型的研发，都是以行为为基础，对行为的描述力求简单、准确，用途上强调广泛的适用性和可比较性，即能够用来对不同岗位的领导者进行对比评估。

2012年，英国内政部发布了公务员胜任力框架，并于2015年、2017年进行调整，涵盖从高级公务员到一般公务员的全范围，共有10项胜任力指标，归为3类：确定方向（着眼大局、变革与提升、有效决策），与人互动（领导与沟通、合作协同、构建整体能力），取得成果（实现商业成果、物有所值、提供高质量服务、快速交付），而位于这3类胜任力核心的，是"诚实、正直、公平、客观"的公共服务价值观。英国对高级公务员的选拔任用有较高要求，强调选任"通才"。高级公务员需具备以下几方面的素质和能力：优良的道德品质，领导和管理能力，充分发掘下属和同事潜质的能力，提供最佳的工作效果，战略思维能力，良好的人际关系，良好的沟通和影响他人的能力，在压力下良好工作的能力，团队合作精神。

在实践中，英国政府通过具体行为表现来判断公务员是否具备某种胜任力。根据分级分类原则，相同胜任力指标在不同层级中有着不同的行为表现。以"着眼大局"为例，这一胜任力指标是指能够深入了解岗位如何与组织目标和更广泛的公众需求相适应，具体到不同层级，有不同的行为表现。对普通公务员而言，着眼大局是指公务员能将注意力集中在对公共服务目标的贡献度上来；对高层领导者而言，着眼大局意味着对政治环境的审视，考虑更广泛的影响，通过制定长期战略，最大限度地提升公共服务价值，并支持经济可持续增长。

表1-2 英国政府对高级公务员"着眼大局"的行为分析

高效行为	无效行为
深入了解政府和相关部门的发展动态，包括政治、经济、社会、环境和技术带来的影响	只关注短期业务，忽略从长远考虑部门的发展和未来
能够阐明并塑造政府机构为达成国家利益、公共利益和经济利益所扮演的角色和目标宗旨	对政府部门如何创造和增长价值方面表现出的洞察力有限
了解本机构在政府各部门中的位置，并与其他部门协同一致	专注于自己直接关注的业务领域，而没有看到公共服务之间的相互联系
了解部门的业务模式，帮助员工找到在其中担任的角色	缺乏对自身定位角色的理解，不了解员工应如何开展工作
建立明确的长期战略，专注为市民提供价值，推动公共服务的持久变革	主要关注短期事项和历史业务，与公共价值和为市民及经济体提供服务不相关
充分利用下属广泛的经验和知识，支持战略决策	独立操作，不参考周围更广泛的知识和经验体系

表1–3　英国政府对中级公务员"着眼大局"的行为分析

高效行为	无效行为
对可能影响自身或团队工作的新事物和新趋势保持警觉	忽略对部门政策产生潜在影响的外部环境变化
理解所在领域的战略及其对部门优先工作事项的影响	对部门优先事项及其重要意义兴趣不大，也不愿意去了解
确保自身领域/团队行为符合部门优先事项安排	只关注团队和个人行为，从不考虑是否与部门整体需求相一致
积极寻求和分享经验，增加对自身和团队业务的理解	采取与部门其他活动不一致或存在冲突的行为
了解该领域的服务、活动和策略最终如何为客户/公民创造价值	在不考虑对客户/公民差异化需求的情况下，采用"一刀切"的方法行动

表1–4　英国政府对初级公务员"着眼大局"的行为分析

高效行为	无效行为
从部门内外多方面获得信息来支持自身工作	不考虑大局就采取行动
了解自己在团队中的角色，以及自己的工作如何促成团队和部门优先事项	对部门工作缺乏兴趣，没有认识到自己在完成优先事项中的作用
理解自己的工作如何与同事和其他合作伙伴组织产生联系和影响	独自完成任务，不考虑自己业务领域外更广范畴和相关发展

（三）胜任力测评实践

胜任力测评在商业领域、公共组织、政府机构的招聘、选拔、培训体系设计、职业生涯规划中得到广泛运用，成为现代组织人力资源管理与开发的重要工具。在不同组织、不同岗位中，能力素质模型中的核心能力、领导能力、专业能力的构建原则有所不同，能力条目的选择和运用也会有所区别。一般而言，每个胜任力指标都有一个特定名称、描述性定义，以及若干个行为等级描述或在工作中可展现这种胜任力的特定行为要点，随着组织目标和战略的变化，岗位职责和要求也会随之迭代，胜任力模型也需要不断更新完善。

1994年，美国联邦政府提出了高级行政职位（SES）胜任力架构，又通过对私营和公共部门成功高层管理者进行广泛研究，并多次对胜任力内容进行调整，以回应社会政治、经济发展对高级公务员能力需求的变化。目前，

SES 高级公务员的核心能力资格（ECQ）包括 5 个方面：对变革的领导、对人的领导、结果驱动、敏锐的商业意识、建立联盟 / 沟通。以上 5 种一级胜任力又可细分为二级能力指标，见表 1–5。

表 1–5　美国联邦高级公务员的 ECQ 胜任力结构

一级指标	指标解释	二级指标
对变革的领导	在组织内外进行战略变革以实现组织目标的能力，包括提出组织愿景并在持续变化的环境中实现愿景的能力	持续学习
		创新能力
		外部警觉性
		柔性
		抗压能力
		服务激励能力
		战略思考
		远见
对人的领导	领导员工达成组织愿景、使命和目标的能力，包括营造包容性工作氛围，注重对员工的培养，加强合作与团队建设，以及建设性地解决冲突的能力	冲突管理
		对差异文化的管理
		诚实正直
		团队建设
结果驱动	达成组织目标、满足客户期望的能力，包括使用技术手段、分析问题、评估风险等方式，开展能促成高绩效的高质量决策	负责
		服务精神
		决断力
		企业家精神
		技术可靠性
敏锐的商业意识	对人力、财务和信息资源进行战略管理的能力	财政管理
		人力资源管理
		技术管理
建立联盟 / 沟通	在机构内部建立联盟，以及为了达成共同目标，与其他联邦机构、州和地方政府、非营利组织和企业、外国政府和国际组织建立联盟的能力	影响力 / 谈判能力
		沟通能力
		合作能力
		政治意识
		写作能力

在具体应用方面，美国联邦政府的高级行政职位人员由用人部门及人事管理局共同选拔和管理。用人部门有权决定本部门内部高级官员的选拔标准，并对候选人的岗位胜任力进行审查，最终审批决策权由联邦人事管理局的资格审查委员会结合候选人的核心能力资格情况做出。

根据是否满足核心能力资格标准，高效行政职位候选人可以分为3类：

A类候选人完全符合标准。在申请材料中，候选人需遵循"挑战—背景—行动—结果"的行文模式展示自身胜任力：先描述所遇到的某个难题或者需要完成的某个目标（挑战），再描述所面临的特定环境和相关工作人员组成（背景），接着阐述自己面临挑战的所作所为（行动），最后给出实例来说明问题处理结果或目标达成情况（结果）。

B类候选人指经"SES候选人发展项目"培训合格的管理者，由人事管理局资格审查委员会直接根据其培训和发展经历来判断其是否符合胜任力标准。

C类候选人为破格提拔者，较为少见，只适用于某些难以招聘到合适的候选人的特殊情境。如某律师可能具有较强的法律专业技能，但缺乏人力、财务、信息资源等方面的管理经验和能力。如果机构认为岗位急缺人才，且候选人能通过培训和发展项目快速达到核心胜任力标准，可以将该类候选人标注为C类送审，并附上对该候选人的特殊技能说明以及未来的培训计划。

胜任力测评不仅适用于选拔领导者，还可以用于绩效考核。以较为重视绩效管理的联邦审计署（GAO）为例，其将公务员胜任力与绩效密切地联系起来，界定了对组织结果有积极意义的八项考核指标：完成工作、顾客导向、培训他人、批判性思考、合作能力、口头表达能力、书面写作能力、领导能力。每项分为4级评分，在某项中模范表率为5分，超过期望为3分，达到期望为1.5分，低于期望为0分。将8个主要因素根据权重进行计算，得出公务员的最终考核结果。

由于兼顾了岗位、环境要素而非仅仅关注领导本身，胜任力指标可以灵活调整、与时俱进，在领导力测评和培训中展现出强大的生命力。政府设置的胜任力体系既强调了道德高线，也强调了廉洁底线；既注重提升治理效率的技术能力，也强调协商治理、合作治理、互动式治理所需的软能力。近年来，政府在重构治理逻辑过程中，对科学决策、组织变革和落实绩效管理等提出了更高要求，胜任力体系随之不断调整变化，这一互动过程有效促进了治理体系和治理能力的现代化。

本讲思考题

1. 杰出的领导者有哪些特征？当你遇到欣赏并愿意追随的领导者时，从哪些角度可以剖析其人格特质并向其学习？

2. 特质理论的哪些局限性限制了其发展，又从哪些方面"老树发新芽"，在新的领导理论框架中散发出活力？

3. 结合内隐领导、魅力领导等新型特质理论，你在工作或学习中最需要具备哪些领导要素？你计划如何提升自己的领导力？

拓展阅读书目推荐

1. 邱霈恩：《领导学（第五版）》，中国人民大学出版社2021年版。

2. ［美］加里·尤克尔：《组织领导学（第七版）》，丰俊功译，中国人民大学出版社2015年版。

3. 《领导》（《哈佛商业评论》精粹译丛），思铭译，中国人民大学出版社2004年版。

4. 刘志伟：《魅力领导》，国家行政学院出版社2012年版。

5. ［美］埃德加·斯诺：《西行漫记》，董乐山译，东方出版社2010年版。

6. 于永达、战伟萍编著：《美国政府人力资源管理》，清华大学出版社2011年版。

领 | 导 | 力 | 通 | 识 | 课

第二讲
领导风格

你心中理想的领导者是什么样的？是循循善诱、启发智慧的贤者，是坚忍不拔、勇往直前的斗士，还是一呼百应、极富号召力的首领？在工作中，你会发现"条条大路通罗马"，不同的领导风格对于组织目标的达成都可能起到积极的效果，但其作用方式大相径庭，这就是领导风格理论的吸引人之处，也是各类心理测评量表在实践应用中经久不衰的原因。

领导风格与领导特质为一表一里的关系，领导特质是领导者性格中较为稳定的内在因素，而领导风格则是其外在的具体行为表现。本讲从领导力科学研究成果出发，探讨不同领导行为风格对最终目标的影响方式；再从行为心理学的角度，探讨不同领导行为背后的心理学机制，以及展现不同的人格测评方式，最终的落脚点依然是"应该如何提升风格领导力"。

希腊德尔菲神庙的石柱上有这样一句话：认识你自己。想要提升领导力，从容地发挥自己的才能，游刃有余地做自己，就要先认识自己的领导风格。领导特质是基本稳定、难以改变的，通过自我分析、自我接受、自我肯定、自我砥砺、自我呈现，最终能够达到自我实现的目的；而领导行为风格是容易学习和改变的，就应该补短板、锻长板，认真打磨和改造自我。这都是学习和研究领导风格的重要意义。

一、领导的行为风格

领导的行为风格，是指领导者在长期的领导实践中逐渐塑造出的行为方式。领导者在长期的生活工作中逐渐形成了较强的个性化风格，并在领导实践和特定情境中得到稳定和强化，因此，行为风格不但与领导特质相关，也与工作岗位、个人经历等有密切联系。针对领导行为风格的研究可以分为3

类：一是结合具体情形进行行为风格研究，包括在冲突中所展现的领导风格、在改革创新中所展现的领导风格等；二是深入探索行为风格的作用机理，提出领导行为影响最终组织绩效的中间变量；三是结合具体使用情景，探讨哪些行为风格在哪种环境下更能发挥作用，并将领导力理论带入权变领导和情境领导领域。

（一）专制型—民主型—放任型领导

美国社会心理学家库尔特·卢因（Kurt Lewin）团队从20世纪30年代起开始进行团队氛围与领导风格研究，发现领导者通常使用不同的领导风格，而不同的领导风格对团体成员的工作绩效和工作满意度会造成影响。卢因着眼于专制型、民主型和放任型3种领导行为风格，并以实验的方式加以验证，为后续的领导行为研究奠定了理论基础。

1.专制型的领导者注重工作的目标，关心工作的任务和工作的效率，对团队成员不够关心，这就造成了领导者与被领导者之间的社会心理距离较大的问题，领导者对被领导者的心理变化缺乏敏感性，而被领导者对领导者存有戒心和敌意，这容易使被领导者产生挫折感和机械化的行为倾向。

2.民主型的领导者注重对团体成员的鼓励，协助他们的工作，关心并满足他们的需要，营造一种民主与平等的氛围，领导者与被领导者之间的社会心理距离比较近。在民主型的领导风格下，团体成员有较强的工作动机，其责任心也比较强，团体成员自己决定工作的方式和进度，工作效率比较高。

3.放任型的领导者采取的是无政府主义的领导方式，对工作目标和团体成员的需要都不重视，无规章、无要求、无评估的"三无"领导风格，导致团队的工作效率低，人际关系淡薄。

为了确定哪种领导风格最有效，卢因团队将一些人训练成为具有不同领导风格的领导者，然后让这些人担任青少年课外兴趣手工制作小组的领导。团队对进行实验的青少年群体在年龄、人格特征、智商、生理条件和家庭社会经济地位等方面进行了匹配，也就是说，几个不同的实验组仅仅在领导者的领导风格上有所区别。

最初研究结果显示，民主型领导者所领导的群体的工作质量与工作满意度更高，可能是最有效的领导风格；但后续研究得出了更为复杂的结果，比如民主型的领导风格在有些情况下会比专制型的领导风格产生更好的工作绩效，而在另外一些情况下不会。但群体成员工作满意度的研究结果则与之前的研究结果相一致，在民主型的领导风格下，成员的工作满意度会比在专制型的领导风格下的工作满意度高。

我们可以认为，领导行为风格是个人价值观在具体情境中的投射，由于对人、事的价值判断和优先权设置不同，领导者展现出不同的行为风格。例如，作为领导力测评的重要工具，公文筐测试可以考察领导的行为风格。公文筐测试将受试者置于特定领导或管理岗位的模拟环境中，由评价者提供一批该岗位经常需要处理的文件，要求受试者在一定的时间和规定的条件下处理完毕，并且还要以书面或口头的方式解释说明这样处理的原则。公文筐测试从技能角度和业务角度对受试者进行全方位考察，而要求受试者说明处理原则，就是对其领导风格的考量。例如，当同时遇到团队成员健康可能受到威胁和项目无法如期完成两种挑战时，领导者如何对自己的时间和精力进行取舍，最终的决策行为就体现了领导者的价值判断。

作为早期模型，有人批评卢因模型的风格界定过于极端，比如关注工作目标的领导者并不都对团队成员漠不关心；在不同情境下，领导者能够表现出不同的行为风格等。因此，从卢因的风格研究开始，领导力研究者在行为风格领域不断深入、拓宽。从卢因的研究方法出发，我们还可以从以下几个方面展开思考：在实验设计中，卢因选择将成年人训练成为具有不同领导风格的领导者，而不是从成年人中选择不同风格的人担任领导者，暗含着其研究的假设，即领导行为风格可通过培训获得并固化。从文献中，我们很难得知更多的实验细节，领导风格的培训是否起到了预想的效果？这些被要求"表演"某种特定风格的成年人，是否能够严格按照实验剧本对青少年进行引导？作为被领导者，这些青少年所感知的到底是剧本中的领导风格，还是这些成年人挥之不去的特质底色？

（二）交易型领导与变革型领导

领导行为包括决策、授权、组织、激励、沟通等一系列复杂行为，专制—民主—放任风格模型是基于领导者日常决策行为的分类方式。当我们变换视角，审视领导者和下属之间的互动关系时，可以发现领导者在凝聚人心、激励动员过程中的行为方式也有所不同，其领导风格可以分为交易型和变革型两类。

1978 年，美国政治社会学家詹姆斯·麦格雷戈·伯恩斯（James MacGregor Burns）在对政治型领导人进行定性分类研究时，发现传统的领导过程可以称为"交易型领导"，即在一定的体制和制度框架内，将领导者的资源奖励（包括有形资源奖励和无形资源奖励）与被领导者的服从交换，在一种"默契契约"的约束下开展领导。交易型领导鼓励被领导者表达需求、追求个人利益，但是交换的过程以顺从行为为前提，这并没有让被领导者内心产生一股积极的热情，其工作的内在动力也是有限的，因此，交易型领导不能使组织获得更大程度上的进步。

变革型领导者是能够激发被领导者积极性，从而更好地实现双方目标的人，进而将变革型领导行为定义为让员工意识到所承担任务的重要意义和责任，激发其高层次需要或扩展其现有需要使其超越个人利益，为团队、组织和更大的政治利益而奋斗的行为。[1]

1985 年，伯纳德·巴斯（Bernard Bass）在伯恩斯的基础上发展了交易型—变革型领导行为理论。他认为，变革型领导的特征是领导者在特质和行为上都具有魅力和感染力，同时对待下属时倾向于使用动力激发、智力刺激和个性化关怀等方式。相比而言，交易型领导的特征是意外管理、情境奖励。例如，交易型领导者大多善于对突发性事件、单独性事件的管理，而较

---

[1] ［美］詹姆斯·麦格雷戈·伯恩斯：《领袖》，常健等译，中国人民大学出版社 2007 年版，第 360—361 页。

少地去关注如何建设一个防止意外事件发生的良好体系。

变革型领导行为方式包括理想化影响力、鼓舞性激励、智力激发、个性化关怀等,具备这些因素的领导者通常具有强烈的价值观和理想,他们能成功地激励员工超越个人利益,为了团队的伟大目标而相互合作、共同奋斗。[1]

1. 理想化影响力是指能使他人产生信任、崇拜和跟随的行为。它包括领导者成为下属行为的典范,得到下属的认同、尊重和信任。这些领导者一般具有公认较高的伦理道德标准和很强的个人魅力,深受下属的爱戴和信任。大家认同和支持其所倡导的愿景规划,并对其成就一番事业寄予厚望。

2. 鼓舞性激励是指领导者向下属表达对他们的高期望值,激励他们加入团队,并成为团队中共筑梦想的一分子。在实践中,领导者往往运用团队精神和情感诉求来凝聚下属的力量以实现团队目标,从而使下属所获得的工作绩效远高于为其自我利益奋斗时所产生的绩效。

3. 智力激发是指鼓励下属创新,挑战自我,包括向下属树立新观念,启发下属发表新见解和鼓励下属用新手段、新方法解决工作中遇到的问题。通过智力激发,领导者可以使下属在意识、信念以及价值观的形成上发生变化。

4. 个性化关怀是指关心每一个下属,重视个人需要、能力和愿望,耐心细致地倾听,以及根据每一个下属的不同情况和需要区别性地培养和指导。这时变革型领导者就像教练和顾问,帮助员工在应对挑战的过程中成长。

在此之后,很多实证研究证实变革型领导行为的每个因素与工作绩效都有紧密的联系。由于变革型领导行为鼓励下属完成较为困难的目标,使其从全新和多种不同的角度去解决问题,同时促进了员工的自我发展。员工出于对变革领导者的承诺,从发自内心的工作动机出发找到完成目标的潜在意义,最终超额完成预期的绩效。也就是说,变革型领导行为通过引导下属超

---

[1] B.J.Avolio, & B.M.Bass. *Developing potential across a full range of leadership* [M]. Mahwah, NJ: Lawrence Erlbaum Associates, 2002.

越自我利益，向下属传达共同的组织价值观，可以帮助下属达到最高的绩效水平。例如，有学者以学校领导为研究对象，发现变革型领导行为对学生的成绩并无直接的作用，但它通过影响教师的组织承诺感，间接作用于学生的成绩。[1] 由此可以推断，变革型领导行为与绩效之间可能存在某种缓冲变量或中介变量。

近年，学术界对变革型领导行为与绩效之间关系的内部影响机制开展研究，引入组织公民行为、组织信任等中介变量和调节变量。以组织公民行为为例，这是一种在没有任何正式物质或精神激励的前提下，员工自发地表现出愿意以企业为荣或以单位为家的行为模式，意味着把自己视为组织中的一员，能够有效地提升组织绩效。组织公民行为涵盖了利他行为、尽职行为、运动家精神、谦恭有礼和公民道德5种类型。其中，利他行为是指员工愿意花时间主动帮助同事完成任务或是防止同事在工作上可能会发生的错误；尽职行为是指员工的表现超过组织的基本要求标准，能够尽早规划自己的工作以及设定完成工作的时间；运动家精神是指员工在不理想的环境中，仍然会保持正面的态度去面对工作，不抱怨环境不佳，仍能忠于职守，个人也会为了所属工作团体的利益而牺牲自己的利益；谦恭有礼表示员工用尊敬的态度来对待别人；公民道德是指员工主动关心、投入与参加组织中的各种活动，包括主动阅读组织内部文件、关心组织重大事件、对组织发展提出建议等。多项研究结果显示，变革型领导行为通过提升员工的归属感，引发组织公民行为而实现了提高团队效率的目标。

（三）情商领导力风格

随着对领导行为风格的多样化分类和深入研究，我们可以得出以下结论：成为一位领导者，并没有特定的单一模板，也不会受限于某种特定的行

---

[1] William L. Koh, Richard M. Steers and James R. Terborg. The Effects of Transformational Leadership on Teacher Attitudes and Student Performance in Singapore [J]. *Journal of Organizational Behavior*, 1995, 16（4）: 319-333.

为模式。在特定情境下，任何一种领导行为风格都有可能使领导者与下属建立起情感联系，或是提升组织绩效。领导者在风格选择时不应拘泥于"非黑即白"，而是要结合自身特点，选择一种或多种自己真正擅长的方式，因此，领导者需要不断地学习和训练，掌握更多种领导风格。

哈佛大学心理学家丹尼尔·戈尔曼（Daniel Goleman）提出"情商比智商更能影响成功"的观点。戈尔曼认为，情商不是单一特质，更接近于一种风格，因为其中虽然有先天遗传的成分，但更多与后天的培养相关，这与一个人的大脑依赖重复的经验成形有关。[①] 戈尔曼以美国历史上的总统为例，认为最负盛名的富兰克林、华盛顿和罗斯福都是"二流智商、一流情商"的代表人物，肯尼迪和里根的智商平平，但因为善于交朋结友而被许多美国人誉为"最优秀、最可亲的领袖"，而自小就有"神童"之称的尼克松、威尔逊和胡佛却由于不善与他人合作而声望不高。在对近4000位管理者进行情商研究的基础上，戈尔曼在《根本领导力：发挥情商的威力》一书中提出领导活动的成效取决于认识、观察和成功控制个人及他人情感的能力，在此基础上构成了6种情商领导力风格。

1. 愿景型

愿景型领导者高瞻远瞩，会把宏大的愿景分解为个体的目标任务，并制定工作标准，能用清晰的目标激励员工，让员工清楚地认识自身与愿景之间的联系，明确自己工作的重要性及工作的原因，能够动员大家为之而努力。愿景型领导者允许员工自由创新，尝试各种方法，并与员工共同承担可衡量的风险。

愿景型领导者几乎适用于所有管理情形，但在知识经济时代，面对各类专家、比自己更有经验的专业团队，领导者提出的愿景如果不够专业，会导致难以服众，从而影响引领作用的发挥。

[①] ［美］丹尼尔·戈尔曼：《情商（实践版）：新发现——从"情商更重要"到如何提高情商》，杨春晓译，中信出版社2018年版，第67页。

2. 教练型

教练型领导者发展人才以备将来之需：他会帮助员工们确定自身的独特性优势和关键性缺点，并将这些与他们的个人志向和职业上的进取心联系起来。教练型领导者鼓励员工树立长远发展目标，帮助他们制订明确的实施计划。其非常擅长给大家分配任务，与员工达成协议，使他们明确自己在实施发展计划过程中的角色和义务，并给他们提供意见和建议。为了给员工提供长远的发展机会，往往不惜忍受短期的失败。在6种领导风格中，教练型领导者是最为罕见的。

当被领导者有自我提升的意愿时，比如当员工已经知道了自己的弱点并希望提高自己的绩效时，或当员工意识到需要培养新的能力以进行自我提高时，这种领导风格最有效。但当员工拒绝学习或者拒绝改变自己的工作方式时，教练型领导较难发挥作用。

3. 亲和型

亲和型领导者以人为中心，"员工为先"，注重个体及其情绪超过目标和任务。亲和型领导者追求的是员工满意度以及团队的和谐，通过建立情感联系获取员工的忠诚。他会通过沟通分享想法，表露自身情感，与员工相互鼓励，提高团队灵活性，赢得彼此信任。亲和型领导者认可员工的工作业绩，着重培养员工的归属感。

在要努力建立和谐的团队氛围、增强团队士气、改善员工之间的交流，以及恢复员工之间的信任等时候，亲和型领导风格很容易打开工作局面。但这种风格不宜单独使用。如果千篇一律地对员工进行表扬，就可能会给那些绩效较差的员工提供错误的导向，让他们认为在这个组织之中平凡是可以被容忍的。对于复杂的任务，员工需要清晰的指引，亲和型领导者可能会使员工失去方向感。

4. 民主型

民主型领导者愿意花时间听取意见，争取民意，与员工建立信任、尊重和承诺的关系。民主型领导者允许员工对自己的任务、目标以及工作方式保留发言权，从而提高他们的灵活性和责任感，可以保持员工高涨的士气，同时使员工对可以做什么、不可以做什么都有清晰的认识。

当组织不明确最佳发展方向，且需要听取一些能干的员工的意见，甚至需要他们的指导时，或者是已经有了很好的愿景时，运用民主型领导风格，领导者可以从员工中得到一些新的思想来帮助实施这个愿景。但这种领导风格最让人头疼的一个问题就是会导致拖沓和无效率等问题的出现，很难让大家达成一致意见，甚至会加剧团队中的意见分歧，所以在危机时刻不应使用。

5. 榜样型

榜样型领导者会树立极高的绩效标准并自己带头做榜样。这种领导者在做事情时总是强迫自己以更高质量、更快速度完成工作，而且要求周围的每一个人也能够像自己一样。榜样型领导者对表现不佳的员工明察秋毫，严格要求，对无法达标的员工会迅速调换。可能他自己心里清楚工作规则，但很少明确表述出来，甚至认为明确表述这个行为是不恰当的，因此很少向员工反馈。员工无法清楚了解自己的目标与业绩，需要不断揣测领导者的想法，造成员工缺少灵活性和责任感，工作投入程度不高。

当一个组织里的所有员工都能够进行自我激励，具有很强的能力，几乎不需要任何指导或者协调时，这种领导方式往往能够发挥极大的作用。榜样型领导方式不应单独使用，因为其对完美的过度要求会使很多员工有被压垮的感觉，对团队氛围可能起到破坏作用，造成士气低落等问题。

6. 高压型

高压型领导者在大多数情况下效率最低。这种自上而下的极端决策方式扼杀了一切创新的可能。员工感到不被尊重，不愿意提出自己的想法，缺乏责任感，无法发挥自己的主观能动性，甚至有怨恨心理。这都损害了员工的内激励动机。在这种风格的领导下，大部分员工处于被迫性动机中，不愿意工作甚至随时准备走人。

在采用高压型领导风格时，领导者必须谨慎，只有在绝对需要的情况下才可以使用，诸如一个组织正处于转型期或者危险正在迫近时。如果一个领导者在危机过去之后还继续使用高压型领导风格，就会导致团队士气低落，员工感觉被漠视，这带来的长期影响将是毁灭性的。

掌握4种或者更多种领导风格，尤其是愿景型、教练型、亲和型和民主型领导风格的领导者，往往会营造出更好的工作氛围并取得更好的绩效。例如，杰克·韦尔奇（Jack Welch）在不同阶段就表现出了不同的领导风格，在刚刚担任美国通用电气（GE）的CEO时，爆发力足，生杀予夺，迅速让企业变得更有竞争力、更有效率，他甚至曾被叫作"中子弹杰克"。而当公司走向正轨，在许多行业中都是排头兵的时候，他却有意识地更凸显自身的人情味，重视文化建设，并亲力亲为地投入对各层年轻领导者的培养当中。

二、领导的心理风格

无论是专制—放任行为模型，还是交易—变革行为模型，其背后都暗含了不同的价值观和个性偏好。心理学家认为，具体的行为背后，有情境与人格因素在共同起作用，通过对人格进行测评，可以有效地预测领导者的"行为倾向"，即其做出某种行为的可能性。因此，人格测评通过对各类心理风格的区分，成为领导力考评的重要方面。

"Personality"（人格）一词最初源于古希腊语persona，指的是古希腊戏剧演员在台上表演时所戴的面具。人格是构成一个人的思想、情感和行为的独特模式，具体指个人区别于他人的稳定而统一的典型心理品质，包括气质、性格、自控系统等，影响着人的内隐和外显的心理特征和行为模式。如果说特质是基于先天的遗传特性所逐渐形成的，那么人格就是经过后天社会的打磨雕琢后，戴着面具的人们与真实自我的整合统一。弗洛伊德认为完整的人格结构由本我、自我和超我 3 部分组成。

心理学界一直存在关于人格研究中"类型说"和"特质说"的争论。虽然 MBTI、九型人格测验仍在招聘测评等工作中被大量使用，"ENTJ"等超级领导者人格也在各种个人简介中出现，但简单且绝对的人格类型论已慢慢被更具科学性的人格特质论所取代。领导者并不是被某种标签风格所定义的，他们是鲜活的人，甚至是各种看似矛盾风格的有机结合体。

（一）整体人格结构论

我们生来便有许多潜在的、未被发掘的个人天赋、潜能与优劣势，因此，我们的意识发展过程就是"个性化"过程。我们的意识通过对进入心灵的各种材料进行筛选和淘汰，使个体的人格结构保持同一性、连续性，同时意识也在不断地充实、完善和塑造着新的自我。分析心理学创始人卡尔·古斯塔夫·荣格（Carl Gustav Jung）构建了一种整体人格结构理论，他认为心灵既是一个复杂多变的有机整体，又是一个层次分明、相互作用的人格结构，由自我意识、个体潜意识、集体潜意识 3 个层次构成。

荣格把人的心理倾向划分为外倾型和内倾型两种态度类型。外倾型（外向型）的人重视外在世界，爱社交、活跃、开朗、自信、勇于进取，对周围一切事物都很感兴趣，也容易适应环境的变化。内倾型（内向型）的人更重视主观世界，好沉思、善内省，常常沉浸在自我欣赏和陶醉之中，但孤僻、缺乏自信、易害羞、冷漠、寡言，较难适应环境的变化。

在外倾和内倾分类的基础上，荣格又归纳出 4 种心理功能，即思维、情感、感觉和直觉，进而划分为 8 种人格类型。不同的心态与心理功能的组合形成人的不同心理类型，从而导致性格的根本差异。

1. 外倾思维型

即坚持以客观的资料为依据，以外界信息来激发自己的思维类型。一般来说，科学家是外倾思维型，他们认识客观世界，解释自然现象，发现自然规律，从而创立理论体系。

2. 内倾思维型

内倾思维型的人除了思考外界信息，还思考自己内在的精神世界。他们对思想观念本身感兴趣，通过收集外部世界的信息来验证自己的思想。一般来说，哲学家属于这种类型，比如德国哲学家康德，有情感压抑、冷漠、沉溺于玄想、固执、刚愎和骄傲等特点。

3. 外倾情感型

外倾情感型的人情感外露、爱好交际，寻求与外界和谐。他们在意自己是否与社会环境相融合，也很注意他人的需求是否被满足。

4. 内倾情感型

这类人思维压抑，情感也深藏在内心，他们沉默，力图保持一种隐藏的状态，气质常常是忧郁的。

5. 外倾感觉型

这类人头脑清醒，倾向于从外部世界积累经验，但对事物的本质并不过分地追根究底。他们寻求享乐，追求刺激，喜欢新奇的体验，活在当下。

6. 内倾感觉型

这类人远离外部客观世界，常常沉浸在自己的主观感觉世界之中。他们能精确记录体验过的感觉和细节，并与新体验相比较。他们在熟悉的事物中找到安慰和乐趣，具有很高的忠诚度和可靠性。

7. 外倾直觉型

这种类型的人力图从客观世界中发现多种多样的可能性，并不断地寻求新的可能性。他们对于各种尚处于萌芽状态但有发展前途的事物具有敏锐的直觉，并且不断追求客观事物的新奇性。外倾直觉型的人可以成为新事业的发起人，但不能坚持到底。荣格认为，商人、经纪人等通常属于这种类型的人。

8. 内倾直觉型

这种类型的人喜欢从精神现象中发现各种各样的可能性。他们不关心外界事物、脱离实际，但通常会有一种强烈的直觉让他们洞察事物。他们的观点新颖，但有点稀奇古怪。比如艺术家等就是内倾直觉型的人。

不过，荣格提出的 8 种人格类型并不是从实际中归纳出来的，因此，各种类型之间界限不清，几种类型的特征也说不清楚。在实际生活中，绝大多数人都是兼有外倾型和内倾型的中间型，而荣格所提出的特征模式都是典型的极端模式。

值得注意的是，人们通常认为领导魅力与个人吸引力有关，甚至误以为外向型人格就是领导力的来源，而内向型人格则是缺乏领导力的表现。事实上，内向者虽然可能会因人际交往而感到强烈的不适和压力，但这并不意味着内向型人格就等同于没有领导力。我们所说的内向型人格，是指在独处时能获得能量。许多知名领导者，如特蕾莎修女、亚伯拉罕·林肯、马丁·路德·金，以及比尔·盖茨、沃伦·巴菲特等，都是内向型人格。管理学家吉姆·柯林斯（Jim Collins）在研究成功企业的特性时发现，这些企业在过渡时期的领导者都展现出了相似的风格：他们表现出对结果的专注力，与此同时保持着谦虚谨慎的态度，这种"引人注目的谦虚、不喜欢出风头、低调沉稳"的领导风格，也非常符合内向型领导者的特征。

表 2–1 内向型性格与外向型性格对比

外向型性格	内向型性格
喜欢与人相处，通过与人相处获取能量	通过独处获取能量
靠与其他人互动来"充电"	与其他人互动之后需要有时间通过独处来"充电"
先说后想	先想后说
说出自己的想法	在心里思考自己的想法
充满激情	含蓄内敛
心思简单，容易理解	表情不易外露
随意与朋友和陌生人分享自己的个人信息	只与限定的人分享自己的个人信息
喜欢口头交流多过书面	喜欢书面交流多过口头
注重广度	注重深度

（二）人格类型论：MBTI 人格、九型人格与"巴纳姆效应"

MBTI 人格、九型人格理论均为经验型人格类型论，依据个人动机、信息收集、决策方式、生活方式等，通过对偏好的评定，将不同个性的人以标签形式区分开，成为当前社会上较为流行的职业人格评估工具。由于分类清晰、操作简便，人格类型论在测评领域有较为广泛的市场和用户群体，但这些测评工具缺乏科学实证研究支持，尤其是信度问题导致其无法成为规范化的自陈式心理测试。在使用人格类型论进行风格分析和自我剖析时，应避免第一反应是觉得"什么都像"的"巴纳姆效应"影响，尤其应避免陷入绝对思维方式，放大自己所认为的"正确"，因为这样无异于将自己约束在一个孤立、割裂的世界里。

美国心理学家伊莎贝尔·布里格斯·迈尔斯（Isabel Briggs Myers）和凯瑟琳·库克·布里格斯（Katharine Cook Briggs）对荣格的心理类型论加以扩展，形成了人格的 4 个维度，编制成了《迈尔斯—布里格斯类型指标》，即 MBTI 量表。

表 2-2 MBTI 类型指标介绍

维度	类型	相对应类型英文及缩写	类型	相对应类型英文缩写
注意力方向（精力来源）	外倾（外向）	E（Extrovesion）	内倾（内向）	I（Introversion）
认知方式（如何搜集信息）	实感（感觉）	S（Sensing）	直觉（直觉）	N（Intuition）
判断方式（如何做决定）	思维（理性）	T（Thinking）	情感（感性）	F（Feeling）
生活方式（如何应对外部世界）	判断（主观）	J（Judging）	知觉（客观）	P（Perceiving）

其中，ENFJ、ENTJ 两个类型都被描述成领导力的范本。拥有 ENFJ 人格的人热情、忠诚、好社交、为他人着想、易感应、有责任心，他们对于赞扬和批评都会积极地回应，同时非常注重他人的感情、需求和动机，善于发现他人的潜能，并希望能帮助他们实现目标。而 ENTJ 类型的人坦诚、果断，通常见多识广，博览群书，同时喜欢将自己的知识分享给他人，有天生的领导能力。他们能很快看到组织程序和政策中的不合理性和低效能性，发展并实施有效、全面、系统的解决方案，善于做长期的计划和目标的设定。

1. 改革者
2. 助人者
3. 成就者
4. 浪漫者
5. 观察者
6. 忠诚者
7. 享乐者
8. 挑战者
9. 和平者

图 2-1 九型人格类型

第二讲　领导风格

与 MBTI 类似的分类方式还包括拥有古老历史的九型人格理论，即从本能、思考、情感等几个维度将人分为九种类型。其中，第 8 类挑战者也称领袖型人格，他们工作积极主动、干劲十足、野心勃勃，常常希望自己有更好的表现，能够承担艰巨的任务，同时很有主见，不喜欢被别人指挥。

相比 MBTI 这种强调理性分析的静态测评，九型人格属于动态测评，其内涵说明各种人格不仅有强弱之分，还有在不同状态下相互转化的可能性。九型人格将人格的健康状态分为 9 级，最健康的是第 1 级，最差的是第 9 级。当人格处于极健康和不健康的时候，会产生整合和陷落的现象，这会导致错误地判断人的基本人格，尤其是极健康的时候。例如，第 9 型的人格出现了第 3 型的特征，由原本的内向保守变为充满活力，这是由于其基本欲望得到满足，基本恐惧也隐藏起来。健康的人格令人活出真我，使其达到心理平衡、充分发挥自己的潜能和对社会作出贡献的状态。

人格升华的整合方向及其素质获得的提升表现如下：

1→7：放下拘谨，宽容乐观，敢于尝试，获得"开朗"；

7→5：减少冲动，处事冷静，深入思考，获得"理智"；

5→8：坚强勇敢，果断自信，言出必行，获得"威信"；

8→2：热情友善，乐于助人，心胸开阔，获得"纯真"；

2→4：坚持心愿，自我享受，爱人爱己，获得"谦卑"；

4→1：安分守己，是非分明，客观冷静，获得"平衡"；

3→6：尽责细心，三思后行，忠心耿耿，获得"忠诚"；

6→9：随遇而安，放下焦虑，信服别人，获得"信任"；

9→3：目标明确，勤快积极，自我挑战，获得"果断"。

九型人格和 MBTI 都是人格类型论的代表模型，但从心理统计学角度来讲，MBTI 测试的信度（reliability）并不高，这必然也对有效性产生影响，而九型人格的实验数据更是使人难以从科学角度支持该理论。同时，这些测试把人的性格分得非常明确，但是实际上人的性格并不是非黑即白的，可能兼具多种类型的特征。

由于每类人格特质被描述得过于笼统、模糊，会产生被心理学家称为"巴纳姆效应"的现象。20世纪40年代，多名美国心理学家以职场专业人士与在校学生为研究对象进行心理测试，告知测试对象会根据其受试结果进行性格测评反馈，大部分受试者认为评估准确无误，但研究者的反馈内容是与测试答案无关的模糊描述，甚至包括从报摊上占星术书中摘录下来的内容。这种对于认为是为自己量身定做的人格描述给予高度准确评价的行为被称为巴纳姆效应。这种心理倾向是因为人很容易受到来自外界信息的暗示，从而出现自我知觉的偏差。越是热衷于进行各种性格测试的人，越是容易在潜意识中形成自己的理想形象，而这个理想形象则左右着这些人在题目中的选择和倾向，因此，他们得出的性格测试结果就越是不完整的，甚至他们所获得的可能只是心目中的理想人格而非真实人格。

（三）人格特质论：大五人格与明尼苏达量表

相比于类型论，人格特质理论被主流心理学界广泛认可。特质论并不是把人们分为绝对的类型，而是认为人们普遍存在一些特质，每个人在这些特质上有不同的表现。譬如开放性是一种特质，每个人都在不同程度上具备这种特质，这就成了其人格的特色之一。

经过大量的研究，大五人格模型已经得到许多人格心理学家，特别是特质理论学派的人格心理学家的认同。[1] 大五人格理论提出了人们普遍具有的5种特质：开放性、尽责性、外倾性、宜人性、神经质性，也被称作人格的海洋（5种特质的英文单词首字母连起来为OCEAN）。

---

[1] Timothy A. Judge，Joyce E. Bono，Remus Ilies，et al. Gerhardt. Personality and leadership：A qualitative and quantitative review［J］. *Journal of Applied Psychology*，2002，（87）4：765-780.

表2-3 大五人格模型

人格要素	特质表现	与领导力相关关系
开放性	有想象力、审美性、情感开放性、好奇心和非传统性；有创造力和想象力；擅长分析和解决问题、应对变化	正相关
尽责性	能自信、有序、可靠、目标导向、自律和深思熟虑；对未来有明确的计划，并坚持执行	正相关
外倾性	善于交际、自信、有支配力、精力充沛；体验并表达积极情绪，能够清晰表达愿景，被视为领导者；更可能在领导岗位上取得成功	正相关
宜人性	信任他人、坦率、心软、顺从、谦虚和富有同情心；不愿意在问题上表明立场或反对他人	正相关
神经质性	焦虑、愤怒、抑郁、自我意识和脆弱性；消极情绪和情绪不稳定	负相关

大五人格测试量表被称为"NEO人格量表"，目前常用的包含两个版本：240题的NEO-PI-R和60题的NEO-FFI。

人格问卷（NEO-FFI）

本调查想了解人们在自我方面的感觉。以下是一些有关自我情感、态度和行为的陈述。请仔细阅读每个陈述，看看是否适合用来描述你自己。回答没有好坏、对错之分，不必花过多的时间琢磨。

表2-4 NEO-FFI

题目	非常不同意	没有意见	同意	非常同意
1. 我不是一个爱发愁的人。				
2. 我喜欢有许多人和我在一起。				
3. 我不愿意浪费时间做白日梦。				
4. 我尽量对遇到的每一个人有礼貌。				

续表

题目	非常不同意	没有意见	同意	非常同意
5. 我把自己的东西收拾、保持得干净整洁。				
6. 我常常感到不如别人。				
7. 我爱笑。				
8. 一旦找到了做某件事的正确方法,我会坚持采用。				
9. 我经常与家人和同事发生争执。				
10. 我能很好地安排时间,使各种事情按时完成。				
11. 当我处于极度紧张的状态时,有时觉得自己都要崩溃了。				
12. 我不认为自己是个"无忧无虑"的人。				
13. 我对艺术和自然的表现形式着迷。				
14. 有些人认为我自私、以自我为中心。				
15. 我不是一个很有条理的人。				
16. 我很少感到孤独或忧郁。				
17. 我很喜欢和人们聊天。				
18. 我认为让学生听到有争议的演讲,会使他们思想混乱。				
19. 我更愿与人合作,而不是与人竞争。				
20. 我会尽心尽力去完成分配给我的所有任务。				
21. 我常常会感到紧张和极度不安。				
22. 我喜欢凑热闹。				
23. 诗歌对我很少有影响或毫无影响。				
24. 我常常对别人的意图冷嘲热讽,并表示怀疑。				
25. 我有一系列明确的目标,并能逐步地实现它们。				
26. 有时我感到自己毫无用处。				
27. 我通常宁愿独自一个人做事。				
28. 我经常品尝新研制或刚从国外进口的食品。				
29. 我认为如果你容忍人们欺负、利用你的话,那么大多数人都会这样做。				
30. 通常我要花很多时间,才能安下心来工作。				
31. 我很少感到恐惧或焦虑。				
32. 我常常感到自己精力旺盛,活力十足。				
33. 我很少注意到自己在不同环境中心情或感受的变化。				

续表

题目	非常不同意	没有意见	同意	非常同意
34. 大多数认识我的人都喜欢我。				
35. 我工作勤奋,以便实现自己的目标。				
36. 我常常为人们对待我的方式而生气。				
37. 我是一个快乐的、精力充沛的人。				
38. 我听音乐的时候,有时会完全沉醉其中。				
39. 有些人认为我冷漠,只为自己打算。				
40. 当我答应做一件事时,人们总相信我能坚持到底。				
41. 当事情变得不顺利时,我常会感到泄气,并想放弃。				
42. 我不是一个乐观主义者。				
43. 我读一首诗或观赏一件艺术品时,有时会感到内心有强烈的冲动。				
44. 我的态度是讲求实际和不感情用事。				
45. 有时我不像我应该做到的那样可靠和值得信赖。				
46. 我很少悲伤或忧郁。				
47. 我的生活是快节奏的。				
48. 我没什么兴趣思索宇宙的本质或人类的现状。				
49. 通常我会尽力考虑周全。				
50. 我工作富于成效,总能及时、正确地完成任务。				
51. 我常常感到无助,想要别人来解决我的问题。				
52. 我是一个很活跃的人。				
53. 我对动脑筋的事有很强的好奇心。				
54. 如果我不喜欢某些人,我就会让他们知道。				
55. 我好像从来不能把事情做得井井有条。				
56. 有时我感到非常羞愧,简直想躲起来。				
57. 我宁愿走自己的路,而不愿引导他人与我同行。				
58. 我经常对理论或抽象的概念感兴趣。				
59. 我在需要时,会操纵、控制别人,以获得我想要得到的。				
60. 我力求把所有事情都做得十全十美。				

注:该问卷包括5个维度,各个维度分别算总分,不计算整个问卷的总分。

表 2-5　NEO-FFI 计分

神经质性	1R+6+11+16R+21+26+31R+36+41+46R+51+56；共 12 题
外倾性	2+7+12 R +17+22+27 R +32+37+42 R +47+52+57 R；共 12 题
开放性	3 R +8+13+18 R +23 R +28+33 R +38+43+48 R +53+58；共 12 题
宜人性	4+9 R +14 R +19 R（39）+24 R +29+34+39 R +44+49+54 R +59 R；共 12 题
尽责性	5+10+15 R +20+25+30 R +35+40+45 R +50+55 R +60；共 12 题

注："非常不同意"为 1 分，"不同意"为 2 分，"没有意见"为 3 分，"同意"为 4 分，"非常同意"为 5 分。计分中题号后面加 R 的是反向计分题，需要先将这些题目的数据进行变换，比如被试者选择的回答为 1 分，将其换成 5 分，改变的方式是：1 分变 5 分，2 分变 4 分，3 分不变，4 分变 2 分，5 分变 1 分。

明尼苏达多项人格测验（MMPI）由美国明尼苏达大学的心理学家于 1940 年编制而成。至今为止，它依然是精神科门诊和心理科门诊常用的量表，完整版为 566 题，具有权威性和全面性。同时，也有很多企业在招聘或员工入职时，要求员工必须通过心理健康测评。明尼苏达多项人格测验并非专门针对领导者和领导风格测量而设计，但其多量表的设计对于领导风格的确定依然具有较高的参考价值。

（四）负面领导人格

领导者思维缜密、有创新性、协调能力强等特质有利于组织的发展，但过犹不及，过度的缜密可能表现为僵化，过度的创新可能导致系统性风险，过度的外向可能产生攻击性行为和自我膨胀，导致决策失误。可见，每一种人格特质都有阴暗面和光明面，同一种人格特质与领导力结果之间可能存在"倒 U 形"的非线性关联。如果领导者在某些方面管理过多，或能力过强，超过了一定限度，反而会对组织造成伤害。对负面人格的研究是从另外一个角度去思考领导力，有助于消除其在组织中产生的消极影响。

包豪斯和威廉姆斯在 2002 年提出"黑暗三联"（Dark Triad）模型（又称"黑暗人格三合一"），将其作为与大五人格相互参照的人格特质群，具体包括以下几个方面。

1. 马基雅维利主义。马基雅维利是中世纪晚期意大利著名的政治家，他主张君主为实现其统治可以不择手段，马基雅维利主义也因此成为权术和谋略的代名词。马基雅维利主义者的特征是无视道德，擅长欺骗、操纵，他们在人际交往中更善于使用欺骗、愚弄、撒谎等手段来达到目的，这使得他们在短期内能够快速融入社会，但长此以往会造成破坏性影响，对整个组织的风气也会带来负面影响。马基雅维利主义人格量表包括4个因素：欺骗、奉承、不道德和玩世不恭。

2. 自恋。自恋的英文"Narcissism"源于希腊神话，相传纳西索斯（Narcissus）是河神刻菲索斯与水泽女神利里俄珀之子，对自己的水中倒影爱慕不已，最终在顾影自怜中抑郁死去，死后化作水仙花，仍留在水边守望着自己的影子。弗洛伊德将"自恋"这个术语运用到心理学研究中，用来形容那些对自身缺乏正确认识、陶醉于自我欣赏的人。自恋型人格的特征是过分自信，占有欲强烈，不愿接受批评，喜欢吸引他人注意，具有强烈的心理优越感。自恋的领导者具有夸大自身能力的偏见和无视他人优秀品质的偏见，导致"武大郎开店——一个比一个矮"等问题。

美国心理医学家学会将自恋型人格明确为一种人格障碍的诊断类别，在以下9种行为表现中，如果符合5种以上行为表现，则可以被视为典型的自恋型人格：对成就和天分的过分夸大，往往缺乏相应的成绩；幻想自己应该拥有无限的成功、权力、才华或理想爱情；生来优越，只能被同质性高的朋友所理解；无理由地期望获得特殊的待遇或事物发展符合他们自己的期望；渴望得到别人极大的赞赏；缺乏同情心，难以体会他人的需求、体验和感受；经常表现出傲慢的行为或态度；在人际关系上剥削他人，甚至为了达到自己的目的而利用别人；常常嫉妒他人，或者认为他人嫉妒自己。

3. 精神病态。精神病态的概念最早由菲利普·皮内尔提出，特指心理上的伤害，后被精神病医生用来描述一类反常人格，他们没有明显的精神缺陷，却在情绪和人际交往方面有着长久的行为偏差。① 最著名也是最为广泛使用的精神病态型人格测试量表是 PCL-R，对 PCL-R 的因素分析发现精神病态存在 2 个稳定因素。一是人际/情感因素，表现为夸大其词、病态谎言和麻木不仁；二是冲动性和反社会生活风格，是精神病态者反社会行为的来源。

黑暗人格领导者的行为特征也具有某些共性：自以为是、冷酷无情、表里不一、有攻击性，这些共同特征反映了亚临床人格的阴暗面。不过，人们对拥有黑暗人格的领导者第一印象并不都是消极的，初步交往中，马基雅维利主义者、自恋者和精神病态者时常给人留下"有能力、有魅力、好交际"的良好印象，在人际互动加深之后，其黑暗人格缺陷才会逐渐暴露。黑暗人格受欢迎，主要原因包括以下方面：自我炫耀和夸大其词是黑暗人格三合一的重要特征，人际交往中那些被夸大的品质可能成为人格魅力的来源；当代社会人际交往周期短、速度快，自恋者努力维护尊严，马基雅维利主义者擅于印象整饰，他们都会给人留下良好的第一印象；缺乏公正的社会中，精神病态者我行我素、挑战传统道德的行为风格能对大众产生巨大的心理补偿作用。②

三、案例：自恋型人格的悲剧英雄——项羽

在中国历史人物中，项羽是人们耳熟能详的一位英雄人物。司马迁在《史记》中对其英雄气概进行过生动而深入的描述。作为一位生于秦末的楚国贵族后裔，项羽趁秦末大乱之势兴起于民间，在巨鹿之战中，他率军 5 万同秦末名将章邯、王离所率 40 万秦军主力对抗，破釜沉舟，身先士卒，冲锋陷阵，带领军士用决心与必胜的勇气击溃了秦军。救援巨鹿的数十路诸侯

---

① 袁淑玉、孟丹丹：《黑暗人格型领导干部的特征、影响及管理策略》，《领导科学》2018年第 2 期。
② 秦峰、许芳：《黑暗人格三合一研究述评》，《心理科学进展》2013 年第 7 期。

军队，无不惊骇于项羽之骁勇（"已破秦军，项羽召见诸侯将，入辕门，无不膝行而前，莫敢仰视"）。

只3年的时间，项羽率领原战国时的齐、赵、韩、魏、燕5国诸侯灭掉了秦朝，划分天下土地，封王封侯，政令全都由项羽发出，自立为"西楚霸王"。但5年后，情况急转直下，项羽与刘邦争夺天下，在垓下之战中，兵败自刎，"力拔山兮气盖世"的《垓下歌》成为千古绝唱。

项羽身上有很多优秀品质，如重视道义、有尊严、自信等，李清照《夏日绝句》"生当作人杰，死亦为鬼雄。至今思项羽，不肯过江东"，歌颂了项羽的英雄之举。从历史角度来看，项羽的失败昭示着人心的背离，意味着贵族和分封制度的没落，具有一定的历史必然性。从领导者个人角度来剖析，为什么刘邦得到萧何、韩信、彭越等人的鼎力支持，而项羽的亲信，像英布、周殷等人都纷纷背叛？这与项羽自满、残暴、虚荣、多疑等个人特质及其背后的自恋型人格有着密切的关系。

自恋是一把双刃剑。从巨鹿之战中可以看到，项羽是一位大胆、不计后果的将领，极端渴望得到最高权力、最令人敬畏的地位。但自恋也会引发独裁领导风格，自恋型人格最直接的表现就是自恃功高、刚愎自用，对下属和同僚的建议不屑一顾，办事习惯于凭一己之力，而不是充分发挥和调动众人的才能。刘邦在夺得天下后，曾在洛阳宫中置办酒宴，询问所有的诸侯和将领自己为什么能够得到天下，项羽为什么会失去天下。高起、王陵回答说："陛下慢而侮人，项羽仁而爱人，然陛下使人攻城略地，所降下者因以予之，与天下同利也。项羽妒贤嫉能，有功者害之，贤者疑之，战胜而不予人功，得地而不予人利，此所以失天下也。"刘邦说："公知其一，未知其二。夫运筹策帷帐之中，决胜于千里之外，吾不如子房。镇国家，抚百姓，给馈饷，不绝粮道，吾不如萧何。连百万之军，战必胜，攻必取，吾不如韩信。此三者，皆人杰也，吾能用之，此吾所以取天下也。项羽有一范增而不能用，此其所以为我擒也。"自恋型人格导致项羽成为令人扼腕叹息的悲剧英雄，而不是称职的领导者。

虽然我们无法邀请项羽填写自恋型人格量表对其深入了解，但从史学家对项羽的描述和评价中，可继续深入剖析项羽自恋型人格引发的负面问题。

一是鲁莽自负。项羽在少年时期，身高八尺有余，力大能举鼎，才气超过常人，吴中当地的年轻人都很敬畏他。《史记·项羽本纪》记载秦始皇游览会稽郡渡浙江时，项羽面对始皇仪仗说"彼可取而代也"（始皇是我可以取而代之的）。相比《史记·高祖本纪》记载刘邦在咸阳服徭役时看到秦始皇出行时的壮观场面，发出"大丈夫当如此也"的赞叹，可以看到项羽在少年时就展现出的自负和雄心。项羽少年时期好高骛远，不愿意踏实学习写字、识字和剑术，面对叔叔项梁的指责，项羽认为："书足以记名姓而已。剑一人敌，不足学，学万人敌。"项梁就教项羽兵法，项羽非常高兴，可是刚刚懂得了一点儿兵法的大意，又不肯学了。少年不肯竟学，为其后来认不清形势、战略决策频频失误埋下了种子。

二是虚荣心强。鸿门宴之际，项羽没有听从谋士范增的意见，在酒席上除掉刘邦，相反却因为刘邦的阿谀奉承放松了警惕，放走了刘邦，是虚荣心作祟。在灭秦之时，项羽引兵西屠咸阳，杀秦降王子婴，烧秦宫室。有人向项羽进言："关中阻山河，四塞，地肥饶，可都以霸（关中阻山带河，四面关塞，土地肥饶，可在这里建都，以定霸业）。"项王却说："富贵不归故乡，如衣绣夜行，谁知之者？"秦汉时期，社会经济文化中心基本都集中在中原一带，江东相对落后贫困，难以支撑项羽称霸的大业。项羽既有腾达时"富贵不回乡，如锦衣夜行"的虚荣，之后落魄时"无颜见江东父老"的落差和空虚就不令人感到意外。

三是过刚易折。项羽垓下被围后，面临着粮草不足、突围艰难的问题，仍率领八百骑兵趁夜突围，说明他是有东山再起念头的。然而一路上的厮杀激烈，经过几番激战，项羽手底下只有二十八骑，追击的汉军却有数千不止。一路逃到乌江边，乌江亭长劝说项羽回江东，图谋东山再起，"江东虽小，地方千里，众数十万人，亦足王也。愿大王急渡。今独臣有船，汉军至，无以渡。"项羽却以无颜面对江东父老为由，自刎于乌江畔。司马迁哀叹，项羽自夸战功，竭力施展个人的聪明，靠武力征伐诸侯治理天下，结果五年之间终于丢了国家，身死东城，仍不觉悟，实在是太荒谬了。项羽在困境中感慨"天亡我也，非战之罪"，说明他在最后一刻依然盲目自大，不知反省；最后不过江东自刎乌江，说明他未能忍辱负重。杜牧《题乌江亭》"胜败兵家事不期，包羞忍耻是男儿。江东子弟多才俊，卷土重来未可知"，对项羽的悲剧命运表达了惋惜之情。

中国一向就少有失败的英雄，但史学家笔下的项羽是个少有的例外。身为领导者而不具备卓越的领导力，是项羽的致命缺陷之一。毛泽东曾一针见血地指出"项王非政治家"，借诗告诫人们"宜将剩勇追穷寇，不可沽名学霸王"。项羽领导力上的缺陷源自其人格的极端性，前文已提到优秀品质如果走向极端，就可能成为黑暗人格，造成"过犹不及"的后果。项羽是名将之后，天资卓越，但过分的果断大胆导致杀伐无度，盲目自大导致缺乏容忍度量，过于自尊则导致了受规则与名声所累以及最后的过刚易折。其人格缺陷造成的悲剧命运令人扼腕叹息，千年后依然能够引发我们的深思。

本讲思考题

1. 哪些典型行为风格可以成就领导者？这些领导风格是如何在实践中发挥作用的？你在发挥领导力时，更倾向于采用哪种风格？

2. 人格测评能否全面准确地反映一个人的领导力？你有哪些独特的领导风格，是否与理想中领导者的人格类别相近？在领导行为中，如何充分利用这些特点？是否有接近理想人格的可能性与必要性？

3. 哪些领导风格是可以随着年龄与环境变化的？是否有伴随领导者一生、稳定不变的领导风格？在接纳现有风格的基础上，如何让自己的领导风格臻于成熟？

拓展阅读书目推荐

1. [美]约翰·C.马克斯维尔:《领导力21法则:追随这些法则,人们就会追随你》,路本福译,文汇出版社2017年版。

2. [英]乔·欧文:《领导力陷阱》,杨献军译,科学技术文献出版社2019年版。

3. [美]詹姆斯·M.库泽斯、巴里·Z.波斯纳:《领导力:如何在组织中成就卓越:第6版》,徐中、沈小滨译,电子工业出版社2018年版。

4. [美]比尔·乔治、彼得·西蒙斯、史蒂文·斯奈德:《真诚领导力系列(真北+真北2)》,刘祥亚译,广东经济出版社2016年版。

5. [美]拉姆·查兰、斯蒂芬·德罗特、詹姆斯·诺埃尔:《领导梯队:全面打造领导力驱动型公司》,徐中等译,机械工业出版社2021年版。

领 | 导 | 力 | 通 | 识 | 课

第三讲
情境领导

优秀的领导者应具有多重风格：要集思广益，又不能优柔寡断；要果敢决绝，又不能刚愎自用；要善于积累、汲取既往的经验，又要推陈出新、敢于创新；要具备强烈的规则意识，又不能墨守成规、僵化呆板。领导者应在何时采取何种风格呢？情境领导理论告诉我们，领导力的发挥、领导风格的选择都离不开领导者所处的外部环境。从广义角度来看，外部环境包括社会、政治、经济环境和国家政策、法律法规等；从狭义角度来看，领导者所在组织的任务、目标、发展阶段，组织成员的能力素质都是相对于领导主体的外部环境的具体体现。出于对特定情境的考量，领导者应勇于调适行为，转变风格。

"情境"和"交互作用"这两个概念是互不可分的。情境理论的提出和广泛使用，与20世纪70年代西方国家发展的外部环境剧烈变化有着直接关系。领导者挑战环境、优化环境的同时，外部环境也在遴选和塑造着领导者；领导者在激励和动员下属勇毅前行的同时，也需要追随者的推动和影响。当下，随着移动互联网技术的发展，私人情境和公共场所的分界越来越模糊，情境的定义依然在不断迭代，对领导者及追随者的行为风格和角色要求也需要相应变化，情境正推动着领导力内涵不断丰富，带来了领导力理论的更新和发展。

一、情境领导的理论渊源

20世纪60至70年代，美国从第二次世界大战后的繁荣期转入衰退期，社会不安、经济动荡、政治骚动；两次石油危机更使全球经济受到很大冲击，企业发展的不确定性陡增。此前工业时代兴起的科学管理理论等侧重于对企业内部组织的规划，追求合理的、普适性的管理模式与原则，而面对瞬息万变的外部环境，这些旧有的管理理论显得无能为力。在这种情况下，管理学家开始从系统观念来反思在当时所遇到的问题，将注意力从组织内部转移到组织环境上，将组织作为开放的、动态的系统进行研究。作为权变理论的重要分支、行为科学的重要实践运用，情境领导理论与 X 理论和 Y 理论、需求层次理论等均有一定的历史渊源。

（一）情境与情境能力

情境在《辞海》中被解释为："一个人在进行某种行为时所处的社会环境，是人们社会行为产生的具体条件。"美国实用主义哲学家、教育家约翰·杜威（John Dewey）认为，情境具有能动的、生成的、变化的和开放的特征，情境同过去、现在相衔接，同时指向未来。所谓人生活在世界中，就是指生活在一系列的情境之中。各种不同的情境一个接一个相继发生。但是，因为有了连续性原则，可以使先前情境中的某些东西传递到以后的情境中去。人存在于情境之中，就要面对来自周围情境的刺激和挑战，此时个人所处的整个情境决定对个人行为的控制。同时，人在情境中的活动过程和产生的后果又会反作用于周围情境，使之不断发生改变并逐渐适应个人自身的内在情境。

从心理学角度来看，情境能力是指对外部环境有意识、有了解、能适应的能力。其中，最关键、最为基础性的能力就是情境认知力。情境既包括客观的"境"，又包括主观的"情"，是领导者重要的认知对象，一个对周边情境不敏感的领导者无法做到真正有力的领导。有了情境认知能力，才能将在某个情境下获得的能力进行归纳总结，运用于类似的场合，也能够避免将同一种做法简单化地用于截然不同的情境所带来的问题。

目前，作为认知科学的重要组成部分，对情境认知能力的研究在教育心理学研究中占据重要地位。情境既可以是观念的、想象的、情感的、问题的，也可以是以实体结构存在的；既可以是虚拟的，也可以是真实的；既可以是基于特定组织功能的,也可以是基于自然和社会广泛存在的。想要加强情境感知力,首先,保持开放的态度,做好与周围世界建立联系的准备;其次,充分调动感官,保持感官的活跃,用耳倾听、用眼观察、用心体会来自周围环境的各种形式信息;最后,还需发挥思维功能,将感知到的真实内容进行概念化的转换与形成,即对我们感知到的内容进行描述和准确的传达,进行理性的自我感知。故事对情境学习非常重要,我们的一些思维存在于隐喻中,一些思维则是通过故事习得的[①],如通过案例学习来提升领导力,就是故事在塑造情境中的应用。

(二)情境领导与权变

"权变"的含义就是权宜应变。权变理论认为,无论是企业这类营利组织还是政府等公共组织,都是社会大系统中开放型的子系统。每个子系统的资源禀赋和外在环境条件各不相同,因而在管理活动中不存在适用于任何情境的最优原则和方法。因此,每个组织成功管理的关键,在于对组织内外状况的充分了解和有效的应变策略。领导者必须根据组织在社会大系统中的处境采取相应的管理措施,从而使组织能够适应环境的变化发展。

权变理论思想的主要代表人物包括战略管理领域的奠基人艾尔弗雷德·钱德勒、美国管理学会主席弗雷德·卢桑斯、美国心理学家和管理学家弗雷德·菲德勒等。钱德勒对杜邦公司、通用汽车、新泽西标准石油公司等70余家企业进行调研,提出企业管理结构是随着战略的变化而变化的,而战略本身又随市场、金融、科技等外部环境因素的发展而变化。例如,随着美国企业大规模走出国门,实行海外扩张和多元化战略,其组织架构也随之从集权结构转变为分布式结构。弗雷德·卢桑斯在 1976 年出版了著作《管理导论:一种权变学》,他将环境看作自变量,将管理的观念和技术作为因变量。这样环境变量与管理变量之间的函数关系就是权变关系。而菲德勒进

---

① 王文静:《情境认知与学习》,西南师范大学出版社 2005 年版,第 4 页。

一步提出了有效领导的权变理论。该理论以领导者与下属的关系、任务结构、职位权力这3类权变变量来评估情境，根据领导者与成员关系或好或差、任务结构或高或低、职位权力或强或弱，得出8种不同的情境类型，每个领导者都可以从中找到自己的位置。

权变管理流派强调，适用于任何环境的"独一无二"的最佳领导风格是不存在的，一种领导风格只有在特定环境中才可能获得最好的效果，因此，领导者应根据特定组织环境需要来调整自身的领导风格。在不同研究者的论述中，权变要素既包括组织结构、战略目标，也包括上下级关系、领导者的权力来源等，涵盖范围较为广阔。作为权变领域的重要分支，情境领导理论主要关注领导者与员工之间的互动，以及领导者与团队成员的行为特征对最终领导结果的影响。

（三）情境领导与需求

情境领导理论以"工作行为"和"关系行为"来对领导者的行为方式进行分类，与领导需求理论一脉相承。美国心理学家亚伯拉罕·马斯洛（Abraham H.Maslow）从动机的角度提出需求层次理论，将人的需求分成生理需求、安全需求、归属与爱、尊重需求和自我实现5个层次，在满足了基本的生理需求后，人们往往会产生更高层次的需求。麦克利兰从人的需求和动机的角度，进一步提出在高层次需求中，成就需求、权力需求和亲和需求是3种最重要的需求，其中，成就需求与工作行为密切相关，而亲和需求则可以看作是领导者表现出关系行为的内部动机。

成就需求指的是解决问题、取得成功，将事情做得更好、追求事业上的优越感的需要，表现在愿意通过自己的努力去解决问题以及为自己设定具有挑战性的目标。麦克利兰发现高成就需求者有3个主要特点。

1.高成就需求者喜欢设立具有适度挑战性的目标，不喜欢碰运气，也不愿意接受那些在他们看来特别容易的工作。他们不满足于漫无目的地随波逐流和随遇而安，想有所作为。他们总是精心选择自己的目标，因此，他们很少主动接受别人（包括领导）为其选定的目标。除了请教能提供完成目标所需技术的专家外，他们不喜欢寻求帮助或听从忠告。他们要是赢了，会要求获得应得的荣誉；要是输了，也勇于承担责任。高成就需求者喜欢研究、解决问题，而不愿意通过碰运气或依赖他人取得成果。

2.高成就需求者在选择目标时会回避难度过高的目标。他们喜欢中等难度的目标，既不是唾手可得没有一点成就感，也不是困难到只能凭运气。他们会揣度可能实现的程度，选择力所能及的目标，也就是会选择能够取胜的最艰巨的挑战。对他们而言，当成败可能性均等时，才是从自身的奋斗中体验成功的喜悦与满足的最佳机会。

3.高成就需求者喜欢能立即被给予反馈的任务。目标对于他们非常重要，所以他们希望得到有关工作绩效的及时明确的反馈信息，从而了解自己是否有所进步，这也是高成就需求者往往选择专业性工作的原因之一。

成就需求强烈的人往往能够做出巨大成就，那么，这种成就需求是与生俱来的吗？麦克利兰指出，这种需求并非与生俱来，而是后天培养的结果。如果早期教育中父母为孩子设立中等难度的成绩目标，热情鼓励并帮助孩子达到这样的目标，就让他从小树立了一种勇于接受挑战、奋力实现自己目标的观点。获得过成功的人，成功给他带来的喜悦、兴奋和成就感会成为一种积极动力的源泉。

然而，成就需求高的领导者并非适合任何组织环境。在规模较小、任务导向型组织中，领导者的成就需求和组织领导力密切相关，而在复杂的大型组织和政府组织中，领导者的领导效果则与其成就动机并不显著相关。例如，豪斯等发现企业的成就动机与其组织有效性之间相关，相比之下，大型官僚组织的领导者的成就动机则与组织的有效性不相关。豪斯等研究者还发现美国总统表现出来的成就动机与绩效之间呈现负相关。[1]

---

[1] R.J.House, W.D.Spangler, and J.Woycke. Personality and Charisma in the US Presidency: A Psychological Theory of Leader Effectiveness [J]. *Administrative Science Quarterly*, 1991, 36:364-396.

研究者进而发现，大型组织中领导者的权力需求对其领导效果有着更直接的关系。权力需求是指影响或控制他人且不受他人控制的需要。这种需求会引导领导者的社会影响行为，具有高权力动机的个体可以从影响他人的过程中获取更多的满足感。然而，对权力的追逐必须与道德标准相配合才能够产生积极的领导力，否则具有权力动机的领导者会用一种侵略性很强的方式来行使权力，以期达到自我膨胀的目的，而不考虑由此对下属和组织所造成的侵害。具备高权力需求和行使权力的高道德理念的领导者，会得到下属的信任、尊重和承诺。

麦克利兰的第 3 种需求，即亲和需求，是人们对建立友好亲密的人际关系的需要。获得别人的关心，获得友谊、爱情，获得别人的支持、认可与合作，均可视为亲和需求的表现。麦克利兰认为，具有高亲和动机的个体往往不自信、顺从和依赖于他人，过于注重亲和需求的领导者容易因为讲究交情和义气而违背或不重视管理工作原则，反而会导致组织效率下降。但在情境领导理论看来，无论何种需求，只要与外部环境契合，都是有效的领导力表达。

二、情境领导的行为方式

情境领导理论认为，要依据情境选择适合的领导风格，尤其是领导行为应同下属员工的成熟度相适应。作为诸多领导力理论中的"技术流派"，情境领导理论结构清晰、实操性强，自提出后很快成为各类组织领导力培训课程的重要组成部分。在历史上，位列财富 500 强的美国银行、IBM 公司、美孚石油公司、施乐公司等均基于情境领导理论设立过领导力开发项目，美国军队也曾使用该模型培训军官。在国内百花齐放的领导力培训体系中，情境领导也有一席之地。情境领导理论的创始人之一保罗·赫塞（Paul Hersey）通过对不同文化、不同国家领导者行为的分析和数据积累，结合全球各国社会环境的变迁，不断对该理论进行修正和发展，使情境理论在半个多世纪以来一直保持着生机和活力。

（一）工作行为与关系行为

情境领导理论将领导方式分为工作行为和关系行为两大类。工作行为也被称为"指导性行为"，是以实现目标为导向的行为。通过工作行为，领导者能够清晰地告知团队成员需要做什么、在什么时间点做、具体的工作要求和注意事项，并明确对这项工作的考核方式。工作行为的重要特征是从领导者到下属的"单向沟通"。保罗·赫塞曾以"抽血化验"为例来解释工作行为：为了尽快完成任务，护士会命令患者挽起衣袖，伸直胳膊，告诉他在抽血的时候要握紧拳头，但对患者紧张不安的情绪毫不理会。抽完血以后，她又会告诉患者该如何用棉球按压刚才抽血的地方。在这一过程中，护士是领导者，患者是被领导者，只有护士告诉患者怎么做，而患者的想法、情绪，以及对抽血工作该如何进行的建议基本不会受到重视。当然，这种任务导向的领导行为并不意味着领导者是言辞粗鲁或脾气暴躁的。仍以"抽血化验"为例，护士虽然在过程中处于完全主导地位，但对患者的态度依然可以是非常友好的。

关系行为也被称为"支持性行为"，是指领导者与团队成员之间进行双向或多向沟通的过程，具体包括倾听、鼓励、协助、指导以及给予心理方面的支持等。在知识型组织中，关系行为尤为重要，它能激发员工发挥自身潜力完成工作。例如，谷歌公司经过研究发现，最成功的团队从不吝于对团队中的每一个成员表达感激之情。向团队成员进行积极反馈、提供帮助或仅仅说一句"谢谢"，都可以提升所有人的目标感，也有助于让每个团队成员的工作变得更加个性化。这样他们就能在自己所做的事情上投入更多精力，更好地作贡献。

对工作行为和关系行为的另外一种表述可参考乔治·格雷恩（George Graen）等学者在 1972 年提出的领导—成员交换理论（LMX）。该理论认为，受制于领导者本人的时间和精力，领导者与不同的下属会形成远近亲疏的"交换"关系,以此将下属划分为"圈内成员"和"圈外成员"。其中,圈内成员与领导者之间有更多的情感联系,更受领导者的信任和关照,他们在服从领导时更为积极、主动,并能发挥最大的才智完成工作任务。这意味着领导者在与圈内成员互动时更多使用的是关系行为。而圈外成员与领导者之间的关系是在权力系统基础上形成的,他们与领导者接触少,也很少能得到领导者额外的奖励和机遇,因为领导者和他们互动时更多是运用纯粹的工作行为。

弗雷德·E.菲德勒(Fred E.Fiedler)曾设计出一份名为LPC的问卷来测定领导者的领导方式,它也可以用来表示领导者同下属的情感距离或心理距离。该问卷的主要内容是领导者对"最难共事者"(LPC)的评价,由16组对应形容词构成。问卷要求领导者在这16组形容词中按1—8级对这位同事进行评估。如果以相对积极的词汇描述自己最不喜欢的同事(LPC得分为64分或更高),则这位领导者很乐于与同事形成良好的人际关系,他采取的是关系取向型的领导方式。这类领导者对下属往往抱有体谅和肯定的态度倾向。相反,如果对最不喜欢的同事的看法很消极,LPC得分是57分或更低,则说明这位领导者可能更关注目标,更常使用任务取向型的领导方式。这份问卷的具体内容如下:

表3–1 LPC问卷

评价	得分
快乐——87654321——不快乐	_____
友善——87654321——不友善	_____
拒绝——12345678——接纳	_____
有益——87654321——无益	_____
不热情——12345678——热情	_____
紧张——12345678——轻松	_____
疏远——12345678——亲密	_____
冷漠——12345678——热心	_____

续表

评价	得分
合作——87654321——不合作	_____
助人——87654321——敌意	_____
无聊——12345678——有趣	_____
好争——12345678——融洽	_____
自信——87654321——犹豫	_____
高效——87654321——低效	_____
郁闷——12345678——开朗	_____
开放——87654321——防备	_____
总得分：_____	

值得注意的是，情境领导理论并没有沿用菲德勒的分类方式，将工作行为和关系行为看作是此消彼长的两端，而将其看作是两种截然不同的行为能力。在LPC问卷中，问题的设计默认更加关注目标的领导者必然会在关系上有所疏忽，但实际上擅长任务达成和关心团队建设这两种行为并不矛盾，甚至还会出现工作和关系行为都不出色的失败领导者。情境领导理论强调领导者应同时具备或注重提升工作行为和关系行为，并随着外部权变因素的变化，灵活地在两种行为之间进行切换。简言之，完成任务与营造关系是"两手都要抓，两手都要硬"的不同目标。

通过把工作行为和关系行为视为独立的两个维度，情境领导理论将领导风格分为4个类别。

S1：高指导—低支持的指导型领导风格，领导者的具体行为包括告知、指导、指示、立规等。在这种方式下，领导者倾向于给被领导者明确的工作指导，并进行近距离的监督。领导者将自己摆在指挥者的位置上，详细而精确地告知下属员工，希望他们去做什么、达到怎样的目标，并指导下属实现这一目标。这一类的领导者通常比较强势，强调责任与权威，甚至有时候显得一意孤行。此外，他们通常十分细致，关注建章立制、制订计划、编制工作进度表、建立作业标准等细节。

S2：高指导—高支持的教练型领导风格，领导者的具体行为包括推销、解释、澄清、说服等。这种风格的领导者倾向于对被领导者采取倾听、鼓励等行为，并容忍他出错。领导者将自己摆在沟通者的位置上，将工作的计划、方式、原则等摆在桌面上，与被领导者共同讨论。他们的态度通常是友善、开放的，强调平等与尊重，乐于倾听被领导者的心声。值得注意的是，虽然在工作过程中领导者与被领导者之间是开诚布公的状态，但这种领导风格仍然是由领导者最终决定完成什么样的任务以及如何去完成，因此，S2是 S1 风格的延续。

S3：低指导—高支持的支持型领导风格，领导者的具体行为包括参与、鼓励、合作、承诺。这种方式与 S1、S2 的最大区别在于，领导者并不直接关心如何完成目标，而是通过支持性的行为来帮助员工提升工作能力和技能，再依靠员工来达成目标。支持型领导风格的领导者倾向于将自己摆在参与者的位置，向被领导者征询意见和建议，鼓励他们自主思考和决策，充分发挥积极性和创造力，优化决策并有效提高执行力。

S4：低指导—低支持的授权型领导风格，领导者的具体行为包括授权、观察、监督、实践。在这一风格中，领导者授权被领导者全权对任务负责，自己只把握大方向。他会比较少地监督过程，只对工作关键节点和最终结果进行把控，这使被领导者有很强的自信和动机来完成任务。授权型领导者喜欢"抓大放小"，他们喜欢向被领导者描绘长期奋斗的愿景方向或要实现的战略目标，一旦与被领导者就所需要完成的任务达成了共识，他们就会放手让其独立完成任务。

日本松下公司的创始人松下幸之助曾说："当我的员工有 100 人时，我必须站在员工的最前面，身先士卒，发号施令；当员工增至 1000 人时，我必须站在员工的中间，恳求员工鼎力相助；当员工达到 10000 人时，我只需站在员工的后面，心存感激即可；如果员工增加到 5 万至 10 万人时，仅

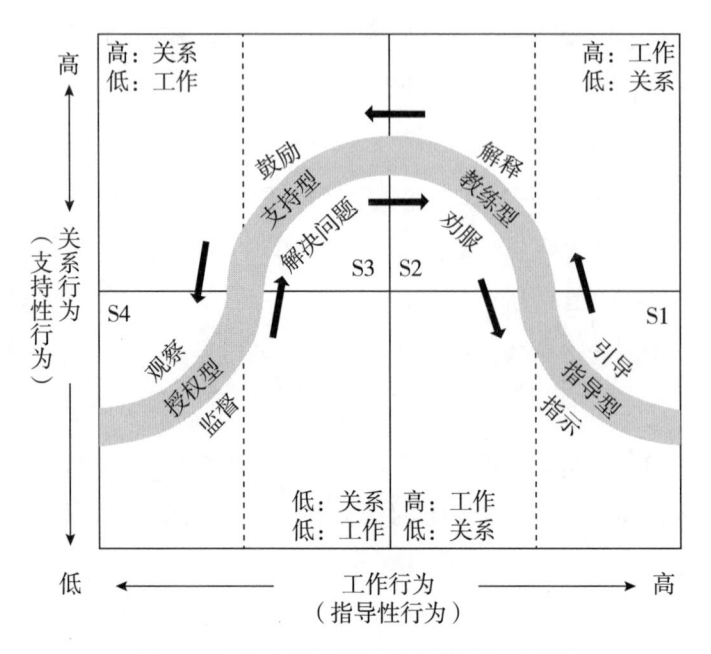

图 3-1　情境理论对领导者行为风格的划分

是心存感激还不够，必须双手合十，以拜佛的虔诚之心来带领他们。"由此可见，在团队规模不同的情境下，松下幸之助倾向于使用不同的领导风格。"身先士卒，发号施令"是指导型风格；"站在员工的中间，恳求员工鼎力相助"更像是高指导—高支持的教练型风格；"站在员工的后面、心存感激即可"是支持型风格；而通过"拜佛的虔诚之心"来进行领导，则是典型的授权型风格了。

（二）员工成熟度

在俄亥俄州立大学心理学家卡曼（A.Karman）的理论基础上，保罗·赫塞和肯尼斯·布兰查德（Kenneth Blanchard）创新性地提出"成熟度"这一概念，并将下属成熟度作为"权变因素"，分情况讨论了领导与团队成员互动的方式。当下级成熟程度提高时，领导行为也需相应地调整风格模式，从以工作为主逐渐转变为以关系为主，因此，这一理论也被称为领导生命周期理论。

成熟度是指被领导者完成某项特定的工作所表现出来的能力与意愿水平。成熟度可以分为两项因素：工作成熟度与心理成熟度。工作成熟度即工作意愿，工作成熟度高的被领导者拥有足够的知识、能力和经验去完成工作任务；而心理成熟度高的被领导者拥有较强的工作意愿和动机，他们不需要太多的外部鼓励，更多靠内部动机去激励自己。

当员工处于不同的发展水平时，对于领导者行为的需求也有所不同。情境领导理论将员工成熟度分为M1—M4四个级别。

M1阶段——"热情"的初始者，能力较低但意愿高。他们普遍工作热情高，但经验不足，工作能力偏低。例如，刚刚进入社会的大学生或是晋升到新岗位的管理者，面临全新的工作环境，他们并不确切地知道应该如何去完成任务，但是面对挑战时充满了干劲与热情。

M2阶段——"梦醒"的工作者，能力较低且意愿低。经过一段时间，员工开始对环境有所认识并逐步适应，其工作能力有所提高但未达到完全熟练的程度，同时他们对这份工作已经失去了新鲜感，初始"三把火"的工作热情亦已降温。不少年龄稍大的职场"观望者"可以归为这类员工，他们不愿意更新知识、提升能力，却喜欢抱怨，对团队的贡献度较低。

M3阶段——"勉强"的贡献者，能力高但意愿低。这类员工已经积累了一定的工作经验，其工作能力较强，但他们的工作态度消极，往往对组织不认同。某些领域的专家可以归为这类，他们有实力，但缺乏工作热情，人际关系也存在问题。

M4阶段——"成熟"的表现者，能力高且意愿高。当员工步入稳定发展时期，他们认识到了工作与自身的价值的关系，往往会表现出工作态度积极、热情，工作能力增强，经验丰富，能够竭尽全力工作的状态。

随着生产力和科学技术的进步，大众受教育程度的提高，员工对归属感、被认可、受人尊敬、发挥才能的需求在不断提升，但这并不意味着低成熟度的员工已经不复存在，我们在各类组织中仍能发现上述4种不同风格的被领导者。

（三）调整领导风格

情境领导理论认为，领导力是影响他人行为的一种过程，也是与员工共同努力去实现个人和团队的整体目标的过程。世上没有最好的领导形态，只有最适当的领导形态。理解情境领导力并不难，但"三岁儿童虽道得，八十老翁行不得"，如何结合具体应用场景进行实操并产生影响力，才是重点与难点。肯尼斯·布兰查德的调查结果表明，70%以上的领导者只使用单一的领导方法，使用过3种领导方法的领导者占比不足1%，大多数的领导者不知道如何诊断员工的发展阶段，并据此采取灵活的领导形态。对有志于发挥和提升领导力的个人而言，践行情境领导不仅需要我们有一种领导意愿和勇气，还需要对工作目标有明确的认知、对自己和团队成员拥有深刻的洞察力，以及能够及时调整行事方式的柔韧度和灵活性。

试想一下以下情景：某个工作日下午，你将写部门月报的任务交给一位团队成员，但你未来得及向他提出要求，便匆匆赶去参加一个会议。会后，你发现他已经将月报发到你邮箱里，并离开了办公室。由于你并没有提出具体而明确的月报写作要求，那位成员在准备材料时漏掉了许多重要的工作内容，格式也不尽如人意。你揉了揉太阳穴，关掉这份文档，打开电脑，准备自己亲手重新完成这项工作。

也许工作结果是完美的，但你的领导行为却是不成功的，因为这份报告还是你自己写的，没有对团队成员产生任何影响。你错失了一次发挥领导力来提升成员写作能力的机会，甚至有可能对其造成负面的影响：如果这位成员看到了一份完全不同于自己所提交的月报，甚至会感觉到自己的工作未能受到认可和重视，进而产生工作上的懈怠行为。

那么，应该如何做才能更好地发挥领导力呢？情境领导理论认为，应根据被领导者的成熟度，采取相适应的领导行为。具体分为3个步骤：确定任务，评估下属成熟度，选择领导风格。

就上面的例子来说，要想确定任务，可以从以下问题出发：这份月报的格式是否有固定要求？月报的读者是上级领导，还是全体员工？是要追求特色和创新点，还是只需要应付一下的常规事务？而想要确定员工的成熟度，可以从以下角度思考：负责写报告的团队成员参加工作多久了？此前是否承担过写月报的任务？在接受这一任务的同时，是否还需要他兼顾其他工作？

由于不同任务目标所需的知识和技能结构不同，员工的准备度也不尽相同，所以成熟度只是一个人在某项特定工作中的表现。例如，那些擅长从现有业务中获得最佳绩效的管理者，可能在投身于具有投资风险的创新项目时的准备度不高；同样，拥有诸多创意的活动策划人员可能对于研发和生产一种全新产品的工作显得心有余而力不足。

完成对任务和员工的成熟度的评估之后，就可以匹配与之相适应的领导风格了：对于有积极性但能力不足的 M1 型员工，应使用 S1 方式，给予具体指导。领导者应告知月报的具体体例，涵盖哪些重点内容，字数限制和时间要求，甚至应该告知对方需要收集哪些相关材料，具体联系谁，等等。对于欠缺能力又缺乏工作意愿的 M2 型员工，领导者应使用 S2 方式，给予激励和指导，提前询问对方完成这项工作有哪些困难，为其设置目标和完成工作时间，要求其随时提交过程稿，并在收到后及时给予反馈和指导，赞扬其工作态度的同时纠正工作偏差。对于能力较强但意愿有太多变数的 M3 型员工，领导者应采取 S3 方式，给予支持和鼓励，与其共同探讨月报的写法和改进思路，让员工参与进来，创造一种宽松的气氛，群策群力、集思广益。对于成熟度较高的 M4 型员工，领导者可以采取 S4 方式，充分授权，放手让他们自己去完成任务，充分发挥潜能。

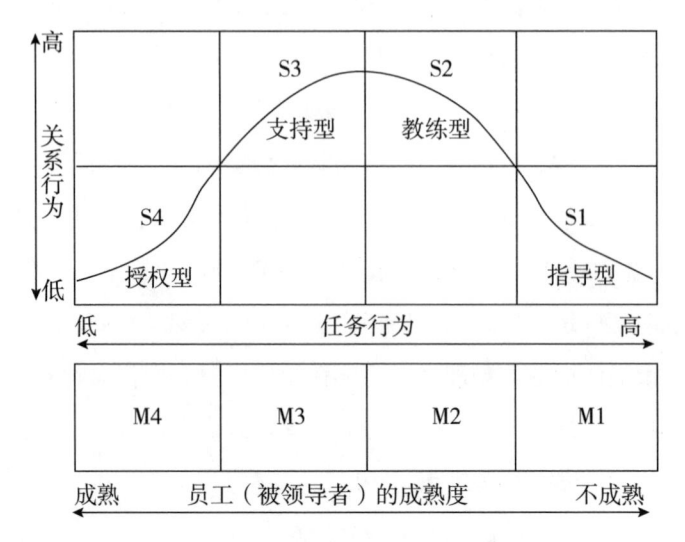

图 3-2　员工成熟度与领导风格的匹配

（四）提升员工成熟度

情境领导的意义不仅在于目标的达成，还在于领导者帮助团队成员发展自我，使其转变成能够自我领导的员工。在理想状态下，领导的行事风格应随着下属成熟度的稳步提升而发生变化，即从指导型到教练型，再到支持型，最后是授权型。但下属的成熟度并不一定呈线性发展，可能出现停滞甚至倒退的情况，如员工可能会受家庭等诸多外部因素的影响出现反复和波动的现象。当员工绩效下降的时候，领导风格也要灵活改变。

对于那些成熟度下降的员工，保罗·赫塞的《情境领导者》一书给出了领导者行动的 6 个技巧。

1. 以当下表现为基础，调整对待员工的方式

当员工绩效下降时，领导者最正确的解决方法是采取与他们目前准备度水平相符的领导风格。只有根据被领导者的表现及时调整领导者的行为风格，才能主动地解决问题，而不是被动回应危机。

2. 及时主动回应问题

领导者越早发现被领导者的问题并积极回应，越能有效地阻止其绩效下滑。相反，领导者拖延的时间越长，在解决问题时就越需要采用指令性的行为。就像上文中的案例那样，不愿意指导被领导者、事必躬亲的领导者并不少见，领导者起初对被领导者的问题采取回避的态度，希望他们能够自己发展和成长，使问题自行消失。但当领导者发现事实并非如此之后，累积下来的失望和愤怒的情绪，让他们从充分授权直接转向不信任，开始对被领导者采用高压政策。他们犯了情境领导中最普遍的错误，就是对待被领导者从不闻不问（S4）到严厉约束（S1），这种做法只能引发被领导者的沮丧、抵触情绪和怨恨心理。

3. 调整并采用适当情绪

当被领导者无法发挥其现有的能力时，正确的做法是积极地与他们沟通，包括明确地告诉被领导者他们需要做什么，以及领导者所关心的是什么。这将有助于让被领导者集中注意力并意识到问题所在。

4. 将精力集中在解决问题上

领导者和被领导者沟通的焦点应是如何提升工作效果，如何解决某一个明确的问题，而不是对被领导者进行非黑即白的评价，甚至是人身攻击。即便当领导者采取S1告知行为时，也并不需要提高嗓门，而是可以用一种柔和的方式给被领导者布置工作并给予一定指导。

5. 沟通前做好准备

在解决问题之前，领导者应事先准备并收集有助于解决问题的细节和数据，然后就此来和被领导者沟通，比如"服务对象减少了10%""销售额下降了20%""结项已经晚了5天了"。列举出具体的问题，领导者和被领导者才能一起解决问题。

6. 公开表扬、私下解决问题

由于双方的沟通目标是给被领导者提供发展和成长的机会，而不是让他们感觉到自己在接受惩罚，因此，领导者应采取私下讨论的方式来进行一场谈话，这样更容易表达自己的观点，也可以引导对方更好地将注意力放在解决问题方面。

三、情境领导力的延伸：追随力

情境领导理论对被领导者的重视超过了其他所有领导力理论，将领导者比作职业竞技场上的啦啦队队长，而不是居高临下的裁判员，强调被领导者对于领导有效性的强大影响，并将被领导者的成熟度作为核心，主动地研究。但彼时的理论也只是将被领导者的特质作为调节变量来探讨，自 21 世纪开始，随着领导者和被领导者之间的权力关系的不断发展变化，将被领导者定义为追随者，并将其作为一个独立自变量进行的研究逐渐流行起来。这一观点认为，"个体领导力"的概念是矛盾的，领导力不只是领导者一个人的动机、能力和行为，领导力的发挥与潜在追随者的动机和感知密切相关。追随力能够显著提升领导有效性，在当下社会中，追随者向领导者进行反馈时，才会产生领导力和追随力的共生关系。

（一）追随力：主体视角下的被领导者

2006 年，萨奇（Thach）指出，追随力是指有效执行领导者的指令、支持领导者的工作的能力，下属追随领导的动机，源自实现组织目标最大化。哈佛大学肯尼迪政府学院公共领导中心芭芭拉·凯勒曼（Barbara Kellerman）论证了追随者的个人利益需求对服从领导的意义："尽管我们的利益和本性通常需要我们以上下级形式进行组织，但应看到服从的压力、追随的动力不仅来自领导者，还来自其追随者。"在群体利益方面，根据弗洛伊德的理论，群体需要舒适和安全感，进而需要强有力的领导者来防止群体成员回到野蛮状态。

追随力对领导有效性的影响主要体现在以下几个方面：一方面，追随者的心理状态会影响其对领导者领导类型的感知和认识。具体来说，追随者的情绪稳定性、自我效能感和动机等都会影响到追随者对于变革型领导的感知程度。[1] 甚至有研究者提出了"追随者中心视角"概念，认为领导力和领导结果都是由追随者建构的，具体来说，会受到追随者本人的认知水平和不同追随者之间相互作用的影响。另一方面，追随者的心理状态会影响其对领导者的好恶程度。研究表明，工作满意感低和自我效能感低的追随者会更加厌恶领导，而这种厌恶更多时候是追随者无意识产生的。[2]

最重要的是，追随者的行为和特质所带来的不同追随方式会直接影响领导行为的有效程度，并最终影响组织效能。比如，积极的追随者能够使组织中的个体间的帮助行为增多，以此改善追随者的动机，从而提高个人责任感、提升组织决策水平和团队工作的有效性、增强团队凝聚力等。

（二）追随者的类别

随着对追随者进行进一步的区分，"情境领导"的下属成熟度概念得到扩展，而这又对应了更加细分的领导风格和更为具体的行为方式。哈佛商学院亚伯拉罕·扎莱兹尼克用"服从—自主"以及"积极—消极"两个维度将追随者分为4类：冲动型的追随者具有反叛精神，喜欢挑战权威，具有创造性，他们有时候会通过影响和控制势态成为领导者；强迫型的追随者也喜欢挑战权威，但相对消极，他们因为自己的控制欲与篡权想法而怀有负罪感；自虐型的追随者尊崇"控制和权力"，宁愿在被别人控制的痛苦中进行追随和工作；退缩型的追随者不关心其领导者，他们甚至认为世界是混乱而不可

---

[1] Tal Dvir, Boas Shamir. Follower Developmental Characteristics as Predicting Transformational Leadership: A Longitudinal Field Study [J]. *Leadership Quarterly*, 2003, 14:327-334.
[2] Michelle C. Bligh, Jeffrey C. Kohles, Craig L. Pearce, Joseph E. (Gene) Justin, John F. Stovall. When the Romance is Over: Follower Perspectives of Aversive Leadership [J]. *Applied Psychology:An International Review*, 2007, 56 (4): 528-557.

接受的，因此，缺乏信任和参与精神。

哈佛大学芭芭拉·凯勒曼则从公共领导力角度出发，将公共事件中的追随者分为 5 种类型。

第 1 种是孤立型，他们完全疏远或脱离了他们所属的团体或组织。芭芭拉认为，孤立者是完全超然的，他们既不关心他们的领导者，也不了解他们的领导者，更不对领导者的做法进行回应，而这种陌生性加强了已有高层领导者的权力。她认为不少西方选民是孤立追随者，年轻市民参与政治的比例越来越低，而这种孤立的追随行为会产生社会问题。

第 2 种是旁观型，他们观察但不参与活动，一定程度上脱离了组织。举一个极端的例子来展现旁观型的追随者，那就是许多纳粹时期的德国人，他们虽然不赞同希特勒的主张，但也只是袖手旁观，无所作为。

第 3 种是参与型，这类追随者会明确表示自己对领导者的态度，他们会对领导者进行有限度的支持。他们在组织里大多时候是积极活跃的，但并非十分投入，尤其是当他们发现自己投入的精力和时间并未得到预期回报时，就会游离于领导者的管辖范畴之外。

第 4 种是主动型，他们是热情的、充满精力的、积极参与的追随者，他们投入在领导者和追随过程上的精力很多，一部分是为了领导者的利益，也有一部分是为了削弱甚至代替自己的领导者。也就是说，主动归主动，这类追随者不一定是支持领导者的。

第 5 种是有着强烈信仰的顽固型，他们热切地拥护或者反对某个领导者，准备好了为了某项事业或者某个他们信仰的人而牺牲自己，又或许为了推翻某个人而不惜一切代价。[1]

---

[1]　Barbara Kellerman. *Followership*：*How Followers are Creating Change and Changing Leaders*. Harvard Business School Press，2008.

（三）从单纯追随到向上领导

瞬息万变的变革时代更加需要积极和主动的追随者，他们可以对领导者的信念系统提出质疑和挑战，从而增强领导活动的有效性。比如主动型的追随者兼具积极性和自主性，乐于出谋划策，善于主动参与，经常在领导—下属的交流互动中扮演活跃的角色，当他们不支持领导者的观点或行为时，会积极影响甚至试图控制领导者的行为，就是所谓的"向上领导"。

在一个组织里，除了极少数人，很多管理者既是领导者，也是被领导者。沃顿商学院领导力与变革管理中心主任迈克尔·尤西姆（Michael Useem）从由上自下和由下自上的双向角度看待领导与被领导关系，他认为领导力无关职位高低，每个人都能在各自岗位发挥领导能力。领导艺术不仅包括领导者领导下属，也包括员工管理上级。随着技术的发展和组织权力的分散，冲在前线、"能听见炮火声音"的一线的、基层的管理者更贴近服务对象或者消费者，进而可以看到未来的发展方向，这赋予了他们向上领导的资本。

迈克尔·尤西姆在《如何领导您的上司——双赢策略》一书中写道，很多人抱怨自己业绩不佳，是因为领导没有远见、领导不肯授权；因为领导之间相互拉帮结派，使得自己无所适从。面对这种困境，除了一走了之，还有一种方法，就是向上管理你的领导，达成双赢。[1]

向上领导需要巨大的勇气和决心，毕竟上级的反应是不确定的。追随者可能怀疑自己是否有向上领导的权力，但如果我们的工作能够带来巨大的价值，我们就有责任做出自己力所能及的事情。通过案例分析，迈克尔·尤西姆认为，向上领导需要一种直言不讳的组织文化，需要高层领导者的支持，但向上领导本身也有一定的技巧。

1. 追随者要确保与上级之间保持良好的信任关系。要使领导者时刻与自

---

[1] Michael Useem. *Leading Up : How to Lead Your Boss So You Both Win*.Currency Press , 2003.

己站在一起，就必须常常沟通并时刻记住他们的期望。

2. 向领导者提出不同意见并说服他要在私下场合进行。私下批评、公开支持，才有可能使自己的观点得到同事、上级和整个组织的支持。

3. 在行动前进行沟通。不要在非紧急时刻不经沟通擅自行动，而是应向上说明自己的处境、所面临的风险和准备采取的措施。如果被领导者拒绝，那么就必须为自己做出决定，始终不渝地坚持组织的最终目标。

四、案例：奈飞模式是否值得学习

人性是恶还是善不仅是哲学家争论的焦点和个人的价值判断，也是现代管理学和领导行为理论绕不开的出发点。基于这两种完全相反的假设，X 理论认为人类本性懒惰，厌恶并尽可能逃避工作，绝大多数人没有雄心壮志，怕负责任，宁可被领导骂，因此，领导者应用强制办法乃至惩罚、威胁，使下属为达到组织目标而努力；而 Y 理论则认为人们有充足的工作原动力，一般人原本不是厌恶工作，多数人愿意对工作负责，寻求发挥能力的机会，如果领导者能够激励下属并为其提供机会，他们能够广泛地发挥想象力和创造力。

情境领导理论从实践的角度融合了 X 理论和 Y 理论，为领导者提供了实用性的解决方案：既要重视人的因素，也要把握好度的问题，要探究下属行为与需求、动机、目标和环境之间的关系，只有充分认识人的行为规律，才能提高对组织成员行为的预见性和控制性，进而提升领导效能。不注意坚持一切从实际出发，脱离具体实际而盲目照抄照搬领导理论和行为风格，是领导者学习和成长中需要警惕的问题。本部分以全球知名媒体公司奈飞为案例，对具体情境下的领导风格匹配进行探讨，而非推崇其极端的领导风格和管理模式。

（一）奈飞模式：成年人的自由与责任

奈飞公司做 DVD 租赁起家，然后转到线上做视频点播业务，接着变身成为原创影视制作商。它被公认是一个行业的"颠覆者"，该公司创造了依靠自制高质量视频和包月会员固定收费的商业模式，并且对好莱坞和传统电影院线带来了巨大的冲击。在 2010 年进入内容生产领域后，奈飞的股价在 10 年内创造了 6168% 的涨幅（苹果公司股价同比上涨 598%），市值一度超越迪士尼。在美国国内媒体市场竞争激烈的大环境下，奈飞的国际化战略为其开辟了一种新的商业模式，在 2019 年约 1.49 亿付费用户中，有 0.89 亿来自美国境外。

这只"全球大鳄"的成长，离不开其"成年人"企业文化的支持。奈飞的创始人里德·哈斯廷斯这样说："奈飞的成功如果说有什么秘诀，那可能就是我们独一无二的企业文化。"在奈飞公司的文化中，所提到的第一条原则就是"我们只招聘成年人"。

现代管理文化是文化管人、制度管人，而不是人管人，而奈飞认为，现代企业文化的核心还是人管人，但这个管人的人并不是管理者，而是员工自己。"自由"与"责任"的核心就是要将权力还给员工，让他们在自由的环境中充分施展自己的能力，履行责任。奈飞认为，成年人的成长，只能由自己负责。

奈飞独特的企业文化是在早期发展中慢慢演变成型的。2001 年，互联网泡沫的破灭将奈飞陷入破产的边缘，公司不得不裁掉 1/3 的员工。然而，公司却发现，裁掉很多中层管理者不仅没有让公司的业务受到影响，还让个人的行动速度变得比原来更快了。公司的管理层开始思考，也许取消那些不必要的政策和流程，把权力还给员工，他们的行动还可以变得更快，能完成更多工作。在这个想法的推动下，奈飞前首席人力资源官（CHO）帕蒂·麦考德开始了一系列的尝试，奈飞员工的"自由"让不少人艳羡。

比如，奈飞取消休假制度的事件被媒体广为报道。奈飞告诉员工，他们可以在自己认为适当的时候休假，只需要和他们的经理商量即可。后来公司发现，大家还是只会在夏天休一两周假，在节假日休息几天，在孩子参加比赛的日子休息一下，这跟取消这项制度之前一样。通过这次尝试，奈飞相信，公司可以放心地把权力交还给员工，因为他们会对自己的时间负责。

除了休假自由，奈飞员工还享受着差旅、报销自由，以及创作自由，这意味着员工可以通过自己的判断，来决定如何花公司的钱。团队寻找到最好的、最有执行力的创作者之后，会给他们自由发挥的空间，实现自己的理想。除此之外，奈飞认为成年人之间的沟通方式应该是坦诚的，不管是好消息还是坏消息，当事人都应该有知情权。因此，所有员工都享有信息自由，还有人员流动自由的权利。如果觉得自己不适合这家公司，那么大家好聚好散。为了考量公司是否提供了最有竞争力的薪酬，奈飞甚至鼓励员工在职期间多去面试。这样一旦发现有高价值员工的薪酬和他的价值不匹配，奈飞就能很快进行重估和调整，从而保持对高端人才市场价值的敏锐度。

不过，在成年人的世界里，任何自由都要以同等的责任为代价。奈飞之所以敢给员工这么多自由，是因为有明确的"成年人"招聘标准。奈飞认为，成年人渴望的奖励，是加入让他们信任和钦佩的团队中，大家一起专注完成一项伟大的事情。

奈飞认为，成年人有权力得知任何消息，也意味着他们不但要公开为自己认为正确的事情辩论，还得直面批评，甚至直面一切坏消息。"你的沟通能力不行，你在传达一条信息时花了太长时间才提出自己的观点，而且还不够清晰。"这是奈飞公司非常直接的面对面沟通方式。

根据曾在雅虎工作的奈飞员工科森回忆，雅虎的文化是对别人倾力支持而无批评指责，而到了奈飞后听到同事以这种方式向他反馈，他第一反应是攻击性的：我对你也有一大堆意见呢！但不久之后，他发现在奈飞，人人都是这样心直口快，而且他意识到，当你仔细反思别人的话的时候，你会从他的视角来看问题,并学会如何改善工作。①

奈飞要求管理者成为坦承的表率,不仅要坦承成绩,更要坦承问题,坦承失误。在奈飞,每个人都要做一个"开始、停止和继续"的练习,要求员工告诉同事一件他应该开始做的事、一件他应该停止做的事和一件他应该继续做的事。在这个过程中,肯定会有人不开心,但奈飞相信成年人应该理解这种公开透明的重要价值,并接受这种做法。

奈飞要求所有员工以高层管理者的视角看事物,这样才能感受到自己与所有层级、所有部门在必须解决的问题上有真正的联系,才能发现每个环节上的问题和机会,并采取有效行动。比如在很多公司,客服被看作是非常基础的工种,竞聘、工作要求都相对宽松。但奈飞的客服则不一样,他们入职后的第一项工作,就是学会阅读公司的损益表。公司成立了"新员工大学",在每个季度拿出一整天,由各个部门的负责人做一小时的分享,向员工讲解他们各自业务领域内的重大问题和发展。这样不但帮助员工深入了解了公司业务,还让他们认识了来自不同业务领域的负责人。

奈飞认为,员工的无知,是管理者在沟通层面的失职。奈飞的管理层开始把大量时间花在一件事上:让每名员工都快速深入地了解公司的业务是如何运作的,并且根据不断变化的情况持续沟通。有些部门经理吐槽:"我试着跟员工解释过了,但是他太笨了,听不懂。"时任CHO麦考德则回答:"那是因为你把事情搞得太复杂了,所以别人理解不了。要像跟你妈妈解释一件事情一样去解释一个问题。如果员工做了愚蠢的事,要么是未被告知相关信息,要么是被告知错误信息。"

最重要的是,在奈飞公司内部拥有所谓岗位流动的自由,这在不少保守的人看来甚至是一种随时失业的"风险":公司绝对不会培养旧人适应新的岗位需求,有新业务需求就招聘直接能上手的人来做,项目完成了就可以离开,绝不犹犹豫豫、拖泥带水,世界这么大,一个成年人离开了奈飞也有能

---

① [美]帕蒂·麦考德:《奈飞文化手册》,范珂译,浙江教育出版社2018年版,第61页。

力继续工作和生活。[1]

向员工充分授权、激励其自我实现和自我发展等观点在理论界早已出现。例如，在1954年出版的《管理的实践》一书中，彼得·德鲁克（Peter F.Drucker）就旗帜鲜明地提出了领导者应把目标放在激励每个人的成长和自我发展上。面对知识型社会的到来，德鲁克认为，"真正重要的是自我发展，世界上最荒谬的事情莫过于由企业一肩扛下发展员工的责任。真正应该承担这个责任的是个人，要靠自己的能力和努力才能成为好的管理者。没有任何企业有能力或有义务取代员工个人自我发展的努力。这么做不但是家长式的不当干预，也展现了愚蠢的虚荣心理……每位管理者都有机会鼓励或抑制、引导或误导个人的自我发展……每家公司也应该有系统地提供管理者自我发展的挑战"。

（三）奈飞模式与华为模式的比较与反思

为什么奈飞的文化准则与德鲁克的思想一脉相承，但在现代社会依然看起来如此颠覆且反常识呢？既然相关理论提出得如此之早，为什么到现在除了奈飞并没有更多成功者？

从情境领导理论出发，可以看到奈飞的成功在于其成年人"自由—责任"逻辑的高度自洽。奈飞通过其独特的企业愿景和蓬勃发展的线上业务吸引到的高质量人才，也就是被其称为"成年人"的员工，正是情境理论中所提到的M4阶段"成熟的表现者"。他们认同公司愿景，能够充分认识到工作与自身的价值，为高绩效所驱动，也有积极的工作态度和较强的专业能力。与此相匹配的，必须是能够做到充分沟通和授权的领导力风格，以及高强度的沟通节奏和督促员工自我发展的企业文化；再往更深层次挖掘，这种组织文化的成功也与硅谷人工智能等专业技术人才的充沛，以及在线媒体蓬勃发展的产业大环境有着十分密切的关系。所有的外部环境和内部文化因素

---

[1] ［美］帕蒂·麦考德：《奈飞文化手册》，范珂译，浙江教育出版社2018年版，第120—124页。

叠加在一起，为奈飞独特的用人思路提供了保障。

相比而言，不少企业的做法虽然与奈飞不同，但也有其在"自由和责任""放权与收权"上的平衡性，比如像华为等国内高科技企业，相比从社会上招聘成熟人才，这些企业更喜欢招聘应届毕业生，之所以这么做，薪酬考虑倒是其次，主要是出于忠诚度的考虑。相比成熟的"成年人"，华为在各大知名高校所招聘的应届毕业生，可以算是M1阶段"热情"的初始者，他们有较高的工作热情，这种有活力的样子是不经社会、人际关系打磨的原始状态。虽然他们迫不及待地想要施展自己多年学业生涯积累下的知识和才华，但由于刚刚走出校门，大部分人与岗位相关的能力都还有较大提升空间。

这样，华为作为一家有着成熟企业文化的公司，可以通过各级领导者采用各种培训和轮岗等指导方式使其成长，一方面挖掘员工潜力，另一方面也是在接受企业文化的熏陶。创始人任正非说过："社招生有一定社会经历，有工作实践经验，工作实践经验无疑是宝贵财富。社招生可以不经过一营、二营培训，这一点就说明社招生的工作素质强。社招生有人生的社会经验，比纯洁的应届生好得多。社招生比应届生成熟，看事物深刻，但他们改造起来难，因为他们有自己固定的人生观，比较实际。"

虽然不同企业偏好选择不同成熟度的员工，但从情境领导的角度来看，由于领导风格和组织文化的不同，华为和奈飞近10年来的发展都是成功的。这打破了"只有一个正确答案""非黑即白"的错误思维模式。学习情境领导理论后，我们可以得出一个结论，无论是德鲁克的时代，还是快速发展的当下，员工的成熟度都存在差异，即使是同一个员工，也会有能力和情绪的波动与反复。作为领导者，简单跟风套用"参与""自主管理""授权"等组织管理手段以期求得神奇的领导效果，是不科学的，也是不可行的。最佳的领导行为可有无数种组合，但都需要首先做到领导行为风格与下属成熟度的快速适应，还要能与企业内部文化和外部产业环境等权变因素相契合。

本讲思考题

1. 情境理论是在什么情境下提出的？当下的情境与该理论提出时发生了哪些变化，对领导力提出了哪些新要求？

2. 工作行为和关系行为能够体现出哪些领导风格？除了工作和关系行为，是否还有其他类别的领导行为？

3. 追随者可分为哪几类？为什么说追随力可以对领导有效性产生巨大的影响？追随力应如何提升？

4. 奈飞文化和华为文化中的领导力分别适用于哪类企业？在二者之外是否还有其他风格的领导力？

拓展阅读书目推荐

1. [美]沃伦·本尼斯、伯特·纳努斯：《领导者（纪念版）》，赵岑、徐琨译，浙江人民出版社 2016 年版。

2. [美]保罗·赫塞：《情境领导者》，麦肯特企业顾问有限公司译，中国财政经济出版社 2002 年版。

3. [美]帕蒂·麦考德：《奈飞文化手册》，范珂译，浙江教育出版社 2018 年版。

4. 余胜海：《用好人，分好钱：华为知识型员工管理之道》，电子工业出版社 2019 年版。

5.《突破领导力》（《哈佛商业评论》精粹译丛），曾贤刚、宋程锦译，中国人民大学出版社 2004 年版。

领 | 导 | 力 | 通 | 识 | 课

第四讲
沟通领导力

沟通领导力，是通过信息传递来动员他人与自己共同朝着预期目标前进的能力。领导者的个人力量是有限的，要将组织的愿景变为群体的共识、将组织的决策转化为员工的行动，需要进行宣传、动员、说服、激励，这些领导行为都与沟通领导力密切相关。如果领导者不能通过沟通与追随者建立联系，就无法产生影响并激发集体行动，领导力也就无从谈起。

沟通领导力需要领导者的理性思考，也需要与追随者的情感共鸣，既是艺术也是技术。不少人误解沟通领导力是一种与生俱来的天赋，但理论研究表明，沟通行为的背后连接着意识、思维、思想，良好的沟通能力并不是先天具备的个人禀赋，而是可以通过刻意练习不断提升、最终臻于成熟的后天能力。无论内倾型还是外倾型的领导者，都可以有效发挥领导力。本讲从神经科学和认知心理学等理论出发，并融入实践操作与经验技巧，提供一条提升沟通领导力的有效路径。

一、沟通的不同类型

沟通被视为领导力的关键要素，领导者说得条理清晰、精彩管用，写得有理有据、透彻深刻，能够将人们心理的潜在动力激发出来，实现鼓舞人心的效果。领导行为理论代表人物亨利·明茨伯格（Henry Mintzberg）指出，"管理工作有10种作用，而沟通和人际关系占3成"，并将"爱用口头交谈方式"和"重视同外界和下属的信息联系"作为领导者角色中非常重要的特点。在工作和生活中，沟通可以多种形式开展，领导者可根据具体沟通情形灵活选择沟通手段。

（一）内部沟通与外部沟通

根据沟通对象的范围，可把领导沟通划分为内部和外部两类。内部沟通是指发生于组织内的沟通，包括以下 3 种典型沟通形式：首先是一对一的沟通，即沟通限制于两人之间，这种沟通方式是最频繁的，表现为循环往复的过程。其次是一对多的沟通，一方是由多人组成的，而另一方则是单个的人。例如，组织内部的动员大会，是由一名领导者对多名员工进行的。一对多一般为比较正式的沟通，但流程中往往缺乏反馈。最后一种是多对多的沟通，发送与接收双方都由多人组成，如部门之间的沟通、协商、谈判等，这种沟通形式更为正式，通常需要提前设定议程，以确保整个沟通流程的有序、有效。[1]

外部沟通是指组织与外部协作、交流，以得到外界社会支持的过程，其沟通对象更为广泛，沟通的不确定性也更强。

（二）沟通网络

沟通网络可以分为链型、Y 型、轮型、环型和全渠道型：

在链型网络中，相关层次非常清楚，信息由上至下或由下至上逐级传递，双方是单线联系，团体中心人物只和两个成员交换信息，再由他们与相近的成员进行沟通，沟通的自由度和范围都比较小。

Y 型网络是在科层结构中对应多个上级或多个下级的沟通，信息也是逐级进行传递，根据领导所处的不同位置，再分为单型和多链型等。Y 型网络适用于工作任务十分繁重的管理者，他们为了节省时间，又要对组织实行有效的控制，因此，需要有人选择信息，提供决策依据。

在轮型网络中，一个主管向多个下级进行信息的沟通，但下级成员之间的沟通很少，信息几乎是闭塞的。这适合那些传统组织及部门中，以科层为

---

[1] 赵慧军主编：《管理沟通：理论·技能·实务》（第四版），首都经济贸易大学出版社 2018 年版，第 55 页。

代表的形式，领导实行严格的集权和控制，工作任务也是分配型的。

在环型网络中，每个成员之间都直接或间接地进行沟通，形成了一个封闭的环。成员的沟通比较自由和自主，团体表现出平等、协商、互助的状态，沟通线路非常开阔。

全渠道网络中，成员享受完全的沟通自由，任何两个成员之间都可以直接沟通，处于平等的地位，团体领导人或中心人物的作用不明显。这种网络的信息沟通速度最快，但伴随信息量增加，信息冗余、信息失真、信息识别困难等问题也会出现。

无论是何种沟通网络，从沟通双方关系来看，都还可分为不对称式沟通和对称式沟通。在不对称式沟通中，组织领导者对信息进行垄断并试图单向控制局势；而在对称式沟通中，双方互动信息、充分交流，沟通过程不排斥外部人员的加入，是化解冲突的重要途径。

（三）沟通渠道

按沟通渠道划分，可分为口头沟通、书面沟通、非言语沟通等。

口头沟通的优点是有亲切感，可以用表情、语调增强沟通的效果；书面沟通的优点是具有权威性、正确性，不会在传达过程中被歪曲，可永久保留。

非言语沟通指除言语沟通以外的各种人际沟通方式，具体包括副语言、表情、姿态、动作和人际距离等类型。非言语沟通往往起着配合、辅助和加强语言沟通的作用，有时候人们有意识地运用非言语沟通技巧，而有时候对它的运用却是一种下意识的行为。有关研究表明，在两个人的互动场合中，有65%的"社会意义"是通过非语言方式传递的；在演讲过程中，一般观众把他们注意力的50%投向讲话者的说话方式，42%的注意力投向讲话者的形象，只有8%的注意力投向讲话的内容。在实际沟通活动中，当言语信息与非言语信息不一致的时候，人们往往会更加相信非言语信息。如弗洛伊德认为，单凭语言是不可靠的，动作比理性语言更能表现出人的情感和欲望。

领导者的沟通渠道还与最新的媒体和技术密切相关。例如，在美国内战期间，林肯作为第一位在白宫专门设立电报局的总统，亲自向前方指挥官发送了数百份电报；1896年，威廉·麦金莱在总统竞选中首次采用了全新的动态影像来进行宣传，让选民眼前一亮；第二次世界大战期间，美国总统富兰克林·罗斯福通过广播发表的演讲统称为"炉边谈话"，这让远隔千里的美国民众亲切地感觉到总统似乎是在自家的客厅里与他们聊天；1960年，肯尼迪与老尼克松进行了美国历史上第一次全国电视直播的总统竞选辩论，前者成为第一位成功利用电视媒体的宣传而入主白宫的总统；而特朗普在2016年美国总统大选中能够脱颖而出，很大程度上得益于他对推特等非传统媒体平台的利用，"推特治国"一词特指其在推特上发表各种言论以实施国家治理的方式。随着第二次选举的失利，特朗普社交账号的职能，发生了变化，最终被封禁。从2009年3月特朗普首开账号，到2021年账号被封禁，特朗普的@real Donald Trump账号一共发了5.9万多条推文，账号被封前拥有约8800万粉丝。

（四）沟通的强弱

从沟通的强度来看，可以将沟通关系划分为强连接和弱连接。弱连接理论由美国社会学家马克·格兰诺维特（Mark Grannovetter）于1974年提出，他认为在传统社会，个人接触最频繁的人是自己的亲人、同学、朋友、同事……这是一种十分稳定的但传播范围有限的社会认知，是"强连接"现象；同时，还存在另外一种相对于前一种社会关系更为广泛的却肤浅的社会认知。例如，一个被人无意间提到或者打开收音机偶然听到的人……格兰诺维特把后者称为"弱连接"。格兰诺维特通过调查麻省牛顿镇的居民如何找工作来探索社会网络，发现与个人的工作和事业关系最密切的社会关系并不是强连接，而常常是弱连接。弱连接虽然不如强连接那样坚固，却有着极快的、低成本的和高效能的传播效率。

强连接往往会导致信息舒适圈的形成，网络内的成员具有相似的态度，高频率的互动通常会强化原本认同的观点，而降低了与其他观点的融合。透过强连接所产生的信息通常是重复的，容易自成一个封闭的系统。而弱连接则把不同社交圈子连接起来，在不同的圈子间传递非重复性的信息。根据弱连接理论，个人在社会上获得机会的多少，与他的社交网络结构有很大关系。2010 年，美国学者研究了 2005 年 8 月整个英国的电话记录，这些电话记录构成了可见的社交网络。通过与英国政府发布的经济状况数据进行比对，研究者发现，越是富裕的小区，其交往的"多样性"越明显。[1] 随着互联网时代的来临，网络为弱连接的建立提供了极大的便利，这使得弱连接在沟通中的价值更为凸显。

二、沟通的潜在关键：情绪

随着行为经济学和脑科学的发展，沟通理论的研究焦点从谈话策略、表达方式转向情绪、感受和认知对于沟通的潜在影响。对领导者而言，想要在沟通中影响对方的情绪和观点，其前提是了解和管理自身的情绪，具体方式包括提升感知力，对自己的情绪状态进行感知和评估；减少情绪损耗，通过"节流"的方式来随时保持情绪的饱满；调整认知模式，通过"开源"的方式生产更多的正面情绪等。

（一）情绪的类别

《孙子兵法》中提到，"不可胜在己，可胜在敌"。领导者有必要了解基本情绪，以便在各种挑战中有效应对并加以运用。美国心理学家西尔万·汤姆金斯（Silvan Tomkins）和卡罗尔·伊扎德（Carroll Izard）在 20 世纪 60 年代提出，情绪并不是伴随其他心理活动产生的一种副现象，而是一种独立

---

[1] Nathan Eagle, Michael Macy, and Rob Claxton. Network Diversity and Economic Development [J]. *Science*, 2010, 328: 1029-1031.

的心理过程。情绪有其独特的机制，并在人的心理活动中起着适应环境的独特作用。随着年龄的增长和大脑的发育，情绪也逐渐增长和分化，形成了人类的9种基本情绪，即愉快、惊奇、悲伤、愤怒、厌恶、惧怕、兴趣、轻蔑、痛苦。

脑科学研究者理查德·戴维森（Richard Davidson）认为，情绪风格是对我们生活经历一致的回应方式，比情绪状态或个人特质更接近于潜在的大脑系统，因此，可以被认为是情感生活的基本组成部分。情绪风格由特定的、可识别的大脑回路控制，并能够使用客观的实验室方法来测量。经过长期观察，戴维森提出了6种不同的情绪风格，每一个维度都可以对应一种具体的、可辨识的神经特征。

1. 情绪调整能力：你从逆境中恢复时，恢复得快还是慢？
2. 生活态度：对你而言，积极的情绪可以持续多久？
3. 社交直觉：你是否善于从身边的人那里获取社交信号？
4. 自我觉察能力：你对身体的感受是否敏感，从而易于觉察到自己的情绪？
5. 情境敏感性：你是否善于根据所处的情境调整自己的情绪反应？
6. 专注力：你的注意力是比较容易集中还是比较容易分散？

美国心理学家乔治·米勒（George Miller）的情绪分类法用能量和幸福感两个维度来衡量领导者情绪，将情绪地图分为4个象限：

第一象限：火箭情绪——高能量、积极幸福感象限。这类领导者拥有强大动力、高度喜悦和持续兴奋的情绪，让每个人都充满激情和信念。

第二象限：大师情绪——低能量、积极幸福感象限。这类沉着冷静、高度满足的领导者，会创造舒心、和谐的办公环境和无与伦比的安全感。

第三象限：沮丧情绪——低能量、消极幸福感象限。这类领导者身体和精神上易感到疲惫，不能隐藏自己在工作中的消极情绪，可能对周围人散播负面情绪并产生影响。

第四象限：恐慌情绪——高能量、消极幸福感象限。这类领导者表达出强烈而消极的情绪，包括紧张、愤怒、恐惧和挫败感，这种神经质的态度和对自我保护的强烈关注，让周围的每个人都感到紧张和不安。

对领导者而言，让自己保持积极情绪非常重要，因为积极情绪与更好的绩效之间有着正向的关系。积极情绪并不像情绪风格和个性那么固定，但如果没有受到外界环境的影响，可以长期保持下去。而当消极情绪不断出现的时候，就需要干预和改变了。

美国心理科学协会主席莉莎·费德曼·巴瑞特（Lisa Feldman Barrett）在《情绪》一书中认为，情绪是由我们的大脑构建出来的，而不是天生就有的，因此，"我们在和这个世界互动的时候并不是被动的，而是有十足的主动性"[1]。虽然客观环境难以快速改变，但我们可以通过改变对事情的态度来进行情绪构建和调整。

（二）情绪劫持及其应对方式

"战或逃反应"由美国心理学家沃尔特·坎农（Walter Cannon）于1929年提出。在遇到威胁时，人类肌体经一系列的神经和腺体反应后引发应激状态，使躯体做好防御、挣扎或者逃跑的准备。这一反应是来自爬行动物脑的应激机制，此时人的能量需要集中在四肢，大脑就容易出现空白，理智对情绪的驾驭能力会下降。

这一神经学发现意味着，现代领导者需要特别注意一种对清晰思维产生威胁的大脑劫持机制，就是杏仁体劫持，也叫情绪劫持。杏仁体是在我们大脑里的两个杏仁状的神经组织，是一个与记忆、学习、动机和情绪有关的系统。杏仁体通过将内部记忆与外部事件相结合来选择最佳行动，与情绪学习密切相关。如果外部事件可能引起不愉快的记忆，杏仁体就会通过阻止理性的过度思考来控制行为，向身体发出警告。对领导者而言，在沟通中杏仁体可能劫持或威胁到其思想并导致严重后果，包括行为不稳定、缺乏自信、不

---

[1] ［美］莉莎·费德曼·巴瑞特：《情绪》，周芳芳译，中信出版集团2019年版，第Ⅳ页。

信任他人、缺乏决策能力、业绩下降、无法理解下属的表达、以自我为中心、短期思维、误解误会、不由自主的被动反应和产生仇恨心理等，这些都与优秀的沟通领导者能力素质背道而驰。[①]

美国积极心理学家乔纳森·海特（Jonathan Haidt）在其著作《象与骑象人——幸福的假设》一书中，对这一内心世界进行了更生动的还原：把理性比作骑象人，感性比作大象。因为两者体量大小对比如此悬殊，当大象发怒时，骑象人很难控制。"我内心的骑象人理性地告诉我什么是对的，可是我的大象却把我带向了错误的一边。"经验主义哲学家休谟说过，"理性只能是情感的奴隶，它所做的都是为情感服务"。

不少人误认为，所谓沟通高手就是在情绪上"收放自如"。其实在理性状态下，从一种情绪状态迅速调整为另一种状态只是技术问题；在非理性状态下能够自我感知，才是更高层次的情绪管理。应对情绪劫持，可以采取以下方式。

1. 感知并观察情绪

英国谢菲尔德大学教授史蒂夫·彼得斯（Steve Peters）将负面情绪比喻为"黑猩猩"，他认为"黑猩猩"比我们有意识的意志要强大5倍，能用有毒和可怕的思想来攻击思维、影响行为。比如"他们都反对我""我不能这样做"等。由于我们永远无法摆脱由旧的大脑结构所造成的非理性影响，因此要对付"黑猩猩"，必须避免与它斗争，而是观察和接受它。我们需要在沟通时注意感知自己的情绪，当感知到负面情绪后，可以先让自己"停下来"，也就是让自己迟钝一点点，不着急去反应。这个简单的动作，能给理性恢复留出一些时间。

当意识到自己产生紧张、焦虑等情绪时，可以通过主动调节自己的呼吸，平息大脑所导致的不规则心脏跳动。这一点在中国传统文化中也有体

---

① ［英］尼古劳斯·迪米特里亚迪斯、亚历山德罗斯·萨艾考杰斯：《领导力行为学：基于神经科学的领导力前沿研究成果》，陶尚芸译，北京联合出版公司2019年版，第37页。

现，隋代《童蒙止观》认为，达到智慧境界的方法不出"止"和"观"两类，止就是停下来，观就是观察，而这种状态可以通过静坐、呼吸放松等方式来实现。在现代社会，上述行为对于提高领导效能依然有着独特的作用。

2. 以规划来减少情绪损耗

社会心理学家罗伊·鲍迈斯特（Roy Baumeister）在20世纪90年代提出了"自我损耗"（Ego Depletion）这一概念。他发现，人控制自我情绪需要调动资源，而这种资源是有限的。随着我们在一天中不断努力进行自我调节，比如抵制诱惑、权衡利弊、抑制欲望、控制想法和状态、遵守他人的规则，自我力量会不断损耗。一天中，负责做出的决策越多，在后续决策的时候就越疲乏。

在重度损耗中，我们在沟通中更容易被他人说服，更难想出反驳的观点；我们也更容易表现出不恰当的人际行为，比如废话太多、暴露个人隐私、傲慢自大，更可能突破底线去骗人，更加好斗，更加消极。

知道了情绪损耗的原理，我们就可以调整沟通策略：首先，尽可能回避在状态差的时候沟通。在筋疲力尽的时候还要提起精神来进行重要事项的沟通，很容易将自己推向不利的境地。其次，不要过分自信，尤其在重要的沟通活动前，要有能量干预的意识，养精蓄锐。在谈判中，如果双方能量饱满，沟通起来会更加友善，效率也更高。最后，尝试通过规划让情绪损耗处于节能模式。如果每天都在处理突发事件和意外情况的话，精力会耗费得很快。

3. 及时调整认知模式

除了精力透支，负面情绪还有可能由认知模式诱发，这种情况被叫作认知失调。美国社会心理学家利昂·费斯汀格（Leon Festinger）认为，人的心理包含各种认知元素，包括对环境、他人及自身行为的看法、信念、认识和态度。人们为了内心的平和，需要一种认知上的一致性。同时经历两种或多种彼此间不一致的心理过程，就会产生认知失调，进而导致紧张、恐惧等负面情绪。例如，多数人对自己的评价都是正面的，觉得自己是一个正直、善良、诚实、理智的人，而在与他人沟通过程中，当自我概念受到威胁，影响到了内在的评价时，自我辩护机制就会开启，或者会贬低对方，或者是降低预期，这个过程多数时候是无意识的。

提出"理性情绪行为疗法"的心理学家阿尔伯特·埃利斯（Albert Ellis）在《我的情绪为何总被他人左右》一书中就讨论了关于情绪为何容易被影响的问题。根据理性情绪行为疗法，客观事实并不直接导致过分烦躁、过分生气、过分抑郁、过分内疚等负面情绪和极端反应，中间变量是人们对这些客观事实的认知方式，或者说是反应模式。正如古罗马哲学家爱比克泰德所说："人不是被事物本身困扰，而是被他们关于事物的意见困扰。"比如有领导者将自己在谈判桌上的急躁情绪和攻击性行为归因于上班路上堵车的事实，但实际情况是，如果他能够改变对堵车这件事情的看法，便很有可能改变他在沟通过程中的感受和行为。

埃利斯提出了3种认知失调的病态思维模式。第一种是恐怖化或灾难化，喜欢把每一件事情往坏处想，把不是灾难的事情放大成灾难，比如总是思考"万一……怎么办"。第二种是绝对化，喜欢用"我必须……""我应该……""我不得不……""我只能……""我一定得……""我非……不可"等句式去思考每件事情。比如"我应该做得比现在更好""对方应该更加理解我的想法和意图"等。绝对化思维模式不但让自己背负巨大压力，还会通过沟通造成压力和负面情绪的传递。第三种叫作合理化，就是把一切状况当成合情合理的，这是在软弱地应对问题，逃避思考真正的解决方案。这3种思维模式以不同方式组合，成了绝大多数负面情绪的来源。例如，太在乎别人的看法、对即将发生的事情深感忧虑等是恐怖化病态思维模式的体现；无法忍受任何一次失败、工作中出现问题一定要追究某人的责任等是绝对化病态思维模式的体现；事事不投入、遇到问题消极逃避、认为努力无用等，则是合理化病态思维模式的体现。[①]

对认知失调现象进行纠正，可以从源头上对情绪进行调整。美国"心理学之父"威廉·詹姆斯（Willian James）认为："我们这个时代最伟大的发现是，人类可以通过改变心态来改变生活。"所谓的改变心态，就是改变认识和理解这个世界的方式，看到一件事情的多种可能性，并尽量选择对情绪最有利的一种解释。[②]

（三）关键对话的情绪管理策略

沟通是一种互动的过程，这意味着领导者在沟通过程中不仅要理解自己的情绪，还要理解他人的精神状态，并以此判断他们的目的或意图，预测他们的行为。

1. 在沟通中照顾谈话氛围

《关键对话：如何高效能沟通》[③]一书中总结了3个沟通的关键时刻：双方观点有很大差距、对话存在很高的风险，或者双方情绪十分激动。在关键对话中，领导者所面临的挑战，其实是工作行为与关系行为之间的矛盾。很多强势的谈判者性格强悍，为了达成目标，可以不惜付出任何代价，根本不关心人际关系的破裂。然而至刚易折，这种状态往往不可持续。想要达成工作目标的同时维系关系，可以先了解不信任、贪婪以及易怒这3种人性的阴暗面，它们都是谈判中面临的主观障碍，也是沟通中的变数所在。

在沟通中，照顾对话氛围的能力叫作"双路处理"能力。感知到对话环境偏离了安全的氛围，是维持安全环境的第一步；越早发现氛围不对，就越容易挽回。对话陷入危机有很多征兆，比如对方突然不说话了（沉默），或

---

① [美]阿尔伯特·埃利斯、阿瑟·兰格：《我的情绪为何总被他人左右》，张蕾芳译，机械工业出版社2015年版，第25—36页。
② L.Festinger, J.M.Carlsmith. Cognitive consequences of forced compliance [J]. *Journal of Abnormal Psychology*, 1959（58）：203-210.
③ [美]科里·帕特森等：《关键对话：如何高效能沟通（原书第2版）（珍藏版）》，毕崇毅译，机械工业出版社2017年版。

者进行语言攻击，做出让人生气的举动（暴力）。这时可以通过稍作停顿、主动道歉、重申沟通目标等做法，把讨论拉回正题，使沟通回到安全环境中，以理性的方式进行。

2. 以陈述事实法取得共识

"陈述事实"一定要放在安全的对话环境中进行。《非暴力沟通》[1]将沟通内容分为观察、感受、需要、请求四个部分，其中第一步"观察"就是对事实的陈述。所谓观察，就是留意发生的事情，我们此刻观察到什么，不管是否喜欢，只需要说出人们所做的事情，要点是清楚表达，对观察结果不作判断或评估。如"你总是自以为是，不明白自己到底想要做什么还咄咄逼人"是想法，"昨天开会的时候你所提出的观点没有提前征求我的意见"才是事实。

3. 以三明治对话法表达态度

所谓三明治对话法，就是将话语分成3段，在关键对话矛盾的前后加上积极的语言。"三明治"的第一层是回应、赏识和肯定。比如对方说结论，你用事实来佐证；对方说事实，你补充一个结论；当对方既有事实又有结论时，你可以正面表达心得体会。第二层是建议或批评，可使用提问而不是质疑的方式来进行，以避免人际关系紧张。第三层是鼓励、希望、支持和帮助，对未来进行展望，以进一步巩固双方直接的关系。

在关键对话中，可以使用"成就—分歧—期望"进行表述。例如，"根据我的理解，我们对部分子目标已经达成了共识，取得很大突破和进展；目前我们的唯一/主要分歧，是……；我们都很期待这件事情能够完美解决"。正是这种看起来稍显冗长的表达，显示了给予对方的尊敬和期待。

---

[1] ［美］马歇尔·卢森堡：《非暴力沟通（修订本）》，刘轶译，华夏出版社2021年版。

4. 保持坦诚心态和专业态度

最后，沟通中应时刻保持真诚的态度。著名心理学家阿尔弗雷德·阿德勒（Alfred Adler）认为，一切烦恼都是人际关系的烦恼，而烦恼的重要来源，是很多人没有把自己和他人的课题分清楚，要么想干预别人，要么是任由别人干预自己的事情。所以，他提出了一个"课题分离"理论，落实到感情方面，就是不考虑得失——你爱不爱他是你的功课，他爱不爱你是他的功课，你无权干涉他，他也无权干涉你。这一理论在职场沟通中也适用。对方脾气火爆，情绪一旦失控，就很难保持冷静，解决分歧。需要记住的是，沟通中对方的所作所为和我们无关。我们唯一能够控制和管理的，是我们自己。如果有人在沟通中态度恶劣，不必以牙还牙，报以同样的态度，也不必态度与之截然相反，令对方感觉是在故意唱反调嘲笑他。无论对方心怀敌意还是满心喜爱，在感知和照顾对方的情绪起伏的同时，以真诚的态度对待对方，是作为领导者甚至作为一个社会人最基本的修养。

三、提高沟通效能的行为方式

（一）明确沟通目标

彼得·德鲁克在《卓有成效的管理者》一书中指出，沟通的根本是目标沟通。组织成员利益不同，知识结构不同，性格喜好不同，社会背景不同，想要领导这样的群体，去协同完成一件工作，必须统一思想，让大家对于工作的目标达成一致。沟通中的有效目标一般有3个标准：具体、唯一、坚定。

1. 具体

领导者沟通的目标往往非常多样。以开会为例，如果开动员大会，是为了凝聚共识、统一思想；如果开沟通协调会，是为了交换意见、互通有无；

如果开谈判会，是为了说服对方，进行博弈；如果开专业讲座，是为了教育、培训和技能提升。不同的目标对沟通方式的要求有明显差别，有了具体目标，就好像奠定了整场会议的基调，对沟通策略和风格也更好把握。

2. 唯一

哈佛大学肯尼迪学院课程中，有一堂课让学生"尝试说服院长将学生补助和公共服务联系起来"。课上为大家提供了很多资料，包括院长简历、年度总结报告、毕业生去向，以及学院的主要经费项目来源等。讨论过后，院长对大家的说服进行反馈，其中一条是：不要试着在很短时间内表达很多观点，因为"一个家长应付不了很多孩子"。他说，只要挑选最有力的论据，并表达得清晰明确就可以了。

L. 汤普森（L.Thompson）和 T. 德哈伯特（T.DeHarpport）通过实验研究发现，当以"解决问题"为目标时，人们更多表现出合作和协同的行为；而在以"买卖讲价"为目标的谈判中，行为风格便完全不同——斤斤计较、毫不让步。[1]可以想象的是，如果在一场沟通中既需要合作和协同，又需要对抗和冲突，那么沟通很有可能没有结果。

3. 坚定

由于环境的压力、情绪的影响等原因，即使人们在沟通前设定了明确而单一的目标，也很难在沟通中坚守。对领导者而言，在沟通中尤其应警惕以下几种目标转移：一是在团队沟通中，目标从"建立共识"变为"个人表达"；二是在危机时刻，目标从"解决问题"变为"追究责任"；三是与同事和下属沟通时，目标从"关心爱护"变为"批评教育"。良好的沟通习惯，是在沟通中不断审视当下情况和初始目标之间的关系，随时校正。越早发现偏离沟通目标，越容易把话题拉回来。

---

[1] Thompson，L.，& De Harpport，T.Relationships，goal incompatibility，and communal orientation in negotiations［J］.*Basic and Applied Social Psychology*，1998，20（1）：33-44.

（二）明确沟通对象

有这样一则"灯光下找钥匙"的故事：醉汉在路灯下不停地转来转去找东西，一名路过的警察问他丢了什么，他说家里的钥匙丢了。警察帮他一起寻找，但在周围来回搜索了几遍都没找到。警察就问："你在哪里丢的钥匙？"醉汉回答说："我出了家门就发现钥匙丢了。"警察大怒，说道："那你为什么在这里寻找？"醉汉振振有词地说："因为只有这里有光啊！"只在灯光下找钥匙的荒谬感，从一个侧面说明了明确沟通对象的重要性：如果只选择熟悉的对象进行沟通，并以不方便沟通为由，拒绝思考和联系寻找最适合的沟通对象，那么沟通效果一定大打折扣。

1. 有决策权的沟通对象

德鲁克告诉我们，"世上所有决定都是由掌握决策权的人做出的。要习惯这一点"。《沃顿商学院最受欢迎的谈判课》开篇有这样一个故事：沃顿商学院的学生陈瑞燕和朋友要转机去巴黎，但由于前序飞机晚点，当他们一路小跑到登机口时，登机通道已经关闭，登机桥也被收起来了。她去找登机口的工作人员商量："我们的转乘航班 10 分钟前才刚到。他们答应我们会提前打电话通知登机口的工作人员的。"工作人员很客气，但也很坚决："抱歉，登机口一旦关闭，任何人都不能登机。"

这时，陈瑞燕并没有继续跟登机口工作人员沟通，而是走到大玻璃窗前，看着飞机驾驶员座舱，"眼里充满了悲伤和哀求"，试图引起驾驶员的注意。过了一会儿，飞机引擎嗡嗡的轰鸣声渐渐缓和了下来，登机口工作人员接到电话，然后很吃惊地说："拿上你们的行李！飞机驾驶员让你们快点儿登机！"与驾驶员沟通的整个过程虽然没有一言一语，却是一个成功的沟通案例。找出决策者对于沟通成功异常重要：飞行员才是沟通对象，因为他能决定你上不上飞机，而在登机口的工作人员不能。

2. 拥有相关知识的沟通对象

除了决策权，在知识经济中，拥有知识也是一种权力。想要通过沟通获取有用信息，就得去找最明白、最了解真正情况的那个人。在《布隆伯格自传》一书中，彭博社的创始人、纽约市前市长布隆伯格认为，如果想了解一家公司，不要去看财务报表，也没必要向财务人员了解情况，而是得去找另外两种关键人：一是客户或者潜在客户，问问他们是否愿意使用这家公司的产品；二是猎头公司或者员工，问问他们是否喜欢这家公司的企业文化，是不是愿意在这里工作。

3. 能弥补"结构洞"的沟通对象

关键的沟通对象也可能是能弥补"结构洞"的人。1992年，罗纳德·伯特（Ronald Burt）在《结构洞：竞争的社会结构》一书中提出了"结构洞"理论，结构洞即社会网络中的空隙，就是社会网络中某个或某些个体与部分个体发生直接联系，但与其他个体不发生直接联系，即无直接关系或关系间断。从网络整体来看，就像网络结构中出现了洞穴。

伯特认为，能够将无直接联系的两者连接起来的第3者拥有信息优势和控制优势。因此，组织和组织中的个人都要争取占据结构洞中的第3者位置，甚至为保持自身的优势，不能让另外两者轻易地联系起来。而中国学者肖知兴和徐淑英通过对中国4家典型科技型企业的数据研究发现，为占据第3者的地位而努力保持结构洞的存在，甚至阻挠其他两者联系的行为，在强调合作文化的高投入企业中，并不能促进企业和个人绩效的提升。相反，优秀的领导者应该鼓励员工去努力填补结构洞，使员工之间尽量保持相互联系、相互沟通的状态，通过增进团队合作的方式来促进企业和个人绩效的良性提升。

结构洞理论告诉我们，个人在网络中的位置比关系的强弱更为重要，无论是保持优势还是共享优势，处于结构洞位置的沟通对象拥有多样化的信息来源、多渠道信息通路，能够更加有效地帮助沟通者打通弱关系，实现沟通目标。

（三）识别并回应沟通对象的需求

根据需要型激励理论，需求是指人们因缺乏某种要素而产生的一种心理状态，以欲望、意愿、动机等形式表现，而优秀的领导者可通过发现和满足下属的需要对其进行有效激励，充分调动其积极性和创造性实现组织的目标。沟通对象的需求可能是多样的。20世纪中期，社会心理学家马斯洛提出了从生存、安全、人际关系到尊重和自我实现的多层次需求理论，并认为高级需求出现之前，必须先满足低级需求。随后，美国耶鲁大学的克雷顿·奥尔德弗（Clayton Alderfer）提出了更贴近实际的ERG理论，认为人们共存在3种核心的需要，即生存的需要、相互关系的需要和成长发展的需要。与马斯洛的需求层次理论不同的是，ERG理论认为人在同一时间可能有不止一种需要起作用。如果较高层次需要的满足受到抑制的话，那么人们对较低层次的需要的渴望会变得更加强烈。某种需要在得到基本满足后，其需要强度不仅不会减弱，反而可能会增强。

根据上述理论，在明确沟通对象之后，领导者及时识别并回应沟通对象的需求，可以激发对方的行为动机，强化动员、激励、影响等沟通领导行为。例如，迪士尼公司前首席执行官罗伯特·艾格在自传中提到，2005年他甫一上任的时候面临两大困境：对内需要处理与迪士尼遗老小罗伊（罗伊·E. 迪士尼）的关系，对外需要重塑与战略合作伙伴皮克斯动画（其创始人为乔布斯）的关系。基于对小罗伊和乔布斯不同需求的认识，艾格采取了截然不同的沟通方式，

小罗伊在艾格上任的时候已经75岁，作为华特·迪士尼的亲侄子、老罗伊（罗伊·O. 迪士尼）的独子，有着纯正的迪士尼血统。他也是迪士尼家族中少有的仍担任公司高管的人物。艾格还未上任，小罗伊就状告董事会通过不正当手段任命了艾格，"竞选过程造假"。

从小罗伊的视角思考过后艾格发现，小罗伊的需求痛点在于渴望被人尊

重。即使是"含着金钥匙"出生，拥有令人艳羡的财富，但小罗伊活到 70 多岁，依然很缺乏尊重和认可。据说早年时期，他的创始人叔叔就没有对这位侄子表现出太多尊重。前任 CEO 受不了他的抱怨，2003 年用"董事会成员在 72 岁时必须退休"这条从未生效过的章程，把他赶出了董事会。甚至前任 CEO 都没有亲口传递这条信息，而是让别人代他宣布了小罗伊无权参选、必须退休的决议，让小罗伊颜面扫地，离开了自己的家族企业。

艾格决定后退一步，去尽量安抚他的情绪，而不是硬碰硬、两败俱伤。他托中间人向小罗伊提议，答应在董事会安排一个荣誉退休的位置，给他一间总部的办公室，邀请他参加重要活动，而且给他发咨询费，只是不能参加董事会会议。作为交换条件，小罗伊必须取消诉讼，停止散播抨击性言论。小罗伊快速答应了他的提议，要求起草一份合同，24 小时内就要生效。回顾这段经历，艾格写道："这种尊重对小罗伊而言弥足珍贵，对公司而言却如举手之劳。"

而针对皮克斯的实际控制者乔布斯，艾格的秘诀既不是谈钱，也不是谈感情，而是谈梦想。在艾格上任之前，迪士尼与皮克斯的关系跌入冰点，尤其迪士尼前任 CEO 迈克尔·艾斯纳和乔布斯的敌对几乎成为私人恩仇：在艾斯纳的眼里，乔布斯是个"狂妄自大的神经病"；在乔布斯的眼里，艾斯纳是个"只想占他便宜、利用他的混蛋"。

2005 年，艾格得知自己即将担任迪士尼 CEO 的消息后，第一时间打电话给乔布斯，表达对苹果公司 iTunes 和 iPod 产品的欣赏，并分享了作为一个电视人的梦想：电脑上能够看到所有电视节目和热门剧集，并且人们想看哪一集，随时可以找出来。艾格对未来市场的想象和擘画打动了乔布斯。乔布斯亲自飞到艾格办公室，为艾格展示了新款视频 iPod（当时离 iPhone 问世还有两年），那骄傲的感觉像是在谈论建立一家 IMAX 影院。乔布斯问艾格，如果我们把这个产品推到市场，你愿意把你们的节目放进去吗？艾格毫不犹豫地答应了。5 个月后，艾格和乔布斯出现在同一个发布会上，宣布迪士尼旗下的 5 部热门剧集可以在 iTunes 上下载，并可以在带有视频功能的 iPod 上播放。艾格不但通过此举收获了乔布斯的信任和友谊，还完成了收购

103

皮克斯、把乔布斯带入迪士尼董事会的重任；后来迪士尼收购漫威之时，他也获得了乔布斯的倾情相助。

可见，领导者应针对不同的需求层次采取适合的应对策略：在温饱需求层次的合作伙伴，重视盈利和效率，对他们而言，时间和金钱的限制往往是痛点；在社交需求层次的合作伙伴，给予他们充分的尊重和认可，可以达到四两拨千斤的效果。在自我实现层次的合作伙伴，与他们站在同一个高度谈论梦想，在他们追求完美的过程中给予一臂之力，能够收获极其珍贵的认同与合作机会。

四、沟通的内容策略

（一）内容的结构化

芭芭拉·明托（Barbara Minto）提出了思考和表达的"金字塔结构"，也就是按照时间、空间、逻辑演绎等思路来组织语言。所谓金字塔的塔尖，就是中心思想，是表达的目标和核心要点；塔中，是由阐述支持中心思想的方法论构成的；塔底，是由支撑方法论的案例组成的，也就是论据。

以金字塔结构组织内容的核心要点为：结论先行，以上统下，归类分组，逻辑递进。结论先行，是指无论采取文字还是口头语言沟通，都要先说结论，让对方抓住中心思想，再向对方作出解释。以上统下，是指上一层次的观点必须是下一层次表述的总结和概括，下一层次的表述必须是对上一层观点的进一步解释。一般而言，一个中心论点可以由1到7个分论据支撑，如果下一层也有需要论证的点，就继续组织相关的解释。罗列不失为一种将论据排列出来并审视的好方法，但要实现"相互独立，完全穷尽"，必须进一步思考，把具有共同点的事实、思想和观点归类分组，而时间顺序、结构顺序、重要性顺序是其中3种常用的归类分组方法。逻辑递进要求上一层和下一层的表达之间要有层层推进关系，每组中的各个思想之间也要有某种内在的逻辑关系。

有序的内容结构之所以能增强沟通的有效性，是因为人类思维存在三个基本规律。

1. 从已知信息中发现新的信息。沟通对象在接收新信息时，选择心理表现出三个方面：选择性注意、选择性理解、选择性记忆。这是因为人们往往需要先调取自己熟悉的符号和意义，才能解读新信息。

2. 喜欢将相近信息进行分类。大脑习惯将任何其认为具有某种"共性"的事物组织在一起。这里的"共性"是指事物具有相似的特点或所处的位置相近。因此，遵从分类原则做信息传达，可以方便沟通对象进行记忆和决策。

3. 大脑喜欢寻找信息之间的逻辑关系。人类在进化过程中优于其他动物的一个表现，就是能根据信息之间的逻辑关系创造沟通方式、工具、组织形式等。另外，人的脑容量、记忆力、思考力都是有限的，不可能将所有信息当参考依据，只能依靠信息单元之间的逻辑关系，找到内在联系来辅助决策。

此外，结构化内容还可以减少沟通主体的情绪损害，帮助其将精力留在关键处使用。

福特公司前 CEO 艾伦·穆拉利（Alan Mulally）在帮助福特公司起死回生的过程中，就充分利用了"结构化"工具来重塑高管会议。2006 年，艾伦从波音公司到福特公司担任 CEO，2014 年退休时，他被评为全球最伟大领导者，居第 3 位。到了福特之后，艾伦发现经理们特别"喜欢开会"，但沟通效率很低。

作为改革方案的一部分，他把高管的周例会"结构化"。根据新规矩，公司高管的周例会不允许缺席，不得请假（可音频参会），不允许讨论无关事务，不允许嘲笑或者打断他人。在会议上，大家要依次按照同一种结构来发言："我是福特公司××岗位的××（姓名），本周我最重要的五件事是：第一，……第二，……第三，……第四，……第五，……这五件事的进展更新情况是……对这五件事进行评价的情况是……（用红、黄、绿三种颜色代表差、中、好）"。

通过这一结构，每位高管可以清楚掌握一周工作的内容及其重要程度，评估每项工作能否成功，汇报进度，坦承落后的地方，而不用再做很多耗费精力的选择。例如，以什么形式汇报工作，忽略哪些内容，表现出怎样的合作或者强硬态度等。艾伦让与会者围绕"不断取得进展"这一目标进行讨论的同时，保持专注力和"电量满满"的状态。

（二）数据与故事相结合

在大数据时代，不仅数据量和获取数据的渠道越来越多，处理数据的工具也越来越方便。逻辑和理性不断推动着科技的进步，但数据和工具并不能自然地转化为影响力和领导力，有时花哨的 PPT 和让人眼花缭乱的图表反而会干扰领导决策。想要打动他人并与其情感相联系，需要数据与故事的有效结合。

未来学家丹尼尔·H.平克（Daniel H.Pink）认为，以前是左脑思维主宰世界，随着物质生活的提高、人工智能的发展，右脑思维将主宰未来，并成为人类保持竞争优势和创新优势的最重要的能力之一。他在《全新思维：决胜未来的 6 大能力》一书中提到，"故事力将会是 21 世纪领导者最应具备的能力之一"。

1. 找到情绪出口，并与之关联

对一个故事而言，需要先铺垫背景，制造听众在意的冲突或紧张形势，最后才是对行动或者变化的呼吁。所谓用数据讲故事，是在故事讲述的固定模式中加入数字作为其关键节点。

喜欢专注和简约的乔布斯，在苹果电脑设计的过程中，特别希望能够让开机速度再快一些。他是这样激励工作人员的："如果开机速度再快 10 秒，就能拯救 10 个人的命，你做不做？"

看着工程师迷茫的眼神,他解释说:"以后至少有 500 万人每天都在使用 Mac 电脑。假设我们努力节省 10 秒的开机时间,10 秒乘以 500 万人就等于每天省下 5000 万秒,一年下来就 3 亿多分钟,这相当于 10 个人的一生啊!为了这 10 条人命,大家再努力减 10 秒吧!"

"开机速度再快 10 秒,一年就能省下 3 亿多分钟"是在用数据陈述一个事实,而"能拯救 10 个人的命"就变成了故事。这样的激励方式一方面引起了工程师的好奇心,另一方面赋予了他们超级英雄拯救世界般的使命感。听到这个为工程师们量身定制的情感故事,谁不会为这项艰巨使命心动呢?

2. 以故事描述因果关系

人类的大脑喜欢因果关系,对包含因果关系的故事有着更好的记忆力。20 世纪 80 年代末,贝叶斯网络的创始人、图灵奖得主朱迪亚·珀尔(Judea Peral)就意识到,智能机器缺乏对因果关系的理解,并推断这是妨碍它们发展出相当于人类水平的智能的最大瓶颈。

因此,假设某第三方研究机构把"在线广告的虚假点击量与手机电量在统计学意义上相关"这一大数据研究结论告诉在线广告的广告主,他们可能并不会关注这一信息。而如果将这一结论场景化和故事化:"密闭的小作坊里,密密麻麻地摆放着各种废旧手机,'工作人员'正在通过人工或者机器控制的方式,对这些手机进行刷点击率的批量操作。为了提高工作效率,这些手机都会被插在电源插座上。"随着因果关系的明晰,能够理解此论述的群体范围也越来越广,沟通的有效性会显著提升。

3. 打造细节,增强画面感

认知心理学认为,人的爬行动物脑喜欢视觉化的信息。简单说来,人类是视觉动物,用语言或文字营造画面感更符合大脑的喜好。《用数据讲故事》的作者把小红帽的童话故事改成了一个商业 PPT。小红帽:从 A 点步行 0.86 公里走到 B 点。狼:(1)跑到外婆家。(2)吃掉外婆。(3)穿上外婆衣服。小红帽到外婆家,发现问题。小红帽问了 3 个问题后被狼吃掉。解决方案：供应商（樵夫）使用工具（斧子）。期望结果：小红帽得救，狼死了。①

PPT 也在试图讲小红帽的故事，情节并没有缺少，甚至还增加了数字，但是听起来既不曲折、血腥，也不扣人心弦。其中的一个关键原因就是：没有细节和画面感。特朗普在总统竞选中并不像其他候选人那样喜爱引用数字，但是他说出的话能让你听完后在脑海里浮现出一幅画面。2015 年，面对 CNN 记者"如何看待罗马教皇公开批评资本主义制度"的问题，特朗普的回答是："我会告诉教皇，你说的都没有用，因为 ISIS 马上就要打到梵蒂冈了，到时候他们砍下你的脑袋，把人关进笼子里，或是扔水里淹死，什么制度也救不了你。现在，我们要抗击 ISIS，把美国变得更加伟大。"看起来他在答非所问，却在选民脑海中植入了砍脑袋、关笼子等场景，成功地点燃选民反对 ISIS 的情绪。

本讲思考题

1. 沟通可以从哪几个维度被划分为不同类型？

2. 为什么说领导沟通中的关键是情绪？当出现情绪劫持现象时，有哪些方法可以应对？

3. 领导者在确定沟通目标的过程中应注意哪些要素？

4. 领导者应该如何根据不同的沟通情境来策划沟通内容？

---

① ［美］科尔·努斯鲍默·纳福利克：《用数据讲故事》，陆昊、吴梦颖译，人民邮电出版社 2017 年版，第 95 页。

拓展阅读书目推荐

1.［美］斯图尔特·戴蒙德:《沃顿商学院最受欢迎的谈判课》,杨晓红等译,中信出版社2018年版。

2. 郝洁:《沟通基础》,高等教育出版社2020年版。

3.［美］芭芭拉·明托:《金字塔原理:思考、表达和解决问题的逻辑》,汪洱、高愉译,南海出版公司2019年版。

4.［美］科里·帕特森等:《关键对话:如何高效能沟通(原书第2版)(珍藏版)》,毕崇毅译,机械工业出版社2017年版。

5.［美］罗伯特·艾格、乔尔·洛弗尔:《一生的旅程:迪士尼CEO自述》,靳婷婷译,文汇出版社2020年版。

领 | 导 | 力 | 通 | 识 | 课

第五讲
创新领导力

什么是创新？画家用一整天的时间构思并画出一幅全新的画作；哲学家在散步时，脑海中突然迸发出一个绝妙的观点；化学家在睡梦中发现了一直以来苦苦思索的苯环结构……这些场景中固然有创意的存在和新作品的出现，但从严格意义上来说，并不算创新，至少并不是一项完整的创新活动，因为我们所说的"创新"不是简单地灵光一现，而是一种需要多人参与且能惠及万方的活动。

因此，个人的想象力、构建力和辨释力对于领导者的创新而言非常重要，但并不是全部。创新领导力是聚天下创新人才而用之的能力，是营造创新文化、建立创新型组织的能力。如何提升创新能力？如何发现、识别并有效使用创新人才、搭建创新团队？本讲将从创新的内涵与过程、个人素养、对创新人才的领导、创新文化的营造四个角度对创新领导力进行阐释。

一、创新的内涵与过程

（一）创新的内涵

美籍奥地利政治经济学家约瑟夫·阿洛伊斯·熊彼特（Joseph Alois Schumpeter）在 1912 年出版的《经济发展理论》一书中，首次提出了"创新"的基本概念。熊彼特认为，创新（innovation）和发明（invention）、创造（creative）是不完全一样的。发明是创造新工具或新方法，而创新则意味着新工具或新方法的应用，"只要发明还没有得到实际的应用，那么在经济上就是不起作用的"。总而言之，一种发明创造，只有被应用于经济活动时，才能称为创新。

从经济学角度出发，熊彼特所谓的"创新"是"建立一种新的生产函数"，通过生产要素的重新组合，把一种从来没有的关于生产要素和生产条件的"新组合"引进生产体系，目的是最大限度地获取超额利润。这种"新组合"具体包括5个方面：生产出一种新产品、采用一种新的生产方法、开辟一个新的市场、获得一种新原料或半成品的新的供应来源、实现一种新的企业组织形式。前两个方面属于技术创新，而后3个方面则属于管理创新、组织创新的范畴。

从20世纪60年代起，人们将创新引入管理领域。彼得·德鲁克是较早重视创新的管理学家，他发展了熊彼特的创新理论，把创新定义为赋予资源以新的创造财富能力的行为。德鲁克将创新按照人类社会和自然世界两大领域进行划分，人类社会领域对应制度创新，是在分析社会需求和机遇基础上发展出的观念和制度，也就是通过对现存社会经济体制及其运行机制的变革，使创新者获得额外收益的行为，以及通过在经济与社会中创造一种新的管理机构、管理方式或管理手段，在资源配置中取得更大的经济价值与社会价值的行为。自然世界领域对应技术创新，是发现对自然的新认识并将这种认识转变为人类新的控制能力、预防能力和生产能力。技术创新为某种自然物找到新的应用，并赋予新的经济价值，是科学技术进入社会生产与再生产运动的基本方式，也是科技进步促进经济社会发展的基本途径。

制度创新是技术创新的保障，而技术创新则是制度创新的推手，二者之间存在着密切的联系。例如，技术创新具有极强的正外部性，专利制度的实施有利于保护创新者对新成果在一定时期内的排他性独占权，持续地激发人们进行发明创造的热情。美国经济学家埃德温·曼斯菲尔德的研究样本表明：如果没有专利保护，药品有60%不能研究出来，65%不会被利用，化学发明有38%不会研究出来，有30%不会被利用。英国制药公司葛兰素史克，在20世纪70年代推出的特效胃药雷尼替丁每年可获得10多亿英镑的销售收入，1997年其专利在美国的保护到期后不到半年，在全球的销售额就下降1/3。正如林肯所说，专利制度是在天才的创造火焰中添加了利益这种燃料。

在现代语境下,"创新"是一个更为宏观的概念,与民族精神、思想理念和文化密切相关。创新是一个民族进步的灵魂,是一个国家兴旺发达的不竭动力,也是中华民族最深沉的民族禀赋。在激烈的国际竞争中,惟创新者进,惟创新者强,惟创新者胜。[1] 现如今,我们已经孕育了众多成功的创新模式,形成了独特的自主创新体系,在整个世界创新图谱上已有一席之地。在2021年全球创新指数排行榜[2]上,中国在综合排名中居第12位,继续牢牢占据中等收入国家的首位。

因此,学者赋予了创新更广泛的含义。创新之所以成为引领发展的第一动力,是制度、技术等多方面因素综合作用的结果。如果把创新仅仅理解为企业行为和技术创新,就会大大缩小创新的范围、限制创新的拓展、妨碍创新的深化。[3]

创新是复杂的思想和社会活动,其中思想理念创新是引领性创新,只有思想解放、思路突破,才会有体制创新和技术创新。创新首先是思维活动,是对事物认识不断深化的过程。人类许多伟大的制度创新,包括经济制度创新,都得益于不少理论家、专家学者的思想观点突破。将思想理念的创新放在首位,既是从认识论角度出发,也是对中国传统文化中求稳不求新、避免"标新立异""惊世骇俗"的思想的纠正。

创新有时也意味着一种创造性的毁灭。在历史上,铁路的修建意味着对驿路马车的否定;网络媒体的兴起威胁到了传统出版和广播电视传媒产业,不少传统报社纷纷停刊。虽然创造性破坏不可避免,但人们对其一直持有矛盾的态度,比如有人认为纸质报纸的消亡是现代文化进程中自然和可接受

---

[1] 《习近平谈治国理政》第一卷,外文出版社2018年版,第59页。
[2] 2021年全球创新指数以投入和产出两个次级指数的平均值计算。创新投入次级指数衡量的是支持和促进创新活动的经济要素,分为五大类:制度、人力资本与研究、基础设施、市场成熟度和商业成熟度。创新产出次级指数体现的是经济中创新活动的实际成果,分为两大类:知识与技术产出和创意产出。
[3] 袁晓江:《创新是一个系统联动过程》,《人民日报》2015年12月18日。

的一部分，但也有人认为印刷品、杂志和期刊是一种重要的文化资源传承载体，向网络媒体的转型将带来文化损失以及该行业群体的阵痛。创新是改革的前奏，在熊彼特看来，每一次的萧条都蕴含着一次技术革新的可能，反过来也可以陈述为：技术革新的结果便是可预期的下一次萧条。

由于创新需要应用与推广，以及创新本身会带来令人不快的后果，这一概念天然与领导力有着千丝万缕的联系。如果说个人的发明创造可以依赖于诸如逆向思维、敏锐洞察力和聪明才智等自身品质，打造创新型企业和推动企业持续创新则是相当复杂的任务，其本质就是一种组织变革和转型，涉及企业战略、组织架构、文化机制、资源投入等转变，无论是自上而下的创新战略落地，还是自下而上的创新活力激发，都需要强有力的领导力和满足创新需要的环境氛围与平台，无疑这背后需要一批懂创新、会创新的创新领导者来创造和支撑。[1]

企业家精神已经成为创新领导力的重要组成部分。最早，熊彼特将创新的主体称为"企业家"。"企业家"的概念从16世纪诞生的那一刻起，先后被赋予了冒险家、经营者、资本家、管理者、创新者等身份。法国经济学家萨伊认为，企业家是"将经济资源从生产力和产出比较低的领域转移到较高领域的人"。随之这一概念也延伸到了组织理论的各个方面。创新已不局限于以营利为目的的企业，而是可以在任何性质的组织中产生，"企业家精神"这个概念也因此流传下来。特斯拉、Space X等创新公司创始人马斯克认为，所谓创业，就是嚼着玻璃，凝视着死亡的深渊，"既然必须穿过地狱，那就走下去"，就是对敢于冒险、不畏艰难的企业家精神的一种诠释。

德鲁克在《创新与企业家精神》一书中将创新等同于企业家精神，美国经济学家默顿·H.米勒（Merton H.Miller）将企业家精神定义为冒险、预见性和剧烈的产品创新活动，这些活动有助于推动组织成长和利润率增长。他

---

[1] 陈劲、宋保华编著：《首席创新官手册：如何成为卓越的创新领导者》，机械工业出版社2017年版，第Ⅲ页。

认为企业家精神的基本内涵包括诚信守法、创新与创造、社会责任感、合作进取等几个方面。美国经济学家威廉·杰克·鲍莫尔（William Jack Baumd）通过研究企业家在生产性和非生产性行为之间的配置以及这一要素对经济绩效的影响，认为企业家精神包括4种：创新型企业家精神、模仿型企业家精神、非生产性企业家精神和寻租型企业家精神。德国学者维尔纳·桑巴特（Werner Sombart）在《现代资本主义》一书中提出企业家精神代表一种丰富的生活力、生命力和行动的力量。[①]

（二）创新的过程

瑞士洛桑国际管理发展学院教授琼 – 菲利普·德尚（Jean-Philippe Deschamps）在《成为创新领导者：高级管理人员如何激励、引导和维持创新》一书中，将创新分为两个阶段，即"模糊前端"和"快速后端"，其间创新领导者需要用不同的特征和领导风格来应对挑战。对于主管"模糊前端"的创新——从想法到概念，领导者的创造力和风险承受能力十分关键；而对于刺激"快速后端"的创新——从概念到产品发布，需要领导者在规则的框架中拥有快速有效的执行力。

专注于创新前端的创新领导者应该拥有一系列独特的品质，包括对新想法极度开放、对外界的好奇心、敏锐的观察意识、接受"脱离思维定式"的想法、善于听取他人意见、督促探索性活动、善于从弱信息中发现规律、实验和学习的意愿、接受不确定性和时刻准备面对风险、容忍失败等。

前端创新固然重要，但这并不是创新的全部，如果没有了后端强有力的愿景和领导力，创意将成为一盘散沙。因此，与前端创新领导者不同，后端创新领导者需要严谨分析、重点实施、擅长运营，具备协调多个部门的能力，在决策和行动上有较快的速度，目标明确，愿意投入资源，在风险管理方面倡导实用主义，具备解决问题的技能和由实现目标强烈愿望而产生的紧

---

① 参见白少君、崔萌筱、耿紫珍：《创新与企业家精神研究文献综述》，《科技进步与对策》2014年第23期。

第五讲 创新领导力

迫感等。

不少人都读过这样一个故事：1879年10月21日，爱迪生在他的实验室里，经过千百遍的实验，终于将碳化的卷绕棉线作为灯丝，成功制造了世界上第一个电灯泡。但电灯并不是在某个时间点上被发明出来的，而是经历了漫长的创新史。

早在1801年，一位叫作戴维的英国化学家就已经实现了铂丝通电发光，而在9年之后，他发明了电烛，利用两根碳棒之间的电弧完成了照明。之后的几十年中，美国、加拿大、英国的科学家和工程师们纷纷改进这一技术，并申请了专利。爱迪生在《科学美国人》杂志上读到相关的报道，发觉电灯可以是一种商品，用来做生意，他认为小型电灯有巨大的市场，可以取代煤气灯。

在买入了一项电灯专利之后，1878年，爱迪生公布了一项宏伟的计划，宣称要改进灯泡，让它更持久耐用。为了筹措资金，爱迪生在纽约成立爱迪生电力照明公司，资助他的股东包括金融巨头J.P.摩根公司，也就是通用电气的前身。1879年10月22日的凌晨，爱迪生在真空灯泡里安装碳化棉线的长丝，最终破纪录地燃烧了13.5个小时。随后，灯泡技术持续改进，用碳化竹丝代替棉线，这种灯丝创造了持续照明1200个小时的纪录。为了保证灯泡可以卖得出去，爱迪生还解决了专利问题。1880年爱迪生申请发明专利，但很快关于"电灯是谁发明的"产生争议，美国专利局裁定这项专利只是改进了前人的发明。经过6年的诉讼，最终爱迪生的白炽灯才被判定是合法的专利。

爱迪生实际上只是改良了白炽灯，那么我们为什么愿意相信电灯是爱迪生发明的呢？前端创新因为其理念的颠覆性，更加吸引人们的注意力。例如，我们对爱迪生的印象是发明家而不是企业家，正体现了前端创新的魅力所在。但爱迪生的经历也告诉我们，与落地推广密切相关的后端创新对人类社会的影响力更为深远，而创新领导力在其中发挥着更加重要的作用。

想要千家万户的普通家庭用上电灯，家家户户通电才是前提条件。爱迪生不但是改良灯泡的人，更是第一个建立发电机和发电网络的人，为了使他的白炽灯商业化，他设计了一个完整的电力系统为它供电。他模仿了大城市使用的气体照明系统。煤气系统包括中央发电站、地下传输线、仪表和灯具。1882年，爱迪生在曼哈顿下城区的珍珠街建立了他的第一个电力系统的中央发电站。这里有华尔街金融区和纽约报纸的办公室，确保爱迪生的示范项目能够接触到金融家和媒体。在安装车站照明之前，爱迪生还派人调查了这个地区，看看有多少煤气和煤油灯可能会被他的新灯泡取代。电网最终在1882年9月4日的夜晚被点亮，位于珍珠街的发电站开启，110伏特的直流电输送到整个街区，灯光覆盖了街头和室内，世界上第一个电网诞生了。

通过示范效应，纽约民众尤其是在曼哈顿的金融投资家们真真切切地看到了电网的巨大潜力，在未来一段时间内为爱迪生公司带来了巨大利润。最终，电能取代煤气，成为沿用至今的主流能源，更带来了一场巨大的社会变革。

可以说，爱迪生以其创新能力推进了世界文明，推动了人类社会的发展和进步，但其创新领导力并不在于前端创意和发明，而是具体体现在后期的落地实施。回顾其创业史可以看到，爱迪生并不是像某些媒体所报道的那样，只身一人夜以继日地开展实验，而是通过比较和购买专利、筹集资金、开展商业竞争等方式，为创新项目落地和商业化寻找系统解决方案，这种创业式创新体现在对资源的整合和再创造。他也并不是凭借个人单打独斗取得成就的工程师，而是通过组建发明家团队，开创了现代的科学研究发明体系，其建立的门洛帕克实验室是苹果、谷歌、微软等现代顶级企业研究院的前驱。虽然爱迪生名下的专利多达1093项，但他最重要的成就是通过研发和商业推广的漫长过程，把发明的理论转化成创新的现实。

二、领导者的创新素养

在 2018 年清华大学人才发展论坛上,谢维和教授从时代变迁的角度与清华培养人才的历史角度对"卓越人才的含义"进行了精彩的阐释。西南联大时期,学校特别注重基础理论、基本知识这些基础性的能力,教授们对基础课的判分极其严格;20 世纪五六十年代,清华人理解的与时代要求相适应的"卓越"含义,就是实践动手能力,能够理论联系实际去解决实际问题;现在清华对卓越的理解,不仅是有基础知识和实践能力,更重要的是具有创新的能力和创新的意识,人才培养要坚持价值塑造、能力培养、知识传授"三位一体"的教育理念。在当下信息社会,创新已经成为卓越人才最重要的含义之一,领导者的创新素养,应包括想象力、建构力、辨释力等方面。

(一)想象力

爱因斯坦认为,想象力比知识更重要,因为知识是有限的,而想象力概括着世界的一切,也是知识进化的源泉。创新领导者永远都在寻找更好、更新颖的方法、产品、流程,这不仅要求他们对新事物持有开放和包容的态度,也需要一种探索和尝试的主动性,想象力在其中发挥着重要作用。

美国心理学家乔伊·保罗·吉尔福特(J.P.Guilford)认为,发挥创造性想象力有两个阶段:第 1 阶段需要运用发散思维,让思考尽量宽泛,想法尽量多样;到了第 2 阶段,则需要运用聚合思维,从主要问题或主题中评估想法的有用性。第 2 阶段包括敏感地去面对问题的过程,找出缺陷、缺乏的知识和缺少的元素,以及不和谐的因素等,从中识别难度,寻找解决方案,提出疑问,或者提出假设,最后汇总归纳、得出结果。富有创意的人们都有几种共通的品质:他们通常在态度和行为上都非常有弹性、灵活、开放、宽容且不可预测,对未知事物保持享受的态度,而且具有感染力。与此同时,他们也富有勇气,因为他们总是能毫无保留地将最真实的自我展示给他人,勇于表达并敢于出错,也就是在这样的状态下,才能真正打开创意思维的开关。

想象力虽是主观性的,但可以通过外部环境来激发和维系。思想需要经验的累积,灵感需要感受的沉淀,最细致的体验需要最宁静透彻的观照;闲暇是创造力的有机土壤,正是因为在闲暇之余才有想象力释放的空间。1880年,哈佛大学校长查尔斯·威廉·艾略特为了招揽人才,制定了学术休假政策,每7年为教师提供一次学术休假,休假期间可享受半薪。教师在半年或者一年的时间里,不受教学和其他学校事务干扰,专心做自己的研究,提升自己,反思教学,这一政策被证明能够有效帮助教师提高教学水平、创新能力。

在《伟大创意的诞生:创新自然史》一书中,美国科普作家史蒂文·约翰逊(Steven Johnson)给出的创意之道包括:出去散步;写下每一件事情,但保持文件夹凌乱;拥有多种兴趣爱好;常去咖啡馆和进入其他"液态网络"等。其中,"液态网络"是计算机科学家克里斯托弗·朗顿(Christopher Langton)提出的,他发现气态环境由于其易变、不稳定的状态,使得新的连接组合容易生成,但也容易再次受到冲击从而分裂开来,是无规则的。相反,固态的环境里新生成的结构足够稳定,不会轻易改变;而液态环境是处于太多的规则和无规则之间的一种空间,与靠近混沌边缘的适于创新的环境最为相似。人类一旦开始组成一种类似液态的网络组织,创新与发明就会不断涌现。

(二)构建力

天马行空地想是创意产生的一个方面,脚踏实地地干也是其重要的温床。约翰逊提到人们对"创意"有一种误解,人们通常会把颠覆式创新的产生过程浪漫化,想象一个个伟大的创意超越环境的限制,横空出世,但实际上新创意更像是从一些旧思想和僵化的传统中发现一些全新的组合方式。因此,这种将已知事物以新的组合方式联系在一起的构建能力变得至关重要,它能产生"一加一大于二"的效果。

构建力是一种思维能力。乔布斯曾说："创造力就是把事物联系在一起。当你问富有创造力的人他们都做了些什么的时候，他们会感到些许惭愧，因为实际上他们什么都没有做，他们只是看到了事物之间的联系。经过一段时间以后，这样的联系对他们而言是显而易见的。"把看到的东西与自己的经历结合起来，就形成了新的东西。他们之所以能这么做，是因为他们比其他人有更丰富的经历，或者能更深入地思考自己的经历，这就是构建力的具体体现。

"如果你真的想做一些新的东西出来，就必须依赖物理学的方法。"马斯克将其颠覆式创新的成就归结于对"第一性原理"的运用，这是一种典型的创新构建力。所谓第一性原理，即不能再进一步推导的基本假设，也可以定义为"事物被认知的第一根本"。第一性原理具有两个明显的特征，一是可以将任何问题分解为几个基本因素，二是将不同事物中的基本因素进行组合。

马斯克认为，"我更倾向于从物理学的角度来看待世界。物理学教会我运用第一性原理思维去推理，而不是用类比的思维去推理"。当他发现购买运载火箭的成本高达6500万美元时开始思考，火箭是由什么制成的？航空级铝合金，再加上一些钛、铜和碳纤维。他继续思考，这些材料在市场上值多少钱？结果是，这些火箭原材料的成本大约是火箭价格的2%。因此，马斯克决定创办一家自己的公司，与其花几千万美元购买一枚已经造好的火箭，还不如购买便宜的原材料，自己造一枚火箭。于是SpaceX公司就此诞生了。几年时间内，SpaceX公司将发射火箭的成本削减至原本的十分之一。

比如在特斯拉早期研制电动汽车的时候，遇到了电池高成本的难题，当时储能电池的价格是600美元每千瓦时，85千瓦电池的价格将超过5万美元。马斯克和工程师们也是以相同的思路对成本进行重构的，他们需要解决的问题包括：电池组到底是由什么材料构成的？这些电池原料的市场价格是多少？电池含有碳、镍、铝和一些聚合物。如果从伦敦金属交易所购买这些原材料，然后组合成电池，只要80美元每千瓦时。通过比较，马斯克团队发现了巨大的价格差距，特斯拉从2013年开始建立电池厂，2018年大规模生产，投产之后电池的价格下降30%。

在实践中，人们并不需要将每个问题都分解到原子级，只需要比大多数人更深入一两个层次，就能获得构建性思维带来的诸多益处。著名战斗机飞行员、军事家约翰·博伊德进行了以下思维实验，用来展示如何在实际中运用第一性原理。

想象你有3样东西：一辆摩托艇（后面有一副滑雪板）、一辆军用坦克、一辆自行车。

现在，我们将这些物品分解为基本的构成部件。摩托艇：发动机、船体、一副滑雪板。坦克：金属履带、钢板装甲、一挺枪。自行车：车把、车轮、齿轮和车座。

你能用这些做出什么？比如一辆坦克和一辆自行车看起来似乎毫无共通之处，但坦克零件和自行车零件可以组合在一起，创造出雪地摩托这种全新的东西。将看似无关领域中的元素结合起来，正是构建力的体现。

构建力使人们将不同学科的信息组合起来，从而产生全新的想法和创新。首先要做的是了解事实中的每一个细微之处，然后进行重构和整合，这个过程有助于更广泛地探索无关领域之间的信息整合。约翰内斯·古登堡将螺旋压滤技术（用于酿酒的一种技术）和活字、纸、油墨结合到一起，最终发明了印刷机。活字印刷术在这之前已经使用了几个世纪，但是古登堡将印刷部件和另一个完全不同领域的技术相结合，使印刷效率得到大大提高。这一发明是一次世界性的变革，促成了有史以来第一次广泛的信息传播。

（三）辨释力

很多创新机会都来自外界环境的变化，而对外部环境进行辨析、阐释的能力则是辨释力。德鲁克把促成创新的外界变化要素划分为7个方面，具体包括意外事件、不协调的事件、流程需要、产业和市场结构变化、人口统计数据、人的变化、新知识,这7种创新机会之间的界限比较模糊,就像是7个位于同一建筑不同方向的窗口,每一个窗口所展现的某些景致也可以从邻近的窗口看到,但是,每一个窗口所呈现的中心景色却是截然不同的。通过辨释力的提升,领导者能够从不同角度寻找和发现创新机会,灵活使用各类创新策略,使创新成为可教授、可学习、可复制的一种组织行为。

有效地辨释创新机会需要对相关领域进行系统性分析。当我们把"变化"当成观察和分析的对象时,很难把一个变化限定在某一个领域中。一个变化总是牵一发而动全身,比如一个政策的改变,是属于政治领域的,但是它本身可能是由于社会观念或者自然环境的改变而引起的,同时又会导致其他经济和社会领域发生变化。同样地,一个人口方面的变化,比如农村人口大量涌入大城市,也可能引起市场和产业结构的改变,或者以在某一个行业内发生"意外的成功"反映出来。

除了德鲁克的分类方法,德布林咨询公司通过对2000多个创新案例的深入研究,提出历史上所有伟大创新都是10种基本创新的组合,具体包括商业模式创新、网络创新、结构创新、流程创新、产品性能创新、产品体系创新、服务创新、渠道创新、品牌创新、客户关系创新。普通的创新者平均使用1.8种创新类型,而顶尖级的创新者平均使用3.6种创新类型。例如,谷歌公司的广告运营创新就涵盖以上10种创新类型中的多种:在商业模式创新方面,谷歌的Adwords模式创新性地将关键词和广告联系到一起,让用户能够自由竞标广告;在结构创新方面,公司用独特的激励机制和丰富的福利项目吸引人才;在流程创新方面,谷歌的网页排名算法颠覆了整个搜索引擎行业;在产品性能创新方面,为了最大限度优化推广效果,谷歌要求广告标题字数不得超过25个;在产品体系创新方面,谷歌允许第三方网页刊登谷歌的广告并从中获利;在服务创新方面,谷歌广告提供了从自助到综合丰俭由人的服务模式;在渠道创新方面,通过谷歌趋势的精准定位信息,分区域展示关键词热度和相关统计数据;在品牌创新方面,谷歌简单、高识别度的首页设计就是最好的品牌标志。[1]

三、对创新人才的招聘和使用

创新是一个极为复杂的过程，除了布局全盘的战略规划、设计合理的组织模型和塑造适合创新的文化环境，更重要的是配备强有力的创新团队。这里的创新团队主要指由企业家、创新组织者和创新人才等构成的综合性团队，其中最重要的是能够领导创新的人才——创新领导者。能够慧眼发现、大胆使用、有效激励创新人才，广纳创新人才为我所用，是创新领导力的重要特征。

（一）有效识别和招募创新人才

谷歌前首席人才官拉斯洛·博克（Laszlo Bock）在《重新定义团队：谷歌如何工作》一书中提出了选用创新人才的原则。他认为，比起培养人才，识别和招募人才更为重要，招聘一名平均水平的员工，想要通过培训将其培养成明星员工，这几乎是一项不可能完成的任务。而聘用水平超过90%应聘者的员工，出现最糟的情况也就是他们表现出平均水平。所以，在资源有限的情况下，将人力资源费用首先投入到招聘上，优先权最高的工作就是严把入口关。

在招聘理念方面，博克使用奥格尔维法则，也就是"只聘用比自己更优秀的人"。根据奥格尔维法则，每个人都雇用比自己更强的人，就能成为巨人公司，如果你所用的人都比你差，那么他们就只能做出比你更差的事情。在谷歌，为了招到"比你更优秀的人才"，公司"剥夺"了业务经理招聘自己团队成员的权力，而是通过人才决策委员会决定人才招聘。为了保证人才招聘的客观标准，谷歌把这项标准的把控责任分由两个高级领导团队承担，

---

[1] Larry Keeley, Ryan Pikkel, Brian Quinn, Helen Walters. *Ten Types of Innovation* [M]. New York: Wiley, 2013.

一个由产品管理和工程师组成,一个由销售、融资和其他部门成员组成。每一位应聘者都有一位最终审核人——CEO拉里·佩奇。除了通过猎头公司和招聘网站进行招聘,谷歌还采用了一些富有创意的做法,如在101号公路边竖立神秘的广告牌,吸引好奇和有雄心的计算机科学家关注并给出答案。

在聘用标准上,谷歌执行董事长埃里克·施密特(Eric Emerson Schmidt)等人在《重新定义公司:谷歌是如何运营的》一书中提出:精明而有创造力(smart creative)的人才是互联网时代取得成功的关键所在。"他们并不拘泥于特定的任务,也不受公司信息和计算能力以及所谓职务头衔或组织结构的约束,往往直言不讳,经常变换职位,具有多领域的能力,经常会将前沿技术、商业头脑以及奇思妙想结合在一起。"

与在刻板环境中工作的知识工作者不同,创意精英展现出以下特征。

在专业上是行家里手,不仅能设计概念,还会建造模型;有分析头脑,对数据运用自如,可以利用数据作出决策,同时也懂得数据的误导性,不会沉湎其中。

有商业头脑,知道专业技术、优秀产品与商业成功是环环相扣的,也对此三者的价值了然于胸;有竞争意识和方法,重视实干积累,追求卓越,干劲十足。

是"超级用户",非常懂得用户或消费者对产品的看法,对自己的兴趣非常痴迷,而非浅尝辄止。

是新颖原创构想的源泉,他们用不同于常人的崭新视角看问题,甚至能跳出自己的视角,懂得在必要时充当变换视角的"共情者"。

充满好奇心,总是在提问,绝不满足于守常不变,善于从各处发现问题,并相信自己就是能解决问题的人,有时难免表现得盛气凌人。

喜欢冒险,不惧怕失败,相信失败是财富,或者很快从头再来。

自动自发,自我驱动,不是等人指示,而是依据自己的理念行动,对于有悖于自己信念的指示,通常会充耳不闻。

心态开放,可以自由地与人合作,在评判构思和结论时,看重优点和价值，而不问出自何人何处。

一丝不苟，对细节如数家珍。

善于沟通，风趣幽默，气场十足，魅力四射。①

（二）正确地使用和激励人才

为什么谷歌等企业可以提出如此苛刻的人才标准并"求仁得仁"，而大多数组织难以让"天下英雄入吾彀中"？与人才在组织文化和未来愿景上构想不同是一方面原因，更多的是因为领导者自身领导力的不足。领导者应以"现实的人"为出发点，充分尊重每一个人的创新主体地位和主人翁意识，尊重不同的人的个性和特点，尊重自由的探索和首创精神。

1. 对顶尖人才进行特殊激励

谷歌培育出了一大批极具创意、富有激情的员工，并为该公司创新能力的提升作出了重要贡献。在资源分配上，谷歌使用 70/20/10 原则：70% 的资源配置给核心业务；20% 的资源配置给新兴产品（原有业务的新业务）；10% 的资源投在全新的产品上（全新的、看起来十分疯狂的创意）。

我们习惯认为，员工的绩效贡献是呈现正态分布的，最拔尖的人才与中等水平人才的绩效贡献有差别但相差不大。而通过对研究员、运动员等不同职业群体的绩效表现进行研究，学者欧内斯特·奥博伊尔（Ernest O'Boyle）和赫尔曼·阿吉斯（Herman Aguinis）发现 94% 的绩效分布不是按照正态分布的，而是按照幂律分布的，或者说"长尾"分布，比如顶尖 1% 的员工产出是平均产出的 10 倍多，顶尖 5% 的员工产出是平均产出的 4 倍多，非凡贡献者的表现水平远高于大多数人，但他们的贡献比例并没有体现在薪酬结构上。谷歌前人力资源负责人博克认为，在工业和以体力劳动为主的组织中，技术能力有限，对最低和最高产量有严格的标准，这些地方的员工表现

---

① ［美］埃里克·施密特、乔纳森·罗森伯格、艾伦·伊戈尔：《重新定义公司：谷歌是如何运营的》，靳婷婷译，中信出版社 2019 年版，第 61—62 页。

更接近于正态分布。但在知识行业如互联网行业或者金融行业，员工的绩效贡献差异巨大。一名了不起的车工工资应该是普通车工的几倍，但是一位了不起的软件编码程序员的工资应该是普通程序员的 1 万倍。

出于上述考虑，谷歌公司对极端贡献人群进行特殊奖励。在谷歌同一部门工作的两名员工，一个可能获得 1 万美元的股票回报，而另一个却可能获得 100 万美元的股票回报。虽然这不是常态，但是在几乎任何水平上，回报的范围可以相差 3 倍，甚至 5 倍。博克认为，这种看似不公平的薪酬分配制度其实能够更加公平："确定哪些员工应该得到其他员工工资的双倍甚至 10 倍不是件容易的事，但是看着公司最具有潜力和最优秀的员工离开公司是件更不容易的事。你会问怎样的公司才是薪资最不公平的公司？那些最优秀员工的工资过分高于平均工资的公司，或者是大家薪水都一样的公司。"[①]

2. 激发创意

员工总是以对领导者的实际行动的理解来开展自己的活动，因此，领导者的表率作用及在支持创新活动上的言行一致，对于引导和激励员工的创新行为至关重要。当创意人才致力于创意工作的时候，没有得到领导恰当的鼓励，反而因其天马行空的想法遭到蔑视，是无法充分发挥其作用的。只有尊重他们的想法、创造环境激发他们的灵感，并帮他们将有趣、冒险、可能有价值的想法变成现实，才能实现人尽其用。领导者应该不断追逐创新建议，并及时对员工的创新行为给予认可和支持，通过自身行动来创造有利于创新的文化；同时也应认识到民主气氛的重要性，这是有利于创新文化的重要组成部分。

乔布斯说过，"我特别喜欢和聪明人共事，因为不用考虑他们的尊严"。采访者问乔布斯：聪明人没有尊严吗？乔布斯答：不，聪明人更关注自己的成长，时刻保持开放的心态，而不是捍卫面子，不是想方设法证明"我没

[①] ［美］拉斯洛·博克：《重新定义团队：谷歌如何工作》，宋伟译，中信出版社 2019 年版，第 259 页。

错"。乔布斯说，假如你能找到真正顶尖的技术人才，你会发现他们真的非常自信。你不需要悉心呵护他们的自尊心，大家的心思全都放在工作上，因为他们知道，工作成果才是最重要的。例如，在常人的眼中，沃兹尼亚克只是一名与人交流时只低头看自己鞋子的"书呆子"，但乔布斯看到了沃兹尼亚克的创新潜力，对他设计出的产品提出各种各样的问题，并帮忙找到合适的资源，让沃兹尼亚克不断挑战自己的设计并趋于完美。在乔布斯的激发和指引下，沃兹尼亚克与乔布斯一起制造出第一台苹果电脑。

乔布斯还擅长设计自由开放的环境来激发员工的创意。他亲自设计了皮克斯园区内的史蒂夫·乔布斯大楼。一开始，设计师的方案是造4座小楼，中间有一个广场。但乔布斯有一个坚定的信念，就是好的创意是在各种不同的人随机碰撞想法的时候诞生的。经过深入思考之后，他大幅修改了皮克斯办公区的设计，将4座小楼变成一座中间有个"中庭"的大楼，所有人穿行的时候都会经过这个中庭，并且较少的楼层数也让不同部门的人相互碰到的机会大了很多。此外，与员工在公司的园地上一边散步，一边进行"头脑风暴"，以及将皮克斯会议室的等级森严的长桌换为模糊级别和职位的方桌，都是通过环境设计激发人才创意的行为。

3. 有效赋能

赋能既涵盖经营层面的发展战略，涉及组织与外部利益相关者（如顾客、供应商）的关系，也意指组织内部的管理赋能，强调组织要为员工赋予能量、提供舞台、授予权力。"赋能"一词的原始含义是"授权"，意指组织下沉权力，尊重员工特别是一线员工的自主权和决策权。通过调整组织结构、转换领导方式、促进员工成长等措施，激励员工不断学习与创新，充分发挥其聪明才智与潜能。

就组织赋能而言，一般认为有3种形式：结构性赋能、领导赋能和心理赋能，其中结构性赋能的重点是组织强调员工参与，并向员工分配权力，构建赋能的组织结构体系；领导赋能是从领导的视角发挥领导在赋能中的导师作用，鼓励员工参与组织的变革过程；心理赋能则从个体层面提出赋能是员工对自身价值、能力、自我决策及影响力的心理感知过程，强调增强员工克服困难、承担并完成任务的自信心。[①]

在谷歌创业没多久的时候，创始人拉里·佩奇无意间在谷歌上搜索一个词条，出现了相关的广告。他发现，这个广告和他搜索的词毫无关系。拉里·佩奇相当愤怒，但他什么也没有说，只是把广告打印出来，贴到了公司内部的公告栏上。然后有一位同事——后来成为谷歌人工智能的负责人——看到这件事之后，觉得确实不太好，这和谷歌的使命完全不相称。于是他召集了几位同事，一起利用休息时间创造了一个算法，后来这个算法成了谷歌搜索引擎广告的最重要的底层逻辑……这个过程没有人去控制它，也没有一个严格的流程，创意都是自发从下面产生的，结果给谷歌带来非常大的收益。

通过赋能，让"听得见炮火"的员工主导创新，意味着迈出了组织创新的第一步。为了推动创新持续开展，领导者还要扮演以下3种角色：一是当好团队资源的支持者，包括协调人力物力，以及进行技术技能上的指导等；二是充当团队文化的建设者，做好组织或团队愿景的宣传和贯彻；三是担任创新过程的监督者，并为最终的结果负责，"双眼紧盯，双手放开"，根据团队成员的特点动态调整，把握好赋能的度。

四、创新组织文化的营造和维系

学术界对于创新文化可以培育组织创新意识与行为形成共识，但对创新文化的本质有不同认识。有人认为创新文化在本质上是一种文化，包含创造性的工作环境、挑战意愿与挑战动力、培育组织创新行为；有人则认为创新文化在本质上是以培育创新行为为目的的一种行为模式。随着创新文化研究

---

① 柴茂昌：《企业如何为员工赋能》，《发现》2018年第8期。

的深入，学者们对上述两种观点进行融合，提出创新文化包含价值观与行为模式，例如，许庆瑞等从企业创新出发，认为创新文化是一种以鼓励创新、包容失败为核心价值观，以有利创新的组织结构与制度为保障，以员工创新行为为外在表现的企业文化。[①]

在分析、比较了上百家创新型公司和缺乏创新的公司后，美国学者发现创新型企业在塑造有利于创新的文化过程中一般都具备4个主要条件：高层管理者对创新的支持、紧贴市场和研究潜在顾客、积极采纳员工意见和认可员工创新行为、经过对创意仔细的评价后的坚定的实施。[②] 在这里，本书从分享信息、承担风险、包容失败3个方面，对如何营造和维系创新组织文化进行论述。

（一）分享信息的文化

组织通常具有探索式学习与利用式学习两种学习方式。探索式学习是组织通过同外部客户、机构、供应商等关系，搜集、学习、研究不同于现有知识积累的新知识的能力，这种学习方式通过同外部相关组织的沟通与合作，获取不同于组织现有知识积累、组织惯例的相关知识与资源。探索式学习具有收益不确定、学习方向不确定的特点。利用式学习是组织依照现有的知识基础，通过信息、资源和知识的重组，对组织流程等进行少量变化的学习与研究行为，强调在现有产品或知识领域进行缓慢的变化与改革。而一项对美国和欧洲431家企业的调查研究发现，影响知识分享最多的因素是组织文化（54%），然后依次为组织结构（28%）、信息传播技术（22%）、激励制度（19%）、员工离职（8%）等。

因此，领导者尤其是高层领导者要从战略的角度培育创新文化，以创新

[①] 葛宝山、谭凌峰等：《创新文化、双元学习与动态能力关系研究》，《科学学研究》2016年第4期。
[②] Andre Delbecq, Peter Mills.Managerial practices that enhance innovation [J].*Organization Dynamics*, 1985, 14（1）: 24-34.

文化的价值观、信仰、理念等塑造员工的工作价值观和态度，从而增强员工对组织的认同，最终使员工将知识分享作为一件快乐而有意义的事情来做。创新文化的内涵非常广泛，它不仅为员工提供了日常行为规范参考的总体框架，引导他们的行为与组织的创新目标趋向一致，更鼓励员工获取基于市场新产品开发的复杂技术、知识、经验、信息等，并鼓励员工提高解决新问题的能力和创造新知识的能力。具有创新文化的组织更加支持员工互动，鼓励他们之间分享经验、诀窍、构想等隐性知识。同时，创新文化更加强调寻找机会实施新的构想或创造新产品来提高组织绩效，这会进一步激发员工积极、主动地交换知识和收集知识来丰富相关专业知识和改进工作方法。

管理者可以通过奖励、认可和授权来激励员工，鼓励员工畅所欲言，倾听员工的心声，接受员工的新观点，同时确保员工获取相关信息和资源以产生新思想；营造一种尊重和鼓励创新、创业、冒险的创新氛围，使"英雄有用武之地"；设计一套鼓励创新的薪酬系统，以消除员工对面临创新失败风险的担忧；培育组织、领导与员工间的信任，等等。在这种氛围中，员工自然会产生高水平的组织认同，进而自发地交换知识和贡献知识。[1]

（二）承担风险的文化

2019年，中国企业家调查系统发布的《转型时期的企业家精神：特征、影响因素与对策建议——2019·中国企业家成长与发展专题调查报告》显示，对于自己"对环境有敏锐的洞察力"和"勇于创新"，表示"完全做到"或"基本做到"的企业家分别占88.6%和86.2%；其次是"善于抓住机遇"，认为自己"完全做到"或"基本做到"的占85%；关于"有冒险精神，敢于承担风险"这一说法，认为自己"完全做到"或"基本做到"的企业家占84.2%，排在创新精神维度的最后一位。

创新既需要好的风险承担者，也需要好的风险管理者。在一个创新项目

---

[1] 李燕萍、刘宗华、林叶：《员工知识分享的动力何在？——创新文化的跨层次作用机制》，《经济管理》2016年第5期。

中，风险承担者（通常是项目捍卫者、创新者）常常与那些躲避风险的人（通常是高级管理人员）关于风险的可接受水平有一些争论。风险承担者经常抱怨高级管理人员的态度中隐藏着排斥风险的倾向性，而保守的风险管理支持者会指责风险承担者不负责任。这些争论基本毫无价值，因为各自都有对的地方。

创新领导者面对的挑战是需要跳出原来的单线思维，既要开展承担风险的工作，又要严于风险管理的工作。他们首要的工作是将具有风险的项目提上议程，同时排除异议。从某种意义上说，一线的创新捍卫者应该非常坚定和执着，因为他们甚至可能被指责是"盲目的"和"顽固的"。相反，创新领导者需要确保项目的每个阶段的所有已知风险因素都被确认并被妥善管理。这是一种非常不稳定的平衡，因为这可能需要创新者在其创新精神和企业家精神不受鼓励的情况下完成。

英特尔公司前CEO安迪·葛洛夫（Andy Grove）认为，创新领导者必须有聚焦的勇气，即需要非常清晰地确定是否要开展一项工作以及是否要停止一项工作。创新领导者必须有勇气"自我蚕食"，即果断淘汰自己的老旧业务，而不是等待别人的蚕食。大家都知道，我们需要很大的勇气来淘汰自己的业务以获得更高的绩效，尤其当现有业务的潜力还没有被完全开发的时候，需要拥有停止项目的勇气，而不仅仅是启动项目的勇气。创新型企业家将精力主要投放在创业上，创新领导者对公司资源的有效利用负有监督责任，因此，有时创新领导者需要作为项目的"持斧人"下马项目，特别是当没有明显的技术理由支持项目，或只有市场或经济不确定性的理由的时候——这通常是领导者工作中最难且不太被了解的部分之一。

（三）包容失败的文化

从管理角度来看，标新立异并不受欢迎。大型组织往往会推崇完美主义体制，如六西格玛和全面质量管理，以提升效率，但哈佛商学院克莱顿·克里斯坦森教授的"颠覆性创新"理论则认为，在主流企业发展的过程中会逐渐形成庞大而复杂的价值网,这个价值网约束着其变革的脚步。如果摆脱不了原来价值网的束缚,无法形成新的价值网,那么主流企业总会难逃被破坏性技术颠覆的命运。

从这个意义上说,创新必然是要冒风险的,而一旦有了风险,就可能碰到失败,甚至是多次的失败。爱迪生曾说:"失败也是我需要的,它与成功对我一样有价值。"但在现实生活中,面对改革的攻坚期、深水区,很多人往往"纸上谈兵",当真正涉及创新性的工作时,他们则举棋不定、裹足不前。其结果则是愿干事、能干事的人背上了"包袱","与其出错、不如不干"成为很多时候对待工作的"潜规则"。如此一来,固然减少了失败的可能,但也极大地束缚了创新者的手脚,并最终导致创新精神的萎缩、创新活力的不足。破解上述难题,一个很关键的环节,就是要大力营造宽容失败的氛围。

以创新著称的3M公司(明尼苏达矿业制造公司)把"失败"和"走进死胡同"作为创新的一部分,其领导者经常勉励员工,"在3M公司,你有坚持到底的自由,也就是意味着你有不怕犯错、不畏失败的自由"。该公司每年设立新主意开发基金,对于那些勇于创新的人员和小团队给予特别的鼓励和保护,以保证公司成员的新思想和新主意及时得到研究和开发,而任何员工的创新发明一旦成功,立刻就会得到英雄式的待遇。给公司带来巨大利润的著名产品——不干胶就是由员工在这种创意氛围下发明出来的。

皮克斯公司著名导演安德鲁·斯坦顿(Andrew Stanton)经常把"失败要趁早,失败要尽快""人应当尽可能地压缩犯错的时间"挂在嘴边,这种理念在皮克斯公司广为流传,成为包容失败文化的重要组成部分。《创新公司:皮克斯的启示》讲述了皮克斯公司制作的一部电影惨遭失败的案例。这部电影的前期创意提出时大家满心惊喜,都认为就像《美食总动员》一样,如果能用适当的方式加以演绎,很有可能会成为一部令人叫绝的电影。管理层从公司外吸纳有新鲜创意的新人,将这个全新的项目作为创新和探索的一次实验,并将其命名为:孵化培育计划。为了防止创作者受到原有公司文化的影响，特地将他们的工作地安排在离皮克斯主园区两条街之隔的位置。

虽然大家抱着美好憧憬，但影片实际制作中出现了重重困难：项目团队太过孤立、导演没有执导动画长片的经验、管理层低估了大的改动可能会带来的影响等。"虽然大家都在努力划桨，船却待在原地不动"，皮克斯只能怀着沉重的心情为影片的制作画上了句号。有人可能认为，当初决定将这部片子投入制作本身就是个错误，但皮克斯总裁艾德文·卡特姆（Edwin Earl Catmull）却不这么认为："虽然这次失败让我们花费了时间和金钱，但这投资是值得的。"创意公司中出现的任何一次失败，都不只是某个人的责任，而是牵扯许多人。如果你所管理的企业出了问题，那么任何一个问题你都脱不了干系。除此之外，如果你和你的同事不能从失败中汲取经验，那么失败制造的契机也就白白流失了。

当重大失败出现时，该如何消化并利用它，使得企业继续驰骋在创新之路上呢？皮克斯公司坚持从内部发掘问题的根源。以开诚布公的态度对待失败，这是从失败中总结经验的第一步。其目标并不是将人们对失败的恐惧一扫而光，而是解开失败对人们的桎梏。在承认失败后，再开始做一些补救措施。比如在创意和选择方面选择冒险一直是皮克斯最核心的特质。但是，皮克斯领导层也一致认为，在下一次另辟蹊径的时候，需要更深入、更具体地做好准备工作，为那些具备导演潜质的人才设置一套正规的培训课程。每位资深导演也需要每周和自己所培训的新人进行交流，对新人的电影构思给予激励并提出建议。

在此次失败之后，皮克斯管理部的负责人杰米·伍尔夫还开发出一种培训人员的方法：让新晋管理人员和资深管理者一起搭档，进行为期8个月的长时间合作。在这期间，任何与管理有关的问题，无论是职业规划、培养员工自信，还是处理员工遇到的问题和营造和谐的团队氛围，全都要两人共同商榷。这样做是为了让大家紧密团结在一起，共同承担风险和挑战，锻炼大家在面对实际问题时带领团队的能力。换句话说，就是培养管理者之间的信任感。

五、案例：中国高铁与中国创造

改革开放以来，中国凭借区位和劳动力优势，以"中国制造"带动了经济腾飞，成为世界加工厂。制造业做大做强之后，企业和政府越来越重视自主创新，重视自有知识产权的获得和保护，在"中国制造"的基础上培育和发展，提高产业的国际竞争优势。与西方的创新模式相比，当下的"中国创造"强调通过战略引导有效配置和利用创新活动所需的资源，以实现创新成果的产出。

能够充分体现"中国创造"的典型范例就是中国高铁。目前，中国是世界高速铁路中系统技术最全、集成能力最强、运营速度最高、运营里程最长的国家。从"跟跑""并跑"到"领跑"，中国高铁既跑到了西方高铁先行者的前面，也成为我国科学技术自主创新的一面旗帜。

（一）高铁建设与协同创新

高铁技术始于日本，兴于欧洲，盛于中国。我国高铁的创新发展经历了4个阶段：20世纪90年代初到2004年为孕育阶段，这个阶段主要是学习和尝试，研发了一些自己的技术，包括建成"广深准高速铁路""秦沈客运专线"，也研发了我国第一代高铁电力动车组"大白鲨""中华之星"，一大批铁路干线、铁路复线及干线电气化改造项目快速启动。2004年至2008年为引进消化吸收阶段，以引进日本、德国、法国、加拿大等国的高铁制造技术为主，大功率交流内燃机车、大功率交流电力机车两大技术平台先后落成。2009年至2015年为自主创新阶段，为了避免陷入"市场换技术"导致"引进再引进"的怪圈，研制成功了被欧洲人称为"中国高铁革命"的和谐号CRH380系列高速列车。2015年以来是第4阶段，借助"全面自主创新"战略，通过深入自主化，完成关键技术的完全自主，具有完全自主知识产权和技术标准体系的时速350公里的"复兴号"中国标准动车组正式运营。

协同创新通常是企业、大学、科研机构、政府、中介组织等创新主体共建创新平台，组建研发共同体、协同创新组织和利益共同体。从模仿、追随到超越的渐进式创新中，中国利用"集中力量办大事"的优势，各个创新主体之间需要在价值观、文化、行为准则、战略和利益目标上相互认同与匹配一致。

协同创新的主体主要包括政府、企业和高校。从政府角度来看，在高铁研发中，原铁道部建立起了集组织管理、研发设计和生产制造为一体的产学研合作体系。例如，科技部和前铁道部联合发起实施的《中国高速列车自主创新联合行动计划》，联合25所大学、11个科研院所、51家国家级实验室和工程研究中心，以及68名院士、700多名教授和研究员、上万名技术人员。这种自上而下的协同创新形式，有利于快速形成中国高铁技术标准，中国铁道科学院、中国北车、中国铁建专门为各个协同创新中心提供人力、资金、场所、信息、数据等支持，最大限度地利用共性基础研究和实验资源来为高铁技术的标准体系提供理论研究基础和实验数据储备，大大缩短创新时间。

在政府的引导下，企业和高校角度以协同模式搭建了各种创新平台。例如，南车全球研发体系包括海外研发机构、国家级研发与实验机构、综合性研究机构、国家认定检测实验中心7个、博士后工作站8个、国家认定企业技术中心9个、省级工程技术研究中心（工程实验室不少于10个、省级认定的企业技术中心8个）；北车的产学研合作机构包括动车组和机车牵引与控制国家重点实验室，辽宁省轨道交通装备电传动及控制工程技术研究中心，北车—北京交通大学产学研联盟，中国北车研究院北京交通大学电传动技术分院和中国北车研究院大连交通大学焊接结构技术分院，等等。[1]

---

[1] 吴欣桐、梅亮、陈劲：《建构"整合式创新"：来自中国高铁的启示》，《科学学与科学技术管理》2020年第1期。

（二）自主创新中的领导者

在中国创造和协同创新的过程中，领导者应发挥怎样的作用？"复兴号"高速列车研制的主持者孙永才对研发创新倾注了极大的热情与精力，带领团队啃下了很多"硬骨头"，尤其注重调动和发挥创新人才的重要作用，注重创新组织文化的营造和维系。

2008 年启动的新一代 CRH380 高速动车组的研制工作是一项没有任何国内外经验可借鉴的庞大工程。为推进 CRH380 动车组的研制，时任中国北车集团总工程师孙永才着手建设创新文化，他从精神层面、制度层面和物质层面等多方面开展工作，提出了协同创新的顶层设计理念。共协同 25 所重点高校、11 所一流科研院所、51 家国家级实验室和工程中心的上万名工程技术人员组成了国家级研发团队，集中力量攻克核心技术难关。通过"两厂三地"模式，搭建异地协同设计平台，实现了联合设计、分工试制、协同试验，缩短研发周期 40% 以上，形成了完整的动车组技术体系、标准体系和产品体系。

2010 年 5 月，CRH380 高速动车组问世，运营速度、安全性、舒适性和节能环保等指标都满足设定的顶层技术指标要求，达到了世界领先的水平，其中 CRH380BG 型动车组攻克"六大关键抗高寒技术"，成为世界首列在零下 40 摄氏度环境中以时速 300 公里等级运营的动车组。"协同创新"成为经典的集成创新模式，在国内甚至中俄高铁等海外项目的研发中屡建新功。

2014 年，中国中车首次以中国标准为主导，按照正向设计思路，以自主化、简统化、互联互通、技术先进为目标，开启了时速 350 公里中国标准动车组的研发工作。"复兴号"的研发再次联合了众多科研机构、高校、国内企业，形成了以企业为主体，"政产学研用"深度融合，开放、协同、一体化、全球协同的技术创新体系。作为领导者，孙永才深入各研发单位，密切关注和跟进研发节点和试验进程，组织研发团队在掌握动车组"九大关键技术"和"十项配套技术"的基础上进行优化提升，解决了一系列重大技术问题和世界性难题。

历经503项仿真计算，5278项地面试验，2362项线路试验，"复兴号"问世。经专利审查，中国标准动车组具有完全自主知识产权。2017年9月21日，"复兴号"动车组在京沪高铁以时速350公里运营，标志着我国成为世界上高铁商业运营速度最快的国家。

2017年，孙永才出任中国中车集团公司总经理之后，对企业的管理模式、组织形式及市场经营方式进行了多维度创新。产品研发制造周期紧张甚至超期，一度成为困扰中车多个子企业的"头疼问题"。孙永才赶赴主要企业进行调研，发现各业务管理流程仍然依靠传统方式输入信息，导致资源配置不能及时到位。他主导将信息化引入企业管理，建立起覆盖各主要业务流程的数字化运营平台，并在全部生产企业推进精益管理，这一力度颇大的管理改革取得了显著成效，新产品开发及技术准备周期缩短30%左右，工艺管理效率提高80%以上，产品产能翻了好几番，资源占用率大大下降，引发了波及整个产业链的管理大提升。

2018年，孙永才将中国中车40年的科技创新之路总结为8个字："明志笃行，固本培元"。明，就是认清大势、市场导向，把市场作为创新的原动力；志，就是志存高远、达成目标，集中力量攻克重大创新目标；笃，就是坚持不懈、创新超越，发力于集成创新实现后发优势；行，就是知行合一、开放多元，着力营造开放多元的创新共赢机制；固，就是巩固根基、能力提升，持续强化创新能力建设；本，就是标准为本、行业引领，着力打造中国标准、掌握话语权；培，就是培育沃土、加速成长，充分激发科技人员和各类创新主体的积极性；元，就是抱元归一、中车力量，着力凝聚创新的强大精神力量。[①]

---

① 王倩倩：《孙永才：复兴号高速列车研制的主持者》，《国资报告》2019年第1期。

本讲思考题

1. 创新的内涵在西方与中国语境下分别是什么？为什么会出现这种差异？

2. 在创新的前端和后端阶段，分别需要什么样的领导力？两种领导力是否存在共性？

3. 想象力、构建力和辨释力是如何促成创新的？如何提升这三种能力？

4. 识别、招聘、组建、激励，你认为哪个阶段是创新人才团队建设中至关重要的？

5. 中国是否存在颠覆式创新，在促成颠覆式创新方面有哪些经验？

拓展阅读书目推荐

1. ［美］艾德·卡特姆、埃米·华莱士：《创新公司：皮克斯的启示》，靳婷婷译，中信出版社2015年版。

2. ［美］沃尔特·艾萨克森：《列奥纳多·达·芬奇传：从凡人到天才的创造力密码》，汪冰译，中信出版社2018年版。

3. ［美］史蒂文·约翰逊：《伟大创意的诞生（经典版）：创新自然史》，盛杨燕译，浙江人民出版社2020年版。

4. ［美］沃尔特·艾萨克森：《史蒂夫·乔布斯传》，管延圻、魏群等译，中信出版社2014年版。

5. ［美］阿什利·万斯：《硅谷钢铁侠：埃隆·马斯克的冒险人生》，周恒星译，中信出版社2016年版。

领 | 导 | 力 | 通 | 识 | 课

第六讲
变革领导力

变革与创新行为密切相关：创新为组织变革指明了方向，而变革则是创新的实现手段和必然要求。当下的变革已成为常态：外部宏观环境的变化、竞争者带来的压力，以及内部提质增效的需求，共同形成了变革的推手。虽然变革很痛苦，有风险，意味着大量艰苦的工作，但无论是企业、政府、还是高校，只有将自己的任务界定为领导变革，才能持久地生存下去。我们无法左右更大范畴的变革，我们只能让自己走在变革的前面。[①]

变革领导者将变革视为机会，他们寻求变革，知道如何正确地变革，知道如何将组织内外的变革变得有效率。一方面，需要掌握变革的规律和特点，善于设计和管理变革；另一方面，则要在变革中展现自身的领导力，并通过正直诚信、勇于担当以及专业胜任来赢得他人的信任和认同，从而构建自身非职权的影响力。[②] 本讲从变革理论基础出发，围绕发起变革、执行变革、巩固变革的全流程，阐明提升变革领导力的具体方法和路径。

一、组织的领导变革理论

变革（transfrom）和改革（reform）均含"改革、改变、改造"之意，对个人和组织而言，一般使用"变革"一词，强调目标调整或行为方式的转变；而在国家等更为宏观的范畴，一般使用"改革"一词，指为了改变现状而在政治、社会、文化、经济、宗教等领域的改良革新，与以极端的方式推翻原有政权的"革命"一词相区别。本讲理论部分着重讨论个体和组织层面

---

① ［美］彼得·德鲁克：《21世纪的管理挑战》（袖珍版），朱雁斌译，机械工业出版社2019年版，第81页。
② P.Kruyen, M.Van Genugten.Opening up the black box of civil servants' competencies [J]. *Public Management Review*, 2020, 22（1）：118-140.

的领导力，一般使用"变革"表述；章末案例中教师管理制度改革与国家教育领域综合改革密切相关，使用"改革"一词以便与官方和媒体表述保持一致。

相比于"变化"这一表述，变革或改革更强调人的行为和作用，领导力在其中发挥着重要作用。一方面，组织变革的发起需要领导者的大力支持和有力推动。新制度经济学家科斯认为，如果组织的领导者不支持变革，那么变革就不会发生，至少重大的变革不会发生。另一方面，组织变革的有效实施也需要领导者的战略规划和引领，领导决策和领导风格可以对组织变革的效率和效果产生直接影响。美国哈佛大学商学院教授约翰·科特（John P.Kotter）指出，成功变革和转型，需要70%—90%的领导和10%—30%的管理。

（一）变革的类别

从变革的对象划分，变革可分为技术变革和社会变革。马克思主义认为，技术与社会革命之间存在密切关系，如恩格斯在《英国工人阶级状况》一文中详细论述了珍妮纺纱机问世前后人类社会的巨大变化：从1764年第一台珍妮纺纱机问世到翼锭纺纱机的出现，到走锭精纺机的问世，再到1785年蒸汽机与纺纱机的完美结合，短短数十年，机器大工业在英国的各个部门战胜了手工劳动。恩格斯感叹道："英国工业的全部历史所讲述的，只是手工业者如何被机器驱逐出一个个阵地。"[①] 回顾人类历史发展进程，技术的变革不断满足人类生存的发展需要，同时也推动着人类社会的进步与发展，资本主义社会面临的生产力与生产关系的矛盾是技术变革的必然产物，人类社会形态由"物的依赖关系"阶段进入"自由个性"阶段依然离不开技术的变革。

按变革程度来划分，变革可分为渐进性变革和革命性变革。渐进性变革

---

① 《马克思恩格斯选集》第一卷，人民出版社2012年版，第92页。

是一系列持续、稳步推进的变化过程，对于变革的某些环节，只能实行渐进式变革，譬如企业文化的变革，因为改变人的价值观念和思维惯性是很难的，所以要有长期变革的耐心和韧性；革命性变革往往是急剧的变化过程，如果外部威胁和生存的压力过大，组织往往不得不推行"突击战"式的变革，摧枯拉朽，另起炉灶，从而迅速取得短期成果，奠定变革信心，否则只能"好事多磨"。还有学者认为，除去渐进性与革命性变革外，还有一种放任型变革方式，即无为而治，也就是在较长的时间内不采取任何行动，任其自由变化。

从变革模式（浅层变革或深度变革）和变革水平（单一组织或整体产业）两个维度出发，变革可划分为 4 种基本类型：适应、变化、演化和革命。[1] 其中适应和演化分别描述的是单一组织或整个产业追踪外部环境并进行有意识地保持一致的浅层变化过程。例如，企业在试验新产品、将调整组织或优化流程中取得的成功制度化等。变化和革命是指企业甚至整个产业背景下的深层变革。企业生命周期理论、战略转换理论和技术创新突破理论等管理理论都提出，虽然商业企业需要有稳定的惯例，但是也需要周期性地进行组织层面的转型。在深层变革中，当产业发生质的变化时，会产生一些新的组织形式，这在熊彼特的破坏性创新理论中有所论述。

从外部环境来看，斯图尔特·布莱克与霍尔·格里格森从对待变革"视而不见、知而不行、行而不达"的 3 种态度入手，将变革分成前瞻型变革、反应型变革和危机型变革 3 种类型，引入了变革成本和变革发动的难易程度两个变量，把变革阻力的分析和研究具体化。

所谓前瞻型变革，是在变革的迹象刚刚露出"地平线"时就看到它发出的信号，然后积极推动变革朝着有利的方向发展。就像远处的物体难以看见一样，让人们即使看见了处在视野边缘上的威胁和机会，也往往认为离自己

---

[1] A.Meyer, G.Brooks, J.Goes, Environmental jolts and industry revolutions: Organizational responses to discontinuous change [J]. *Strategic Management Journal*, 1990, 11: 93-110.

太远，所以，虽然前瞻型变革能让组织以最低的代价获得最大的潜在收益，但最难发动，能驾驭它的领导人也最短缺。反应型变革是在有明显迹象和信号表明需要变革时做出的反应。发动这样的变革的难度比前瞻型变革小，但组织已经为变革付出了一些代价，丧失了一些宝贵的机会。危机型变革是组织已经危难当头，在刻不容缓的情况下的行动。这种变革最容易发动，但组织很可能因反应迟钝、行动缓慢付出沉重的代价。

（二）变革的过程

最早在理论上对变革过程作出概括和总结的学者是美国社会心理学家库尔特·卢因，他把组织变革过程划分为解冻、改变、再冻结 3 个阶段。解冻是指刺激组织成员改变陈旧的观念、传统和习惯，促使组织成员认识到原来的价值观、态度和行为不能达到希望的结果，切身感受到变革的迫切性。这是减少维持组织现有行为水平的力量，打破组织原有平衡状态的阶段。改变是指明确组织的方向，促使组织成员形成新的价值观、态度和行为的过程。在这一阶段，管理者通过组织成员对变革的认同和内化，促进组织加速变革。再冻结是指利用必要的强化方法使新的价值观、态度和行为方式固定下来使之持久化，让组织稳定在一个新的均衡状态。

约翰·科特通过深度观察成功案例并总结经验，提出了高层领导者完成组织变革的 8 个阶段，以及在每个阶段需要警惕的常见错误。

表 6–1　高层领导者完成组织变革的八个阶段

阶段	需要采取的行动	常见错误
制造紧迫感	考察市场和竞争因素，以应对可能出现的危机，利用潜在的机会至少要说服你的管理团队中 75% 的人，相信保持现状比踏入改革的未知领域更危险	低估让人们走出舒适区的难度因变革中的风险而束手无策

续表

阶段	需要采取的行动	常见错误
组建强大的指导同盟	召集一组拥有共同使命、权力足够大的人员，领导变革 鼓励这些人像团队一样工作，打破现有的层级	最高管理层缺乏团队工作经验 将指导同盟交给来自人力资源、质量控制或战略规划的管理者来领导，而非交给自业务部门的资深经理
创建变革愿景	创建一个愿景，为变革指出方向 制定战略实现这个愿景	创建的愿景过于复杂或模糊不清，无法在5分钟内说清楚
宣传与沟通变革愿景	利用一切可能的途径，宣传与传播新的愿景与战略 通过指导同盟树立新的行为标杆	没有对愿景进行足够的宣传 管理者的行为与愿景刚好相反
扫清变革障碍	消除或改变不利于实现愿景的系统制度与组织结构 鼓励冒险行为或标新立异的想法和行动	对于拒绝变革的权势人物，没有采取行动消除其负面影响
系统规划短期目标并取得成绩	构想并实施一些效果明显的业绩改进计划 肯定并奖励对业绩改进有贡献的员工	仅凭运气取得短期胜利 没有及时取得阶段性胜利（变革开始后的12—24个月内）
巩固成果，深化变革	利用从前期胜利中获得的可信度，改变与愿景相冲突的系统、结构和政策 雇用、提拔和培养可以执行愿景的员工 通过新的项目与主题，以及新的变革推动者来深化变革进程	在变革取得第一项成果时，就过早宣告胜利 给变革的反对者以可乘之机，让参加变革的人们相信"战斗"已经大获全胜
将变革成果制度化	阐明新行为和公司取得成功之间的关系 按照变革后的新方法设计领导力开发和接班人计划	没有建立起新的行为规范和共同价值观，以与变革保持一致 将那些没有在个人行为中体现出新规范的人提拔到领导岗位

（三）变革领导特质

组织领导者在变革过程中起到组织和推动的作用，尤其是领导者的敏锐度、决心、聪慧、洞察能力通常被看作变革成功的首要因素。西格尔深入研究了变革时代的领导者应当具备的素质，提出了变革领导力的西格尔矩阵，即无畏（勇于行动的能力）、不懈（完成任务的能力）、奉献（感情投入的能力）、灵感（激励的能力）、自信（认识目标的能力）、融入（亲和建立人际关系资产的能力）、智商（挖掘潜能的能力）、能量（乐观获取机会的能力）、诚信（建立相互信任的能力）、领悟（感知客户想法的能力）。[1]

也有学者认为，无论什么风格的领导力，只要采取了合理的变革行为，都能推进变革实践，都有可能成功。研究中已经识别出一些有效的变革活动，如员工培训、有效的激励体系、让员工参与决策以及鼓励团队工作等。此外，沟通（如愿景沟通、变革需求沟通）、资源调动（如寻求和利用他人的帮助和资源）和评估（如使用正式的测评系统来评估变革带来的影响）也被认为是有意义的变革行为。

通过对 70 多个组织变革案例的分析和因素分析方法，一些学者识别出与变革相关的领导行为：塑造行为、构建行为和培育行为。[2] 其中塑造行为指与变革沟通和行动直接相关的领导行为，具体包括提升责任意识、思考变革意义、提升工作专注度；构建行为包括构建变革的出发点、设计和管理变革过程、制定组织变革的准则；培育行为是指领导者培养和发展个体和组织完成变革任务所需的能力。

二、把握变革方向与时机

（一）以洞见力寻找变革方向

在快速变化的时代中，变革从哪里来，到哪里去？洞见力既包括对现有状态的评估、审视，也包括对未来的预测和判断；前者将投注到无效领域的资源释放出来，后者回答了"我们的组织将会走向何方"。

德鲁克认为，组织变革的首要原则就是：做"有系统的放弃"。放弃昨天是第一原则，同时也是其他变革原则的基础。对任何一类组织而言，如果一个产品或服务接近于生命周期的末端，如果维持一个产品或服务的唯一依

---

[1] William D. Hitt. *The Leader-Manager : Guidelines for Action* [M]. Battelle Press, 1988.
[2] Malcolm Higgs, Deborah Rowland. All Changes Great and Small : Exploring Approaches to Change and Its Leadership [J]. *Journal of Change Management*, 2005, 5（2）: 121-151.

据是它曾经成功过，如果一个产品或服务导致一项新事物受到压制或忽略，那么最正确的行动就是舍弃它们。

如果领导者一直致力于保存昨天，就不可能有机会创造明天。1981年，刚刚担任通用电气公司CEO的杰克·韦尔奇拜访德鲁克时，德鲁克提出了两个问题："在通用电气公司的各项业务中，如果有一项过去没有开展，你今天会开展吗？""如果答案是不，那你打算怎么处理它呢？"这两个问题促使韦尔奇舍弃了一些虽有利可图却表现欠佳的业务，确保了通用电气后续的改革和发展。

在预测未来方面，德鲁克的洞见力有目共睹。1939年，德鲁克第一部著作《经济人的末日》出版，该书从极权主义的起源出发，预言了法西斯的溃败方式，在美国和英国反响热烈。英国前首相丘吉尔为此写了一篇书评，称它是"唯一一本了解并解释两次大战间世界形势的书"。后来，丘吉尔下令，每位英国军官的背包里都应该放一本《经济人的末日》。

1954年，德鲁克提出了"目标管理"等重要概念，开启了管理学的新时代；1959年西方劳资冲突升级，他洞察到"知识工作者"作为新社会中间阶级的崛起；1985年，他预言"柏林墙将要倒下"；1986年，他提出"苏联将要解体"，在当时大部分人难以接受这些观点，时任美国国务卿基辛格甚至认为，"德鲁克一定是疯了"。而在此后不久，上述疯狂而大胆的预言很快就变成了笃定的现实。《哈佛商业评论》是这样评价德鲁克的：他永远可以指出一种看事情的新路径、新眼光，所以只要他一发声，甚至只要一提到他的名字，"就会有无数只耳朵竖起来听"。

20世纪80年代，全球大环境看似平静，其实暗潮涌动：苏联的经济和军事力量正达到鼎盛状态，罗纳德·里根当选美国总统，他开始了美国复兴计划，欧洲共同体范围正在扩大，日本经济发展开始加速，而中国改革开放刚刚起步。在很多人觉得局势并不明朗的时候，德鲁克出版了《动荡时代的管理》，明确指出世界将不可避免地出现动荡，20世纪初那些默认的假设、规律和惯例正在遭到质疑和挑战，而管理者必须及时进行变革。1992

年,他在《哈佛商业评论》上撰文称:"在几十年的时间里,社会彻底重置了人们的世界观、基本价值观,重塑了社会和政治结构。五十年后,将会出现一个新世界,在这个世界出生的新人类甚至无法想象他们的祖父母以及他们自己的父母出生的世界。我们所处的,就是这样的一个转变时期。"从20世纪末以来,世界格局的变迁从未减速,苏联解体、冷战结束,世界从两极格局朝向多极化发展,世界贸易组织促进了全球经济一体化,而信息技术和互联网技术的迅速发展,彻底证实了德鲁克的预言,把整个世界带入了知识社会。

这种对未来的感知力和洞见力从何而来、如何培养?从德鲁克自传《旁观者:管理大师德鲁克回忆录》[①]中,可窥见一斑。

1. 关注社会环境,避免从理论到理论

1929年春天,不满20岁的德鲁克到法兰克福一家银行机构担任证券分析员,当年9月,欧美股市行情一路向好,他通过数学建模预测未来股市会保持强劲增长。不到一个月,现实就给了数字预言家们一记响亮的耳光:纽约股市大崩盘,危机迅速蔓延,全球经济出现大萧条。德鲁克所在的银行机构崩盘,他转入报界做记者。从此世界上少了一个用数学工具预言未来的股市分析师,多了一位用独特的方式对社会潮流进行洞察的学者。

后来,德鲁克的研究并不仅仅局限于管理学,还广泛地涉猎经济、政治和社会问题。他曾经这样评价自己:"我自认为是一个'社会生态学家',我关注的是人类自己创造的社会环境,就像自然生态学家研究生态环境一样。"德鲁克认为,未来不是当下的延续,但未来发生的很多事情正根植于当下,通过对人口的结构性特征和动态的观察,能够看到十几年甚至几十年后经济社会的未来。

---

① [美] 彼得·德鲁克:《旁观者:管理大师德鲁克回忆录》,廖月娟译,机械工业出版社2005年版。

2. 丰富阅历，增加高质量信息输入

早年近距离接触和倾听奥地利副国务卿赫姆、精神分析学说创始人弗洛伊德等奥地利重要人物的思想，获得关于国家、社会的第一手资料，这一切都帮助德鲁克站在了巨人的肩膀上，为其日后深刻的洞察力的获得提供了丰富而宝贵的信息"输入"。在英国工作，以及日后移民美国，德鲁克也注重与学术圈重要思想家们密切联系，比如传媒界的"先知"麦克卢汉，又如，外交家基辛格的"再造恩人"弗里茨·克雷默。德鲁克通过与克雷默辩论，整理了自己的思路，并发现自己思维方式背后独特的价值观和取向。

他的朋友圈还包括当时最大的汽车公司——通用汽车的管理层。通过近距离观察通用汽车的经营方式，一对一地与企业高管进行交谈，德鲁克写出了畅销书《公司的概念》，提出了现代管理学的概念，并奠定了现代组织理论的基础。广泛而优质的信息"输入"对于洞察力和判断力的建立有多重要不言而喻，毕竟"社会终究是由许许多多的个人和他们的故事组合而成的"。

3. 培养超然视角与独立思考的精神

洞察力的提升需要一个超脱的视角。相信不少人都有这样的体会：一旦牵扯到与自身利益相关的事情，洞察力就会失灵，所谓关心则乱。叔本华说："对于一个年轻人来说，如果他很早就洞察人事、谙于世故，如果他很快就懂得如何与人交接、周旋，胸有成竹地步入社会，那么不论从理智还是道德的角度来考虑，这都是一个不好的迹象。这预示着他的本性平庸。"

8岁的时候，德鲁克就为配额制时代因黑市交易而被逮捕的"人民公敌"辩论；14岁的时候，他本来在国家共和日肩负着"青年军"游行领队任务，但感受到"被群体驱使"后，离开了整齐划一的队伍，自己回到家中。"站在舞台侧面观看的旁观者，犹如在剧院中坐镇的消防队员，能见人所不见者，注意到演员或观众看不到的地方。毕竟，他是从不同的角度来看，并反复思考；这种思索不是像镜子一般的反射，而是三棱镜似的折射。"

直到成年，德鲁克依然选择作为一名独立的旁观者，从独特的角度去审视那些"已发生的未来"，从社会、知识、文化、产业或经济结构的细微变化中，看到未来的大势。无论是找出经济及社会出现断层以及全面造成冲击之间的时间差，并据此"对已经发生的未来做准备"；还是对一个尚未诞生的未来提出新观念，并借此"引导与塑造未来"，旁观者在历史舞台上的戏份，已经远远超出了他们最初的想象。

可见，想要以洞见力预测趋势、辨清方向，并精确捕捉变革的时机和契机，需要时刻对社会投以关注并保持敏锐的目光，要留意从不同视角看待事物，也要克制住对短期诱惑的冲动，不断进行学习与探索，勇于去挑战未知的领域。洞见力的培养尤其需要独立思考的精神，从观察到的事实作为切入点，抽丝剥茧，逐步看清本质；而人云亦云、一味随大流只能距离成熟的决断力和敏锐的洞察力越来越远。

（二）进行变革决策时警惕陷入思维误区

变革领导力发挥着举旗定向的作用，如果领导者在变革早期对于形势的判断和估计发生错误或偏差，那么整个团队在变革中往往会陷入南辕北辙的困境。瑞典学者汉斯·罗斯林（Hans Rosling）通过研究发现，不管是科学家、记者这种专业人士还是普罗大众，不管是来自贫困地区还是富裕地区，不管多么专业、多么聪明的领导者，人类的固有思维定式导致其对真实世界的理解普遍存在偏见，并限制了他们的决策力和判断力。为了避免变革进入"方向不明干劲大"的状态，就要警惕思维定式，防止进入改革决策的思维误区。

1. 警惕线性思维

所谓线性思维，就是简单认为世界上的一切都应该是直线关联的，具体表现包括通过简单复制过往经验预测未来；用已知结果得出单一原因；认为事物的发展变化是匀速的，等等。上文所提到德鲁克年轻时通过历史股市数据推断未来股市也会不断向好的例子,就是线性思维的典型代表。

例如,我们经常会听到媒体报道,由于人类过度开采,全球资源和生态环境已不堪重负。鉴于此,有专家提出这样的改革建议:我们不应该投入几十亿美元,去拯救处于极度贫困状态的非洲儿童。因为这意味着非洲人口将快速增长,而人口的增加会加剧资源枯竭和环境破坏。汉斯·罗斯林认为,这种观点是一种典型的线性思维。

上述论断的前提是,如果越来越多的非洲贫困儿童存活下来,世界人口会一直持续增长。而实际情况是,一旦脱离了极度贫困的状态,人们会选择生育更少的孩子。当一个国家的经济水平上升之后,人口增长率自然而然会下降。

2. 警惕一叶遮目思维

所谓一叶遮目思维,是指只认绝对数字,而对比例和规模缺乏认识,这也是制约变革洞察力的障碍之一。20世纪80年代早期,汉斯·罗斯林在非洲莫桑比克纳卡拉地区做志愿者。作为30万人口地区唯一的医生,每天在医院里都会接收几名重病儿童;然而在极度贫困国家,医疗手段十分有限,无论他多么努力,每周几乎都会有儿童死亡。在一个周末,另一位在条件较好地区工作的瑞典医生来拜访,看到罗斯林给严重腹泻的婴儿仅进行"口服补盐液"简单处理,他非常愤怒。他认为,所谓医生的责任,就是全力以赴地救助来到医院的患者。罗斯林向他解释,这就是在现有条件下的标准治疗方式。而且在医院以外,还有更多的孩子需要救助。

这位医生同行坚持自己的观点:无视眼前病危的儿童,而去关注看不见的几百个垂死的儿童,是一种"不道德"行为。这时候,罗斯林列举了以下数据:当年,共有946个孩子被送进医院,其中52个孩子死亡,占比5%。而当地儿童死亡率是26%,以这个数据推算,来到医院诊治的死亡人数仅仅占死亡总人数的1.3%。所以罗斯林推论,在绝大多数人口还没有获得基本医疗条件、98.7%的儿童都死亡在医院之外的时候,把有限的资源和精力过度投入医院,才是一种"不道德"的变革倡议。

作为医生,救死扶伤是最基本的原则。如果在医院里给重病儿童输液治疗,确实能拯救一小部分儿童的生命。但是如果把变革的努力应用于改善社区的医疗条件,让痢疾、肺炎和疟疾不再威胁儿童的生命,可以拯救更多儿童。在资源极度稀缺的环境下,对于"道德"的判断,其实有赖于更加宏观的思考。"在极度贫困状态下,你不可能也不应该把事情做得完美。如果你这么做,就是在从其他需要这些资源的地方窃取资源。"[1]

3. 警惕以偏概全

20 世纪 70 年代,在很长一段时间内,人们都认为婴儿和失去意识的士兵一样,俯卧更安全。罗斯林当年甚至很善意地在超市纠正婴儿睡姿,帮助小宝宝调整为趴睡的姿势。一直到 80 年代,通过各种研究和对比,医护人员终于承认,婴儿俯卧的体位,导致了意外死亡率的上升。人们进而发现,相比于昏迷的伤病员,婴儿并不是完全无意识的,他们在睡觉的时候吐奶,会自然地将头偏向一方,保持自己的呼吸顺畅。但婴儿在趴睡的时候,颈部运动受到限制,更容易出现生命危险。[2]

我们擅长学习经验,很多时候会简单地以为,在一个国家改革所取得的成功经验可以被复制到另一个国家;对一个组织有效的制度也可以用于其他所有组织。但是如果领导者不去独立思考,而是盲目学习和借鉴别的组织的成功经验,不考虑自己的实际情形,往往会带来灾难性的后果。

如 20 世纪美国向全世界推销和介绍"华盛顿共识"政策,声称正是由于美国政府"给市场完全的自由",限制政府对市场的干预行为,才实现了经济繁荣和发展。每当其他国家遭遇经济危机,向美国或其控制下的国际金融组织寻求帮助时,美国政府就以实施"华盛顿共识"的十项宏观经济政策

---

[1] [瑞典]汉斯·罗斯林、欧拉·罗斯林、安娜·罗斯林·罗朗德:《事实:用数据思考,避免情绪化决策》,张征译,文汇出版社 2019 年版,第 151—153 页。
[2] [瑞典]汉斯·罗斯林、欧拉·罗斯林、安娜·罗斯林·罗朗德:《事实:用数据思考,避免情绪化决策》,张征译,文汇出版社 2019 年版,第 194—196 页。

为提供贷款的条件，要求这些国家进行改革。当时拉美新一代领导者，如墨西哥原总统萨利纳斯、巴西前总统科洛尔、阿根廷前总统梅内姆、智利前总统艾尔文等，大多有接受美国高等教育的背景，深受芝加哥学派等新自由主义经济理论的影响，上台后无一例外地都在本国加快了新自由主义改革的步伐和力度。但实际情况是，智利、墨西哥、阿根廷、巴西、俄罗斯、波兰和其他东欧各国等主要国家在实施"华盛顿共识"政策后，基本上都会遭遇通货膨胀、外债大增、产出下降等严重经济问题，各国停止实施这些政策，才逐渐摆脱经济困境。

（三）变革的时机和内容选择

能够正确地预见趋势，就意味着一定要变革吗？加州理工大学商务经济学教授罗森塔尔在对话查理·芒格时，芒格曾说过，"我的成功不是通过征服变革，而是通过避免变革取得的"。这里所说的避免变革，是指不要在不恰当的时机盲目启动变革。比如，哈佛商学院教授克里顿·M.克里斯滕森在《远见：用变革理论预测产业未来》一书中提到这样一个例子：20世纪90年代美国互联网技术快速发展，看到这一行业的广阔前景，很多公司认为未来几年内消费者对宽带的需求将呈现指数型增长，就斥巨资进入这一领域，但是后来大家发现，互联网还不足以给人非常好的体验，所以当时普通人的宽带需求没有想象的那么大。很快，互联网泡沫破灭，这些投资了美国互联网行业的企业亏了一大笔钱。

领导力教练马歇尔·古德史密斯教授在《自律力》一书中给我们提供了名为"改变之轮"的工具，不仅可以用于个人行为的改变，对于组织变革战略的选择也是适用的。"改变之轮"把一次变革分为创造、保留、消除、接受4个部分。创造代表了我们想要在将来创造的积极因素，也就是变革的方向，代表着对未来的洞见力。为了集中力量和资源完成创造工作，保留、消除、接受也必不可少：

保留代表了我们想要在将来保持的积极因素，这与《孙子兵法》中"先不败而后求胜"的观点不谋而合，意思就是先把自己立于不败之地，努力在动荡时代活下来，才有资格去考虑外部环境、考虑未来的事情。比如不管是企业还是非营利机构，领导变革所面临的最大的威胁既不是通货膨胀、汇率波动这些外部环境限制，也不是关税、能源等宏观政策的变化，而是对最为常规的内部基本要素的有效管理。

消除代表了我们想要在将来消除的消极因素，为了能让组织专注地将人力、物力投入到那些变革中，就必须主动抛弃消耗资源但没有成果的做法。抛弃过去并不容易，管理者很容易陷入"承诺升级"的心理陷阱，倾向于对已经投入大量沉没成本的项目再投入更多资源，而"成功就意味着要抛弃已经实现的目标"，应该警惕在成功之时把资源分配给曾经的辉煌。

接受代表了需要在将来继续保持的消极因素、那些受限制无法在短期内改变的事情。接受并不意味着不需要变革，而是优先权的先后考量。例如，国有企业变革中需要兼顾保就业问题，就必须接受对冗余劳动力妥善处置；政府转变职能变革需要在预算和编制约束下进行，不能突破现有的制度框架。我们既要跟着规律走，又要不受其拘束，舞出自己的舞步。选择性接受也意味着分阶段变革，是难度最大也最为重要的变革决策。

三、释放变革势能

明确了变革的目标和意义，也就意味着看清了未来发展的大势，下定了变革的决心。但当变革领导者撸起袖子，信心满满地准备改变世界时，却经常会遇到被身边上级、同事和下属泼冷水的情况。此时，领导者就需要采取各种方式营造变革势能，推动众人向着变革目标前进。

（一）紧迫感的营造

约翰·科特认为，在"变革八步法"中，建立真正的紧迫感是最大的挑战。他总结发现，阻碍变革启动的，通常有4种心理：第1种是由于错误的骄傲和狂妄而导致的自满情绪；第 2 种是由于恐惧而导致的自我保护心理，它使得人们容易逃避现实，不愿意马上采取措施来面对问题；第 3 种是由于愤怒而导致的漠然心理；第 4 种则是极度的悲观心理，它会使人们在遇到问题的时候经常犹豫不决。总之，不论原因是什么，结果总是相似的：人们不愿意马上行动起来，这就使必要的变革无法进行，或者无法顺利进行。

不少组织只是看似忙碌而紧迫：人们一个电话接着一个电话，从一个会议赶往另一个会议，如果找不到变革的大方向，仅凭这种低质量的忙碌并不能带来真正的变革紧迫感，只会带来焦虑、愤怒、挫败感和疲惫。要推动变革，领导者必须督促员工积极行动，而非无休无止地进行讨论；必须传递胜利的决心和积极的态度，而非互相埋怨，焦虑不安。

1. 陈述愿景

紧迫感可以来自对美好愿景的追求。哈佛商学院首席管理教授罗莎贝斯·莫斯·坎特（Rosabeth Moss Kanter）指出：“变革大师就是那些在恰当时间和恰当环境的恰当的人。恰当的人是指那些希望组织超越现状并能够将这种希望注入组织愿景的人；恰当的环境是指形成一个支持创新、鼓励合作、有利于团队行动从而将愿景变成现实的整体环境；而恰当的时间则是指在组织历史长河中，在大量积累的创新的基础上重新塑造组织，使之拥有更高的效率和更加成功的未来这样的一个瞬间。”最成功的愿景是生动的、有说服力的，可以激发员工为了美好的明天而短暂牺牲当下利益。

如何判定愿景是否为好的？第一，愿景应该是可想象的、容易解释的。让愿景变得有效的一个方式就是，五分钟内能够说清楚组织愿景跟每个员工的关系。第二，愿景应该是值得做的、可行的。有效的愿景，除了描绘长期蓝图，还要设定里程碑，也就是阶段性的目标。第三，愿景应该是足够聚焦的，还要有一定的灵活性。之所以要聚焦，是因为这样可以告诉人们该做什么、不该做什么，而需要灵活性，是为了能够跟上环境的变化。

评价愿景陈述问题的列表如下：

（1）它在多大程度上确定未来导向？
（2）它在多大程度上可能引导组织走向一个确实更美好的未来？
（3）它在多大程度上契合组织的历史、文化和价值观？
（4）它在多大程度上制定"卓越"的标准，反映崇高的理想？
（5）它在多大程度上指明了方向？
（6）它在多大程度上鼓舞了士气？
（7）它是不是展现了足够的抱负？

2. 直面问题

变革的紧迫性往往来自基层的声音，因此，领导者带领变革团队体验一线，让其亲身体会问题所在，是营造变革紧迫感的最直接方式。

哈佛商业评论曾使用过纽约市前警察局局长威廉·布拉顿的变革案例。1994年2月，布拉顿被任命为纽约市警察局局长。当时纽约市犯罪现象已经非常严重，几近失控，以致新闻媒体把纽约市"大苹果"的绰号戏称为"烂苹果"，同时纽约市警察局因难管理而甚为出名。为了开展改革，布拉顿以直面问题的方式，不但争取到了资金和设施，还成功地激起了警员的改革热情。

为了争取给警察配备大一些的巡逻车，他邀请负责人乘坐现有的小型车。"然后，他把车开过每一处坑坑洼洼的地方。他还系好了腰带，携带了手铐和枪械，让这位负责人看看车里的这点空间对于全副武装的警官来说有多拥挤。只过了两个小时，负责人就想下车了。他说他没法想象布拉顿怎么能忍受一个人那么长时间待在如此狭小的车里——而且如果车的后排再坐上一名罪犯就更难受了。"

布拉顿还坚持让下属与他们负责区域的居民见面，以此来加强警官们的第一手体验。20世纪70年代末，波士顿警察局管辖的第四区犯罪率突然上升，人们开始陆续迁出并变卖房产，这更让整个社区的名声变得糟糕。但是，波士顿警察局的工作统计中没有反映出这些情况。甚至四区警察的工作表现得似乎相当不错，他们在处理911报警电话时干净利落，并且追捕到了不少严重刑事案件的罪犯。为了解开这个谜团，布拉顿让该辖区警署在学校和市民中心召开社区会议，警察先做一番示范和讲解，随后市民被邀请讨论所关心的问题时，双方在认识上的巨大差异就暴露出来了——警察往往好大喜功，喜欢侦破大案；但市民关心的是那些持续出现的、让人感觉很烦恼的小事情。

3. 外部施压

紧迫感也可以来自外部压力。约翰·科特发现，领导者增加员工变革紧迫感的策略可以归纳为4类：用外因促内因、日常时刻体现紧迫感、在危机中发掘机遇、妥善应对反对声音。不同于将外部压力转化为本人积极行动的自我精进，想要将组织面对的外部压力转化为员工拥抱变革的内生动力，需要更多的领导技巧，否则容易沦为浮于表面的政治作秀，甚至可能激发更深层次的矛盾。除了对组织的外部环境有充分的了解和把握、对外部压力的来源和影响有正确的分析和预判之外，领导者还应怀着利他的初心与坦诚的心态与员工进行正面沟通。

2009年末，为了拯救陷入经营危机、濒临破产的日本航空公司，日本首相亲自请来78岁的"经营之神"稻盛和夫，帮助日航破产重建。在接受日航会长职位这一重大挑战时，稻盛和夫提出了"为社会为世人"的3条大义：一是防止二次破产对日本整体经济的恶劣影响，为了振兴日本的经济，日航重建必须成功；二是为了重建日航，虽然不得不辞退许多员工，但必须保住留任员工的饭碗；三是为了日本航空事业公平的竞争环境，必须让日航存在，确保国民的利益。到了日航以后，稻盛和夫做的第一件事是给领导者开会，第一期约50人，随后扩大为3000人，第一个月举行了17次会议。在日航重建中灌输"大义"，是稻盛和夫将经营不善的外部压力转化为每位日航员工变革紧迫感的关键举措，通过让干部和员工认识到，变革不仅是为了自己，而且是"为社会为世人"，助力他们下定决心共克时艰。2011年3

月，日航重组提前一年多完成，2012年9月19日重登东京证券交易所，在日航之前，企业重组的最快纪录大约是7年。

（二）信任感的维系

变革将人们从舒适区拉出来，抛向未知。哈佛大学肯尼迪学院公共领导力研究中心罗纳德·A.海费茨（Ronald A.Heifetz）在《火线领导》一书中举了各种变革阻力的例子。如果你是基层领导，你也许会直接遭遇人身攻击，大家会拿恶毒的语言作为武器，指责你的性格、能力或者弱点，歪曲你真实的看法，引起人们对你的误解；如果你是中层领导，在组织中很有可能被边缘化，你被框定在自己的业务范围内，在他人眼中丧失存在感；如果你是高层领导，下属可能在阳奉阴违的同时，想尽办法把各种琐事填满你的日程表、拖延你的变革计划。

因此，维持良性的内部关系，营造友好的信任氛围，才能有效实施变革。不少学者明确指出，对领导者缺乏信任是变革的系统性阻力之一。如康纳（Connor）曾指出，阻碍变革的一个基本原因就是反对变革的人的不信任，而且这种不信任还可能放大其他阻碍来源的效果。于克（Yukl）认为，下属能否认同领导者提出的变革愿景依赖于领导者与下属之间建立信任关系的能力。波德萨阔夫（Podsakoff）等指出领导者只能间接地对下属行为产生影响，而下属对领导者的信任水平是其中的中介变量。

变革并不是单纯的领导者赤裸裸地行使权力，而是引导追随者按照双方认可的价值和动机去行动。高效的领导者会转变追随者基本的价值观、信念及态度，从而使他们能自愿地超越组织明确规定的最低要求。

2012年，由奥巴马政府推选上任世界银行行长的美籍韩裔专家金墉，在距离2022年的任期还有3年半的2019年，突然宣布辞去世界银行行长职务，加入一家私营部门。金墉在辞职信里说："加入私营部门的机会出乎我的意料，但我的结论是，这是我能够对气候变化和新兴市场基础设施赤字等重大全球问题产生最大影响的途径。"

世界银行成立的初衷是消除贫困，帮助发展中国家建设和发展经济，将资金投入艾滋病、肺结核等传染性疾病的研究中，为人类作贡献。金墉的本职是医生，他对于这类传染病颇有研究，本人有不少关于国际组织的相关经验，后来还担任了达特茅斯学院的校长，有丰富的领导经验。作为首位有着一线扶贫经历的世界银行行长，也是第一位没有政治或金融背景的世界银行行长，这一遗憾辞职背后固然有世界银行全球治理职能失灵的不可抗因素，也有美国时任总统特朗普对世界银行工作干预阻挠的阴影，但金墉本身未能与世界银行工作者建立信任感，是导致其无法在世界银行继续推行改革、影响世界的重要原因。

2012年加入世界银行后，金墉引入了麦肯锡咨询公司进行内部改革，将过去按照不同地区进行分类的部门主管掌握的权力和资金，收归到新设立的14项"全球实务"（如水资源、医疗卫生等）和5项"跨领域解决方案"（如性别平等、就业等）业务板块名下。之后他进一步宣布，未来三年计划削减500个岗位、节省行政支出4亿美元，这导致所有员工人心浮动。这时，发给外聘高管的大额奖金（将近10万美元）成了导火索，2014年10月，愤怒的工作人员在世界银行内部示威游行。疲惫的金墉作出了妥协，把原来的14项业务再次调整成3个板块，原来引发冲突的高管也离任了。但这些行为并不能让在改革中利益受损的员工们满意。在他被提名连任之后，声势浩大的世界银行员工联合发表声明抵制其连任，愤怒的员工将其失败归因为行长选拔制度的缺陷，一些人认为如果通过公开透明机制选择世行行长，金墉无论如何也不会当选。

在变革中，日常的工作习惯、思考方式和深层次的价值观的改变，都会让人们的身份认同受到冲击，这些情况并不显而易见，但会严重制约组织变革的发展。

埃德加·沙因（Edgar H.Schein）曾提出"生存焦虑"和"学习焦虑"两个概念，认为成功的变革要遵循两个基本原则：一是生存焦虑要大于学习焦虑，二是努力减少学习焦虑而不是增加生存焦虑。为了成功领导变革，领导者必须具备两种特别的品质："首先，当组织在处理由于要抛弃以前成功的程序而产生的焦虑时，领导者必须要有一种情感上的力量来支持组织。说得更精确些，这种情感上的力量，就是为组织创造一种心理上的安全感的能力；其次，他们需要真正了解文化的动态性和自己组织的文化特征。"约翰·科特与威廉·A.科恩又向前推进了一步，提出了一个"目睹—感受—变革"的流程。他们强调指出："思维和感受都是必要的……但组织变革的关键在于改变人的情感。"

中国"万众一心"的思想就蕴藏着统一组织内部价值观的含义。想做到"万众一心"，可以通过两种方式来实现。第一种是靠强力的外部约束来保证；还有一种则是靠人们发自内心的认同，逐渐通过人员的调整、习惯做法的改变、文化的塑造等内容，把分散的局部行为、个体行为，逐步变成一种自发的、来自大多数成员的群体行为。而这里面的底层逻辑，是通过共享"唯有齐心合力，才能有效变革、取得胜利"这样一个价值观来支撑。

四、巩固变革成果

（一）注重组织文化的开放性

组织文化是组织在长期的实践活动中所形成的，并且为组织成员普遍认可和遵循的、具有本组织特色的价值观念、团体意识、工作作风、行为规范和思维方式的总和。组织文化是组织内部的一种共享价值观体系，它在很大程度上决定了成员的行为。

组织文化的形成是长时间积累的结果，改变组织文化也需要久久为功。在《基业长青：企业永续经营的准则》一书中，柯林斯教授等研究者以"飞轮效应"来形象地比喻这种加速和持续的过程。想象一下一个巨型轮子，你的任务就是让这个轮子飞速转动起来，越快越好。你使出浑身解数来推它，终于轮子缓慢地转动了那么一点点。但是由于轮子本身太大，旁人几乎看不出什么变化来。你继续一点一点地推动，轮子非常缓慢地转完了一圈、两圈，速度没什么明显变化。再过一段时间，随着轮子积累的动量越来越大、转速越来越快，你甚至不需要再花很大力气，轮子凭借自身的惯性就飞速运转起来。

"飞轮效应"让我们看到胜利的曙光，只要坚持不懈地推动事业的飞轮，终有一天，它会自己飞快地旋转起来。比如亚马逊公司培育第三方卖家、做云服务等动作在很长时间内不能带来现金收入，但是与组织其他部分相互配合，就可以形成一个既完整又宏大的业务逻辑。十多年来，亚马逊公司默默地积累动量，最终巨轮开始加速，到后面越来越快、势不可挡。

变革的过程正是一种加速飞轮的过程。要想建立一家高瞻远瞩公司，必须做好长期艰苦奋斗的准备，这个长期不是指 5 年或 10 年，"持续改善"需要一个非常长的时期，通常是 50 年，甚至可以说，这一过程似乎永无止境。

然而，在享受"飞轮效应"所带来的速度时，我们也应该警惕固化的组织文化在改革中"尾大不掉"的核心刚性问题。在快速的环境变化中，核心能力常常无法随之改变，原有的核心能力非但不能成为企业的竞争优势，反而可能成为企业竞争发展的桎梏。这一点在大型组织中尤为明显。例如，20世纪初福特汽车靠生产廉价的黑色 T 型轿车取得了巨大的市场成功，黑色 T 型轿车成为福特公司的骄傲和象征。因此，当福特一世多次尝试生产其他颜色和款式的轿车时，都遭到老福特的坚决反对而最终失败。随着时代变化，轿车行业竞争优势的源泉由成本转为轿车的颜色和款式时，福特公司在市场上的竞争优势一落千丈。

组织核心刚性表现为"过于强调目标"，实质在于对组织内部风俗、习惯或惯例（组织领导者行为、员工行为、组织文化与组织价值观、组织发展的客户、市场或投资模式）的过分遵循。这些风俗、习惯或惯例是组织内部最难改变的，这些惯例大多是信息性的，却无时无刻不影响着成员，包括领导者与普通员工的行为，束缚着他们的心智模式和整个组织的行为模式。

麻省理工学院资深教授彼得·圣吉在《变革之舞：学习型组织持续发展

面临的挑战》一书中，将领导艺术定义为"一个社团塑造未来的能力，特别是持续不断地进行必要的重要变革的能力"。圣吉将变革看作一个螺旋推进的持续学习和创新过程，而不是一次性的变革事件，变革中的领导的任务就是塑造未来的联合行动。因此，最成功的变革领导者是那种既要充分地融入组织主流文化，又要超脱出来生活在革新型亚文化中的"双重文化人"。想要可持续地推动组织变革时，一定不要过早固化和封闭组织文化，而要留意保持开放和灵活的组织文化。这也意味着在短期目标与对变化环境的长期适应之间找到一种平衡。

在20世纪初，宝洁公司企业已经声名显赫，CEO理查德·杜普利一直担心公司会因此自满，丧失了前进的动力。于是，他希望找到一种能够有约束力、推动内部持续改革的力量。1931年，他决定创立品牌管理机制，允许宝洁的品牌直接和公司内部的其他品牌竞争，就像不同公司的产品竞争一样。在杜普利看来，宝洁公司拥有最好的人才、最好的产品、最好的营销力量，那为什么不让宝洁内部这些最好的品牌互相竞争呢？如果市场不能够提供足够的竞争，那就创造一种内部竞争制度，防止任何品牌躺在以前的成绩上睡大觉。其内部竞争的文化在20世纪30年代初期得以实施，并成为宝洁从内部刺激变革和改进的强力机制。

（二）重视变革团队的可持续性

虽然一种类型的领导足以促成一些有意义的变革，但从长远来看，变革中各种因素的多样化需要基层、中层和高层领导的共同推动，因此，变革先行者和其他主体之间的关系是变革中重要而又微妙的影响因素。为了推动变革持续进行，变革团队的人才构成十分重要。

变革的要务首先是要找到正确的方向，这时候它就要靠领导团队。组建领导团队，并不等于把所有在位的管理者聚到一起。成功的变革需要把跨部门相互信任、拥有共同目标的人放在一起，需要有职权的人帮大家消除变革的障碍；需要有专业特长的人提供各种信息和专业意见，做出正确决策；

甚至也需要那些善于影响别人的人去影响那些在变革中持怀疑和观望态度的人。

《冰川在融化》一书中讲述了这样一个例子：在南极，一群帝企鹅世世代代居住在一座大冰山上。一天，一只叫作弗雷德的企鹅通过好奇而有耐心的观察，发现它们所居住的冰山开始有融化的迹象，也许在两个月后的严冬就会四分五裂，这会带来灭顶之灾。弗雷德赶紧将自己的发现汇报给他的上级，并被带去参加企鹅们的领导团队会议，企鹅王路易斯决定组建一支合作互补的变革团队来应对这场危机。

考虑再三，变革团队包括5只企鹅，在这个团队中，有沉着思考、冷静分析的领导者路易斯，他经验丰富、足智多谋、富有耐心，虽然有点保守，但遇事冷静，除了少数反对者外，大家几乎都尊重他；有锐意进取、热情执着的高管爱丽丝，她讲求实际、咄咄逼人，是实干家，对人不分高低，一视同仁；有对危机敏感且善于发现问题的观察者弗雷德，他年轻、富有好奇心和创造力，头脑冷静；有德高望重的"教授"乔丹，他思维缜密、博学多才，对有趣的问题感兴趣，但不擅长社交；而最年轻的团队成员巴迪稚气未脱、毫无野心，大家都信任他、喜欢他，最关键的是他天生有讲故事的本领，能够与同伴产生同理心，在变革中发挥着宣传和协调的功能，让狂躁不安的家伙们平静下来。正是这样一个差异化的团队，形成了强有力的组合，带领企鹅家族找到了新的栖息地，化解了危机。

除了注重团队人才的优势互补，注重变革团队的"德才兼备"也是确保变革可持续发展、巩固变革成果的关键要素。

根据宋人马永卿的笔记史料《元城语录》，王安石推行新法的时候，遇到保守派很大的阻力，他本人曾两次被罢相。为了推进改革，他在选人标准上有所放松，让一些才大德薄的小人进入变法派。司马光提醒王安石注意严把用人关，王安石却认为，"方法行之初，旧时人不肯向前，因用一切有才力者，候法行已成即逐之，却用老成者守之。所谓智者行之，仁者守之"。意思是说，起用有才小人只是权宜之计，视为破除变法阻力的不得已之事，等到改革成功，可以将小人驱逐出官员队伍，另换成老实厚德的人主政。司马光对此持怀疑态度，批评王安石用人之法大不妥，君子难进易退，小人则是易进难退，并认为"小人得路，岂可去也，必成仇敌，他日将悔之"，意思是如果强行驱逐，一定会遭到报复，所以应该在一开始就将小人摒除在候选官员之外。因此司马光在《资治通鉴》开篇，就用"三家分晋"提出了自己的观点："故为国为家者苟能审于才德之分而知所先后，又何失人之足患哉！"意思就是，才能和品德有区别，选择也有先后，应该把德放在前面。

王安石为了推动变法，提拔了一批他所认可的干吏，其中包括吕惠卿、章惇、曾布、蔡确等人，这些人恰恰在品德上都存在一些问题，后人在《宋史》中将这些干吏一并放在《奸臣传》里。王安石第一次被罢相后，为保住变法的成果，又向宋神宗推荐吕惠卿为宰相。吕惠卿官拜参知政事后，虽仍大力推进变法，却背叛王安石，对王安石多加陷害，企图阻止王安石回京。王安石再次拜相后，他所任用的这些小人失去约束，开始以权谋私，变法的支持者（即新党）和变法的反对者（即旧党）之间的争斗也越来越厉害，变法彻底沦为党争的工具，直到北宋灭亡。

（三）注重领导力的锤炼与演进

对于变革领导者而言，帮助员工实现转型的同时，自己作为组织的一分子也会遇到转型的困扰，会遇到对转型变革信心的挑战、自身利益的挑战、自身能力的挑战、心智和思维惯性的挑战。因此，提前处理好管理者的转型困扰，掌握"组织变革领导力"，解决好动力源的建设问题，是成功推动转型变革的关键环节。

加拿大管理学家亨利·明茨伯格（Henry Mintzberg）在《战略历程：纵览战略管理学派》一书中，回顾了大量学者对战略变革过程的研究，认为变革不是孤立的事件，不是简单的线性过程，不是单一要素起作用，而是一个多因素的、联系的和非线性的复杂过程，不能把转变当作某种可控制的过程来对待，而是要从改变自己开始去迎接转变中的机会。明茨伯格引用了麦肯锡顾问罗格·迪克哈特（Rogar Dickhout）的一段话："每一次变革都是对一系列具体问题和机会的唯一反应。这在领导者看来只是'敲击一个深藏于组织中的密码'，之后能量得到释放，改善业绩的渠道被打开。"

领导者在成长过程中都体验过一段"熔炉"般的经历，如《极客与怪杰：领导是怎样炼成的》一书所宣称的关键发现："首先，熔炉是一些地方，或者一些经历，一个人从中提炼出意义，使得一个人获得对自己的新的定义，或者新的能力，使自己能够为下一个熔炉做出更好的准备。"

国内著名的组织学习与系统思考专家邱昭良在《如何系统思考》一书中提出，一旦人们开始钻研和实践系统领导力，他们会自然而然地形成一种"良知监督"（conscious oversight）——一种自觉地呵护和培育人与系统和谐共处、着眼于长远影响的修炼。这项修炼要求人们具备将当前系统视为一些更大的系统嵌套体的一部分的能力，以及对一些可能会对未来产生重大影响的问题进行深思熟虑、作出决策的能力。领导者可以在践行"良知监督"中获得如下6种智慧，并提高他们处理人类系统复杂性和模糊性的能力。

1. 财商是理解财务资产和流量的过程和处理程序，并据此分配人们的时间、精力以及组织资产，实现增值，并维持组织的活力。

2. 社会商可以让领导者感受到非正式文化，确定具体工作需要哪些社会条件，并为团队和部门选择最佳的社会形式。

3. 智商是个人和群体层面的思考和学习能力，人们必须能够及时地感知环境中的变化，形成对输入信息的共同理解，并在整个组织中创建知识。

4. 情商是指实时感知和表现情绪，并确定干预方法，以保持良好的情绪健康。领导者可以带着敏感和自信，就现实情况与员工进行更深层次的坦诚对话，并建立信任关系。

5. 环境商代表了对物质环境的关注，包括从基本的工作场所安全、设施排放的废物（交通、水、废物、空气污染），到该组织在气候变化中的参与。

6. 灵商可以被归为"良知监督"的一个方面，涉及场域、自由和安全，能够影响一个组织的"精神"，让人们得以全身心地投入到工作中，并且感受到意义和归属感。

五、案例：清华大学的准聘—长聘改革

作为深化教育领域综合改革的试点单位和先行者，清华大学选择用人事制度改革来"破局"，其中教师的准聘—长聘制度改革是最受瞩目，也是最为重要的改革部分。

准聘—长聘教职制度最早于1915年由美国大学教授协会提出，为了保障学术自由，赋予教师职业安全感，具体包括以前期的"非升即走"为主要特点的准聘制和符合条件后终身聘用的长聘制两个部分。在准聘环节，学校与助理教授签订合同，规定在助理教授的试用期限内，学校给予一定的支持条件和任务要求，经过严格的考核，符合相应的条件才能晋升为副教授，同时获得终身教职的资格；如果没有通过考核则不再续聘，应聘者只能离开这个高校，另寻出路。除美国外，德国、新加坡、澳大利亚、日本等多国均实行类似制度，例如，德国引入初级教授制度，实施"非升即走"；日本部分高校实施任期制，打破长期以来实行的"铁饭碗"任用制。

回顾历史可以看到，早在1993年清华大学就颁布了"非升即走"政策，但囿于政策大环境和现实条件，这一改革未能得到全面有效推行。2011年，随着"人才强校战略"被确立为清华新百年发展的核心战略，在部分试点院系率先启动人事制度改革。2012年，学校正式全面推进教师人事制度改革。

2013年，清华大学公布了《清华大学关于深化人事制度改革、加强教师队伍建设的若干意见》（以下简称《意见》），明确改革的总体思路是探索建立适应世界一流大学建设需要的教师队伍建设体系，《意见》中包括科学制定选聘标准，实施教研系列教师岗位准聘—长聘制度。2014年，学校又印发了《清华大学深化人事制度改革、加强教师队伍建设实施细则（试行）》（以下简称《细则》），总结和提炼了全校人事制度，并指导了院系个性化制

度。各院系在这两个文件的指导下，根据学科特点，广泛开展国内外调研，并据此改革本单位的学术评价体系和人事工作流程，形成人事制度方案。至2016年底，教师队伍人事制度改革工作基本接近完成。[①]

准聘—长聘制改革的深度和广度，一方面与国家的政策方向密不可分，另一方面取决于高校的首创精神和改革领导力。结合前文中对于变革领导力的论述，清华大学领导层在改革中采取了以下举措确保平稳完成教师人事制度的全面切换。

（一）明确改革方向与路线图

在各类世界大学排名指标体系中，教师人才的权重无一例外地占较大比重，高水平师资队伍的重要性可见一斑。作为国内的顶尖大学，清华大学的改革动力正是来自"建设中国特色社会主义的世界一流大学"的愿景和目标。为了吸引全世界最优秀的人才来校任教，并且让各类人才在教学和科研工作中发挥最好的作用，学校党委经过慎重研究，决定整体改革教师管理体制，推动大部分在教学科研一线的教师参与"存量改革"，这无疑体现了领导层的战略考虑和责任担当。

在准聘—长聘制度改革中，清华大学领导层既参考了国外制度，也注意将我国近20年的"聘用制"与之前的"铁饭碗"制相结合，使两种制度扬长补短。"聘用制"有很强的激励作用，但容易导致短期行为；"铁饭碗"没有职业忧虑，但是容易"养懒人"。最终，领导层决定通过2—3个聘期的考核，把那些有学术志趣和学术潜力的优秀人才留下，签订无固定期限聘用合同，鼓励教师从事长周期、基础性、前沿性研究；而那些不能留下的则离开清华大学，以此加强人才流动。

综合改革的相关配套改革方案也为准聘—长聘改革厚植了土壤，具体包括教师分系列和薪酬体系改革两个方面。根据职责不同，学校将教师分为教

[①] 赵婀娜、张润芝：《清华大学完成准聘长聘制度改革》，人民网2016年10月17日。

研、研究、教学三大系列，各系列有着不同的评价体系和发展路径。对不同系列的教师采用不同的保障和激励措施。教研系列实行协议工资制，限制从科研项目取酬的额度，弱化项目导向，强化学术导向；研究系列和教学系列实行岗位绩效工资制。

变革方案设计中并不是一味向院系和学术主体授权，也不是强调权力集中，而是注重把握好学术与行政两种权力的平衡、学校和院系两级管理权的平衡。人事制度改革之后，所有属于学术评价的权力交给教授委员会，院系和学校行政只负责资源的规划调配政策。学校也将一部分权力下放到院系，例如，在职称评审中改变原有统管局面，在和院系制定了队伍规划的前提下，只负责对院系推荐的长聘和正高职务，以及对一些虽不满足聘任标准但需要"破格"聘用的特殊人才进行审查，其余职务的评聘权交给院系，学校负责监督。

（二）释放变革势能

改革的紧迫感来自对现状的客观分析。清华大学党委副书记、校长王希勤撰文指出，教师管理体制上的不足制约了教师队伍的进一步发展。其中包括教师评价体系单一，岗位职责和上岗要求不明晰，引进和晋升标准不明确等问题，同时缺乏对教师教学的投入保障机制，也导致教师职业发展路径不清楚，这一系列问题都使得教师队伍的流动机制力度不够，激励效果也不足。其中还有一个很重要的问题是，职称晋升主要按年度"名额"管理，"投票排序"规则虽然易于操作，但往往会出现与学术导向不完全一致的遴选结果。

在具体的改革推进过程中，领导者也在不断就改革的重要性与紧迫性进行说明。清华大学党委书记邱勇在出席化工系人事制度改革启动会时，用一连串"只有""必须"表达了全面推进人事制度改革的决心和力度。"只有大学的办学水平取得突破，才能培养出更多优秀人才，为国家创新驱动发展战略的实施提供支撑。""清华只有突破制约教师队伍发展的主要矛盾和瓶颈问题，才有可能全面推动教育教学、学科建设、科研管理、资源配置、行政管理等各项改革。""清华把人事制度改革作为学校综合改革的突破口，含义很明确，就是要率先迈出学校综合改革中最困难、也最关键的这一步，集中精力解决疑难问题，用5年左右的时间，使学校发展上一个显著的台阶。这一步，必须要迈出去。""改革需要完善，但必须是在改革的过程中不断完善。"

不同于"增量改革"，"存量改革"所触达的群体范围更广，赢得信任感是改革成功的前提。美国准聘——长聘制是基于高校自治的传统，由教师发起，行业协会呼应，在学术共同体内部自下而上形成的。在中国，准聘——长聘制是由政府支持，高校发起，教师配合的自上而下实行的，如果缺乏教师广泛讨论形成共识基础，在尊师重教的传统中，这种操作非常容易产生利益纠葛和博弈。[1] 清华大学教育研究院长聘副教授李锋亮撰文表达了自己得知要进行人事制度改革时的忐忑：毕竟由于这项改革，自己可能失去当初历经千辛万苦才获得的清华大学教职。[2]

考虑到上述调整，清华大学在改革《意见》和《细则》出台后，通过领导班子务虚会、全校干部会、研讨会等形式反复沟通协调，统一思想，为改革奠定了基调，也划定了边界。"教师会投票"是院系制订方案过程中的重要一环，学校和院系坚持走群众路线，让改革对象深度参与改革方案设计。各院系在制订方案时，以召开会议、发送邮件等方式与教师反复沟通，最后都按学校要求召开全体教师会，以无记名投票方式征询教师对人事制度方案的意见。据统计，每个院系的改革方案平均经历了20余次修改。耄耋之年的吴良镛、李道增两位院士亲临建筑学院启动会现场，年届八旬的陈丙珍院士在化工系人事制度改革启动会上铿锵有力地说："相信这次人事制度改革能够激发每个人的活力。我们的目标非常明确，就是要建成国内领先、世界

---

[1] 李志民：《引进预长聘制"Tenure track"的是与非》，《中国计算机学会通讯》2021年第8期。
[2] 李锋亮：《清华副教授亲历长聘制改革：曾志忑不安》，科学网2020年7月13日。

一流的化工系！"

针对"人事制度改革是否必要""本单位方案是否合理"和"本单位方案是否可操作"3个核心问题，全校各院系教师投票平均支持率分别为88%、87%和85%。王希勤认为，民主与集中相结合的工作程序使方案更加科学合理，使前瞻性与现实性更加统一，增进了改革共识，增强了队伍凝聚力。"存量改革"涉及每位在职教师的切身利益，能够获得这么高的赞成率，反映出学校各级干部做了大量深入细致的工作，也反映出清华教师群体具有高度的社会责任感和事业心。[①]

（三）巩固变革成果

人事制度变革并非一朝一夕之事，而是要久久为功。在争取支持、督促各院系纷纷制订改革方案并推动变革后，清华大学采取多种措施巩固完善配套制度、优化师资结构、深化改革成果。

2016—2020年，清华大学大力推进人事制度改革，教师整体水平不断提高。学校围绕学科建设和人才培养，全面实施教师队伍人事制度改革。

一是完善评价制度，营造尊重学术权力的氛围。同行评议是准聘—长聘制度的根基，准聘—长聘制之所以能够成功，得益于选人选得对，留人留得准，而这一切都要建立在实行真正的同行评议这项制度上。只有坚持学术标准，抵制人情干扰，全面合理评价，才能真正择优汰劣。为巩固改革成果，清华大学进一步明晰学术事务和行政事务的管理权限，优化学术管理机制，健全教学、学位评定等专门委员会的制度体系，完善学术事务决策、审议、评定和咨询程序。

二是调整学缘结构。具有一定规模的高水平师资队伍是实施长聘制改革的前提，清华大学面对学缘结构不合理等问题，坚持引进与培养并重，引进培养一批立足学术前沿、具有国际水准的顶尖学者，引领世界学术发展的

---

① 王希勤：《清华大学实施人事制度改革助推世界一流大学建设》，搜狐网2017年9月12日。

能力明显增强；构建高质量多元化的国际化师资队伍，适度提高国际师资比例，形成了群雁效应，为改革可持续发展奠定了坚实基础。

三是推进管理重心下移。在进一步优化学校和院系权责关系的基础上，向院系下放管理权限，激发院系高质量发展的内生动力。例如，鼓励院（系、中心）等教学研究机构根据学科发展需要在新兴学科方向设立研究团队，促进创造性工作的开展、重大成果的产生以及杰出人才的成长。

四是优化聘后管理。获得长聘教职的教师所承担的压力较小，只要不犯原则性错误，不能解除聘用合同，这容易导致长聘教职学术动力不足，科研积极性难以保持。[①] 清华大学要求长聘教授不但要成为业内顶尖的学者，还要花时间在学生身上，让这些优秀的学生受到教育和启迪。设立"清华大学长聘教授讲坛"，邀请新引进或新晋升的长聘教授立足自身研究领域，综合考虑学术前沿性和知识普及性做公开学术报告，进一步推动学术交流与学科建设。

本讲思考题

1. 如何提高洞见力，把握变革的大趋势？

2. 想要有效推动变革，领导者需要具备哪些能力和素质？

3. 在变革中，哪些领导行为有助于获得支持，推动变革持续进行？哪些领导行为会导致变革失败？

4. 变革过程中会产生既得利益者和利益受损者，如何兼顾公平？

5. 保持稳定对于推动变革是必要的吗？如何在变化的过程中保持动态平衡？

---

① 吕黎江、卜杭斌、刘红：《"双一流"建设背景下高校教师长聘制改革初探》，《现代大学教育》2019 年第 5 期。

📋 拓展阅读书目推荐

1.［瑞典］汉斯·罗斯林、欧拉·罗斯林、安娜·罗斯林·罗朗德：《事实：用数据思考，避免情绪化决策》，张征译，文汇出版社2019年版。

2.［美］彼得·德鲁克：《旁观者：管理大师德鲁克回忆录》，廖月娟译，机械工业出版社2005年版。

3.［美］约翰·科特：《紧迫感》，王恩冕译，中信出版社2012年版。

4.［美］约翰·科特、尼廷·诺里亚，［韩］W.钱·金：《引爆变革》，陈志敏、时青靖译，中信出版社2016年版。

5.［美］理查德·塞勒、卡斯·桑斯坦：《助推：如何做出有关健康、财富与幸福的最佳决策》，刘宁译，中信出版社2018年版。

领 | 导 | 力 | 通 | 识 | 课

第七讲
文化领导力

无论是创新还是变革，领导者都需要营造和创建文化氛围，达到凝心聚力、潜移默化、巩固目标等效果。文化是在同一个环境中具有相同社会经验或受过相同教育的人群的"共同的心理程序"，从政治角度来看，文化是一个国家和社会的底色，文化的众多方面可以构成国家实力的基础，包括政治系统和政治领导、民族士气和民族精神、社会的国际形象、国家的对外战略、确定国际体制的能力、科学技术的发展等。从社会角度来看，文化依托文字、图像、声音甚至触感等多种载体发挥着作用，如诗歌、绘画是润物细无声的文化表现，音乐、戏剧是古质今妍的文化表达，品牌和产品也是现代国富民强的文化展示。从管理学角度来看，文化是一个组织的灵魂，也是影响人们行为的推手，是领导力发挥效能的潜在体现。

文化领导力，是领导者在社会文化传递中习得的、在具体领导实践活动中积淀的价值观、理念、意识、态度、行为模式及精神风貌等方面的总和，是人们开展领导活动和从事领导行为的内驱动力和精神导向。其中，领导力既需要依托现有文化形式和载体来发挥作用，又能作为文化的一部分，并反作用于文化的融合和发展。对于领导者而言，想要提升文化领导力，既要在学习文化、理解文化的基础上，做现有文化的把脉者；也要对文化做好应用和示范，做文化的传播者；更要在融合文化、变革文化的基础上，做文化的创造者。

一、文化的内涵与功能

在中国古代早期的经典文献中，就已经出现了"文化"一词，"文"本义是人形和胸部文身，后指各色交错的纹理。《易·系辞下》载："物相杂，故曰文。""化"的甲骨文是两人形，一正一倒，指从生到死的改变，寓意变化。例如,《易》曰,"男女构精,万物化生",从自然万物的生存变化逐渐延伸为改易、生成、造化、化育等意思。西方的"文化"最早来源于拉丁语,最初的意思是人通过劳动改造外部客观世界,在不断满足自身衣食住行日常生活所需的过程中,在大地上耕种耕耘、培土与加工。

有学者从物质和精神的角度对文明和文化进行区分,本讲对文化与文明概念功用不做具体区分。如英国文化人类学的奠基人爱德华·泰勒认为,文化或文明是一个复杂的整体,它包括知识、信仰、艺术、伦理道德、法律、风俗和作为一个社会成员的人通过学习而获得的任何其他的能力和习惯。在马克思看来,文化就是人类自身通过劳动,在不断认识、调适、依靠和改造自然世界中逐步满足人类发展需要,包括物质和精神这两种需要的过程。

文化的影响力往往是在潜移默化中释放出来的,真正的文化应对一个组织、一个社会的基本价值观和秩序有所坚持,对个体诉诸价值关切并充分发挥其创造力,为全体成员提供源源不断的、充足的精神资源。对文化的功能、载体和作用方式进行学习和了解,是领导者发挥文化领导力,成为文化的引领者、推广者、创造者的前提。

(一)文化的特征

从人类发展历史来看,文化呈现出以下特征。

1. 复杂性、系统性

文化是一个拥有整体性组织结构的体系,包含了一些不能脱离组织结构而存在的要素,要素与要素之间、要素与结构之间相互制约、相互作用、相辅相成、相互补充,形成了文化系统保持相对稳定的机制。整体结构与部分要素之间并不是一成不变的,它们会根据环境的变化而产生互动与变迁,也正是在结构与要素之间的互动变迁中,形成了个性迥异、特色鲜明的文化。在文化系统中还有一些要素,它们之间以及它们与体系之间存在可析离的关系,这些要素可以在经过人为的改造后,被吸纳进和融入其他的文化系统中。

2. 普遍性、多样性

文化的普遍性从本质上说主要体现为一种文化层面人类共享性，也就是文化外部共享性。文化的多样性则呈现为文化在不同民族之间的差异，也就是文化内部共享性。一方面，从文化的产生上看，文化一部分是源于民族内部的独立发明，一部分通过文化传播和文化采借而来，通过采借其他民族的文化特质将其融入自己固有的文化系统中。例如，阿拉伯数字现在为全人类共享。另一方面，从文化发展历史进程来看，随着文化传播速度的不断加快，文化累积和文化创新也呈现快速发展的景象，特别是随着全球化的到来，文化传播以前所未有的方式席卷全球，新的文化特质不断补充到民族文化的内核中，文化的普遍性和多样性将继续延续并相互依存，日益为世界呈现丰富多彩的文化发展格局。

3. 积累性、发展性

人类在适应改造主观世界和客观世界的过程中，不断发现、总结和积累经验，创造丰富多彩、特色各异的文化，并将这些文化在一代代的延续中进行传承和传播，最终实现文化累积。文化积累在时间范畴中表现为间断与连续相互统一的过程，这表明文化在时间的发展横轴上，过去、当下与将来是连绵不断的，传统与现代不是割裂对立存在的，而是息息相通、一脉相连的。因此，文化积累是文化发展过程中的主要表现形式，没有累积就没有文化的创新变革和发展更新。

（二）文化的领导力

清晰的愿景是组织全体成员都要为之奋斗的长远目标，愿景背后的共同价值观则为组织成员提供了精神力量。领导力与愿景设计、传播、融合，以及愿景的实现有非常密切的关系，而文化是在整个追求使命和愿景的过程中无法脱离的环境与氛围，通过文化塑造，可以实现领导者的意志延伸。从社会学的角度来看，构成了领导力的核心和灵魂的文化要素拥有与领导力相关的四项功能。[①]

1. 行为教化功能。文化是个人社会化的条件和内容，有助于把一个离开母体呱呱坠地时只具有自然属性的新生儿教化成阅历丰富的成年人，养成人们的社会人格，甚至影响着整个人生的全部过程。文化具有拓宽人类的视阈、开启人类智慧、丰富人类情感、规范人类生活、提高人类认识和改造客观世界及主观世界的能力。人类通过文化的方式，逐渐地认识自然，认识社会，认识自身，认识世界。文化可以为群体成员的行动提供方向和方式的选择，从而发挥个人在社会中的作用，推动历史的前进。

2. 协调整合功能。文化使生活在同一个文化类型中的人们，在共同的文化环境氛围中得到融合和教化，从而产生相同的精神气质、思想观念、道德情操和社会伦理，为他们的思维方式、价值观念涂上基本相同的"底色"，形成稳定的民族认同，进而使人们紧紧团结在一起，产生巨大的力量，推动民族生命生生不息地发展。由于文化层次不同，文化的凝聚范围、层次、程度也不同。例如，价值观念属于精神层面文化，因而它的凝聚范围大，程度深，也最稳固。文化有助于人们组织各种社会实践活动，通过调整人与人、人与社会之间的关系，使双方协调一致，让社会系统在整体运动中保持相对的稳定。作为不同群体之间的中介，文化使人们能够有效地沟通，消除隔阂，促成合作。

3. 维持秩序功能。文化结构中的社会制度、风俗习惯、伦理道德和价值观念对人类行为模式具有制约和模塑作用。文化是人类为在未来获得美好的环境而独创的，这里的环境不仅是指人类所面临的自然环境，还包括人与人构成的社会环境。人类不仅要处理人与自然世界的关系，更要协调处理人与人、人与社会之间的关系。因此，人类总结出了一系列处理人与人之间、人与社会之间关系的准则，并用制度的形式进行规范化，同时人类还形成了

[①] 贺善侃：《文化领导力：领导力的核心和灵魂》，《中国浦东干部学院学报》2009年第4期。

民俗文化和伦理道德等一整套观念文化，对人类社会进行非强制性约束。只要一种文化被人们认可和遵从，由这种文化所确立的社会秩序就会被维持下去。

4. 代际传续功能。"文化"的本义就是"以文教化"，表示对人的性情的陶冶、对品德的培育和引导。当下一代也认同并共享上一代的文化时，文化就有了影响与传续功能。马克思曾说："人们自己创造自己的历史，但是他们并不是随心所欲地创造，并不是在他们自己选定的条件下创造，而是在直接碰到的、既定的、从过去承继下来的条件下创造。"[①]

（三）文化的载体

研究者们从不同角度对文化的载体进行分类。从宏观视角来看，历史学家钱穆将文化分为物质、政治社会、精神心灵3个层面。在物质层面，物质基础和经济条件构成了文化发展和繁荣的沃土，相对应的物质文化载体包括服饰文化、饮食文化、建筑文化、交通文化等。政治是经济的集中表现，在政治社会层面，文化的载体包括政治法律、社会礼俗、民族民俗、群体风格和家庭生活等种种组织规定与习惯。在精神心灵方面，文化与观念、精神、理性和趣味相关，载体包括价值观念、伦理道德、典章制度、哲学思想、文学艺术、宗教信仰等。各类文化载体处于不间断的互动之中，相互之间既独立又融合，共同承担着运载和传播文化的任务。

从微观视角来看，埃德加·沙因等在《组织文化与领导力》[②]一书中将组织文化定义为一个群体在解决外部适应性和内部整合时习得的共享基本假设，人们可以从人工饰物、价值观和潜在假设3个层次来观察文化。

1. 人工饰物是当人们遇到一个有着陌生文化的新群体时，会看到、听到、感受到的那些现象。人工饰物包括可见的、可触及的现象，如建筑环境

---

① 《马克思恩格斯选集》第一卷，人民出版社2012年版，第669页。
② ［美］埃德加·沙因、彼得·沙因：《组织文化与领导力（第五版）》，陈劲、贾筱译，中国人民大学出版社2020年版。

的结构、语言、技术及产品，艺术创造体现在服装、言谈举止和情感展现的风格，关于领导者和组织的故事，公开成文的价值观，以及可观察的仪式和典礼上。这些人工饰物和现象展现了群体的"氛围"。结构性的要素，如章程、关于组织如何开展工作的正式描述、组织结构图，也属于人工饰物层次。

2. 价值观是指当一个群体初创或面临新任务和挑战时，人们所提出的解决方案反映了一些个体关于对与错、是与非、哪些有用、哪些无用的价值假设。这些假设如果取得成功，会转变为共享价值观或信念，并最终可能形成共享假设，而那些能够影响群体采取某种方法来解决问题的人会成为领导者或者创始人。这样的信念和价值观会在意识形态或组织哲学中得以体现，从而作为处理内在不可控事件或困难事件的不确定性难题的指导性基础准则。沙因认为，在价值观文化中可能出现"说和做两张皮"的现象，如果向群体提供意义和慰藉的信念及价值观和与有效绩效相关的信念及价值观不一致，那么我们会在许多组织中观察到所支持的价值观仅反映期望行为，而不是现实组织中人们真正表现出的行为。

3. 潜在假设来源于反复有效的解决方案，随着该方案被不断证实有效，那些原本只是为某一理念所支持的假设，会逐渐发展成为非常自然的现实，而人们也逐渐相信问题都可以应该用该方案解决。组成一个群体共享基本假设，可以被认为是个体和群体层面上的心理认知防御机制。潜在假设会被看作是不可挑战的潜规则，因此，想要改变将非常困难，会引发组织成员的焦虑。如果假设之间是相互冲突的，那么这些冲突和不一致同样会被传递，继而成为文化的一部分，或是成为亚文化乃至反文化的基础。

沙因将3层组织文化模型形象地比喻成荷花池：水面上的荷花和荷叶是我们可以看到和评估的"人工饰物"；水下的枝和梗是各种公开倡导的价值观、使命、愿景、行为规范等；荷花的根则是潜意识的信念。如果有人想从池塘中摘下荷花、荷叶放进自家的池塘里，荷花很快就枯萎了；如果把荷花的枝和梗一起移植到自己的池塘里，花期也许能够持久一些，但很可能出现

"水土不服"的现象。

负责照料荷花的园艺师（比喻组织中的领导者）可能会有意或者无意地察觉到，池塘的景色实际上是由种子、根系、池水以及他所投入的肥料共同创造的。如果园艺师对花的生长状态不满意，仅仅从花和叶子去分析问题并不明智，必须检查水和根系可能存在的问题。如果想要种出不同颜色的花朵（比喻改变文化），仅仅依靠修剪叶子、把花朵涂上不同的颜色的做法是行不通的，园艺师必须研究如何改进种子、水质、肥料，也就是池塘里不可见的基因，并对其做出改变。

（四）文化的符号

美国文化人类学家克罗伯和克拉克洪在 1952 年考察了 100 多种文化定义后，将符号作为文化学习和传播的载体："文化存在于各种内隐的和外显的模式之中，借助符号的运用得以被学习与传播，并构成人类群体的特殊成就，这些成就包括他们制造物品的各种具体式样，文化的基本要素是传统（通过历史衍生和由选择得到的）思想观念和价值，其中尤以价值观最为重要。"人类学家克利福德·格尔茨的文化符号理论认为，文化等同于符号、等同于人类的表征系统，因而对文化的研究，就是对符号或人类使用的各种表征体系的研究。符号具有以下特征。

1.符号具有生动和直观的感性形式，所包含的内容和意义都经过了感性化和形式化的处理过程。不论其物质载体是声音、线条、石料还是其他材料，它所包含的内容和意义都是通过特定的感性形式直接体现出来的，都是能够直接通过感官来接受和感悟的。

2.符号是被用来表达情感和意愿的。它体现的内容和意义既不是抽象的"真理"，也不是能够直接被用来进行物质性实践活动的具体方式和手段，而是特定的现实主体追求和享受更加高级和完满的精神性自由的意愿和情感，符号本身已经过主体的切身体验和主观感悟，因而始终是渗透着特定情感的。

3. 符号具有特定的社会现实基础。社会个体对符号的建构和运用都是在其具体的认识活动和社会实践活动的基础上，在其基本物质性生存需要得到相对满足的情况下进行的。因此，符号不仅体现了其追求和享受特定的更加高级和完满的精神性自由的情感和意愿，而且这样的情感和意愿也是经过社会"陶冶"的，即是经过"人化"过程而作为"人"的情感和意愿存在并发挥作用的。

4. 符号是个体维度和社会维度的有机统一。符号是特定群体的社会实践过程长期积淀的结果，具有鲜明的民族特色，而且其所表达的个体性情感和意愿也经过了社会磨砺和陶冶，不仅体现了这种个体的追求，同时也隐含了其所在群体的独特的精神特质。[①]

符号又分为推理性符号和表现性符号两类，根据哲学家苏珊·郎格的观点，推理性符号的基本特性是归纳概括，从众多感性经验中获取抽象概念或关系来反映事物或现象的一般特征。通过概括，推理性符号为每个事物赋予名称、确定种类，使思维获得一般性和普遍性的认识。而表现性符号与直觉相关，包含着深层次的理性，例如，艺术作为表现性符号的典型代表，对人类主观精神世界进行构造。

1. 国家符号

国家符号是国家文化领导力的来源。国家标志又称国家象征，一般由宪法和法律规定，主要包括国旗、国徽、国歌、首都和国庆日等。国旗、国歌、国徽作为公民与国家联系的符号，构成了一个现代意义上的国家建立和可持续发展的软实力基础。国旗、国徽集中反映了一国的政治、历史文化和价值观，体现了国家和民族的尊严，国歌则属于辨识文化系统中听觉方面的重要组成部分。法国哲学家让·鲍德里亚认为，包括国家象征和标志在内的整个物的系统都是"建立在功能性的概念之上"。从功能性的国家标志到具

---

① 霍桂桓:《论作为文化软实力之载体的符号》,《哲学研究》2010年第6期。

备"意义格局"的国家象征，本质上是在以人为中心，建构起一种关于权力的"强有力的心理投射和能量动员场域"，目标是使得象征物与作为被象征客体的国家共同构成表达情感价值的对象。[①]

我国国旗是五星红旗，其中红色象征革命；旗上的五颗五角星及其相互关系象征中国共产党领导下的革命人民大团结；五角星用黄色是为了在红地上显出光明；四颗小五角星各有一尖正对着大五角星的中心点，表示围绕着一个中心而团结。国歌为《义勇军进行曲》，由田汉作词、聂耳作曲，诞生于抗击日本帝国主义侵略的战争年代，1949年成为中华人民共和国国歌，象征着在任何时候、任何地点，为捍卫国家和民族的尊严，中华民族的坚强斗志和不屈精神永远不会被磨灭。

又如，尽管古罗马早已消逝在历史的长河中，但是源于古罗马的雄鹰的国旗和国徽设计在欧美国家依然较为常见，说明这些国家对于古罗马文化有所传承。公元前102年，鹰徽在法律上成为罗马共和国的正式标志，在东西罗马帝国分裂以后，东罗马帝国基于这面鹰旗设计出了现今常见的双头鹰国徽标志。双头鹰的标志随着东罗马帝国和东正教在巴尔干半岛上的中兴而影响了周边许多国家，比如在俄罗斯历史上，莫斯科大公伊凡三世在1473年娶了拜占庭帝国的索菲娅公主后，将双头鹰图案放进俄罗斯国徽中，以示莫斯科是第3个罗马，向西方社会展示了来自罗马和拜占庭的权力继承。至今，双头鹰仍是俄罗斯的国家标志。

除了国家标志之外，国家符号还包括国家理念、价值观以及知名建筑、品牌、历史等。以西欧国家为例，说到英国的文化与艺术符号，人们很容易想起白金汉宫、威斯敏斯特宫、伯爵庄园、英国国会大厦、大英博物馆、巨石阵、牛津（城）大学、格林尼治天文台、英联邦、达尔文、牛顿、莎士比亚、维多利亚女皇、丘吉尔、霍金、贝克汉姆等。法国文化与艺术符号则

[①] 杜吾青：《国家象征和标志的宪法学阐释：以国家认同为中心》，《交大法学》2020年第7期。

包括埃菲尔铁塔、卢浮宫、凡尔赛宫、枫丹白露、圣米歇尔山、香榭丽舍大街、法语、法典、巴尔扎克、雨果、拿破仑一世皇帝、路易威登、轩尼诗、雅诗兰黛、欧莱雅、家乐福、克里斯汀、迪奥、皮尔卡丹、香奈儿、圣女贞德、《红与黑》、启蒙主义、巴黎公社等。德国的文化与艺术符号有科隆大教堂、维尔茨堡宫、德国式城市建筑、勃兰登堡门、查理曼帝国、柏林墙、波恩大学、格林童话、卡尔·马克思、贝多芬、马丁·路德、俾斯麦、慕尼黑啤酒节、麦德龙、贝塔斯曼、阿迪达斯、万宝龙、宝马、保时捷、奔驰、西门子等。

2. 民族文化

作为民族文化的重要载体，语言以语音、文字等形式将人类丰富的文化固定、记载、储存、延续和传播下来。不同的语言对应不同的文化，不同的文化又必然通过其相应的语言来体现。在中国历史中，以文化来感召和凝聚民族的观念是根深蒂固的。中华文化薪火相传、生生不息、历久弥新，汉字在其中起到了极其重要的作用。汉字的演变经历了甲骨文、金文、小篆、隶书、楷书、行书等多个阶段。在这一过程中，涌现出老子、孔子、庄子、孟子、屈原、李白、苏轼、曹雪芹等灿若星辰的伟大人物，诞生了《诗经》《楚辞》、汉赋、唐诗、宋词、元曲、明清小说等众多文学经典和形式，为中华民族的生生不息、薪火相传提供了精神滋养。

汉字对我们的思维、阅读和书写都有很大的影响，甚至影响到了东亚，形成了所谓的"汉字文化圈"。① 即便中央王朝被其他异族所击破，以汉字为基础记载方式的中国文化却从来没有被消灭，甚至那些异族王朝也必须使用汉字来维持其统治。例如，19 世纪法国占领越南之后，那里的科举考试依然要求考生使用汉字并熟悉儒家思想。在日本德川幕府时期，"在全国各个层次的教育机构的课程设置中，都包括类似的日文和中文教材……中国诗赋

---

① 葛兆光：《中国文化典型的五个特点》，爱思想网 2020 年 1 月 20 日。

中的《唐诗选集》是必选教材，并被视为权威的经典作品"。日本对中国文学作品的需求量非常大，在1727年至1814年间，一家日本出版商竟发行过27个版本的《唐诗选集》。

即使在当下，汉语的影响也不容小觑。出于向西方学习经验、借助英美等国家的强大实力来帮助新加坡发展的目的，新加坡前领导人李光耀在上台后，将英语定为官方语言，向西方靠拢。英语的普及确实推动了新加坡的国际化和快速发展，但80%的新加坡人口都是以华语作为母语，强行推行英语的政策带来了文化的缺位。随着英语教育的副作用开始显现，新加坡华人的汉字读写能力下降得非常严重。随着中国的综合国力不断增强，国际地位不断提高，在中国和新加坡日益紧密的经济、文化等的联系中，2017年新加坡不得不重启李光耀1979年提出的"讲华语运动"，希望国民能够记住汉语，保留文化记忆。

民族文化的衡量标准大致有3类：血缘衡量标准，地缘衡量标准，衣饰、礼仪等文化衡量标准。中华民族创造了独树一帜的灿烂文化，基于大量没有多少血缘和地缘关系的小型社会，构成了一个疆域辽阔但基本统一的大型社会，并使分散的诸多小型社会组织（家）与这个大型社会组织（国）长期兼容并在财政上、制度上、社会规范上和政治意识形态上实现互补。[1]

中华文明自古有所谓的"华夷之辨"，又称"夷夏之辨"。先秦时期的中华先民很早就有了区分人群的思想，先人认为自己处于"天下"之中，于是有"中国"这个说法。"中土"之外，在四面生活的族群则被称为"夷"。中华大地上曾经存在过很多政权，若依据建立者的出身来划分，由"汉族"所建立的并不占多数，多数王朝如辽、金、元及清等属于所谓的"少数民族政权"，但最终形成的多民族国家却简称"中国"。这是因为，中华民族把民族认同与文化认同绑定在一起，也就是说民族之间的差异不在于种族、血统、样貌，而在于文化。华夷之间可以通过文化认同而相互转换。

---

[1] 费孝通：《乡土中国》，人民出版社2015年版，第33页。

朱光潜认为，一个民族接受其他民族的文化犹如吸收养料，可以使自己的文化更加丰富。从14世纪起，外来的成分融入英文中，它才变成了世界上最丰富的语种。历史学家许纪霖认为，中国历史上有一个延续了三千年甚至更长时间的以中原为中心的政治文明共同体，但如果从空间角度来理解"中国"的话，中国实际上几乎在所有的历史时期内都是一个多宗教、多民族、多个政权，乃至多个王朝的复合体。哪怕被我们认定为大一统的时期，秦汉北边都有匈奴；两宋有辽、夏、金、元。在具体的历史时期里中国又呈现出丰富的多样性，包罗各种宗教、民族乃至不同的文明。中国之所以是中国，乃是因为它强大的包容性，多种文化、多种民族、多种宗教，最后都成为中国文化的一部分，所以开放永远是中国文化的生命，也是中国崛起的最核心的秘密。

3. 地域符号

地域文化是指一个区域源远流长、独具特色的文化传统，在一定的地域范围内与环境相融合，具有独特性。地域文化也有大小的区别，有中华文化、北美文化、伊斯兰文化等横跨大洲的地域文化，也有如京派文化、海派文化等城市级别的地域文化，更有如江南水乡、西江苗寨、永定土楼等乡村地域文化。大层次的地域文化包含的文化要素丰富多样，小范围的地域文化则能体现地域文化的独特性。[①] 地域文化元素是地域文化中最基本的构成单元，既包括建筑、服饰、器物等物质文化，也包括语言、音乐、宗教等非物质文化。地域文化符号的提取呈现出以下特点。

（1）以精神为基础。每一个城市的精神气质和品格都需要长期累积和塑造，有其长期性和稳固性。通过分析地域特点，可概括出地域的文化气质与精神面貌，并将地域文化的特点融入其符号中。如山东省推出了"文化圣地，度假天堂"的旅游形象口号，随即又设计了"好客山东"的旅游品牌形

---

① 张小开、孙媛媛：《地域文化的符号化法则及其在公共设施中的应用研究》，《包装工程》2018年第22期。

象标识，一经推出即得到山东本地人的高度认同和外地人的充分认知，便是地方精神融入地域文化符号中的具体表现。山东省是中华文明的发祥地之一，齐鲁文化是中华民族文化的主流，在数千年中华民族文化的形成发展进程中发挥着重要作用。齐鲁文化更多地积淀到山东人的为人、处世和行为规范上。"好客山东"让人体会到了齐鲁文化的大气、孔孟之乡的豪气，扑面而来的是齐鲁山水的豪情和山东人的热情。在红色文化方面，井冈山精神、延安精神、沂蒙精神等具有浓厚的地域色彩，这些地域文化为革命文化的孕育输送了源源不断的营养和智慧。

（2）以历史为主线。任何地区或城市都在借助历史文化传统的积淀，或者说吸收其传统之美来建构其地域精神，历史遗存渗透和影响着人们的道德规范、社交礼仪、文化喜好及行为准则，历史地理空间的连续性和通过时间打磨出的持久性，共同铸就了区域传统文化地标，展现出区域文化根基。例如，上海外滩是中国城市历史文化建筑风貌区之一，展现着上海的历史变迁。外滩完美地融合了哥特、巴洛克等西方历史艺术建筑风格与东方建筑文化的理念，在时间的积累中形成近代上海乃至中国近代时期的历史缩影，使上海外滩不仅具备了历史在当代空间中的表征作用，同时呈现出东西方文化融合的历史记忆。

（3）以实物为载体。将地域环境遗址、历史建筑、历史人文、民俗文化等实物进行分析，找出典型的文化载体，运用现代设计手段将其提炼成图形符号，用图形符号来代表其文化内涵及隐性表达的意义。例如，故宫和长城、兵马俑、大熊猫，不论是建筑的轮廓形状，还是动物的造型模样，都是十分宝贵的地域文化符号。现代城市的文化地标作为城市传播意象的重要载体，承担着对外展示地方文化、对内建构城市认同的作用。

（4）以语意为宗旨，文化是靠语言记录、表现的，但在用语言记录文化的过程中，文化同样也会影响语言。由于地域文化依靠地域方言表现和承载，地域文化中种种具有特色的文化是通过方言词汇来反映的。例如，广东省的粤方言中就有一些与水相关的词："涌""滘""沥""凼"等，用在地名上就显示出粤语地区的水乡特色。北京城有很多胡同，上海市有许多弄堂，广州市有不少小巷，属于同一事物的胡同、弄和巷，不同叫法也是不同地域文化的体现。

一些城市加大对自身城市历史文化资源的挖掘和整合，逐渐形成有特色的文化发展模式。例如，常州市和芜湖市，以动漫创意产业作为城市文化品牌营销的基本模式；鄂尔多斯市的城市建筑形象运营模式，在城市运营中充分体现其草原文化特色，民族地域特色显著；南昌市充分利用城市红色历史资源，大力建设红色旅游基地等传递红色文化价值。

4. 企业品牌

品牌是一国商业文明的重要载体，亦是一国文化的关键组成。欧美发达国家通过出口具有国际影响力的品牌产品，在商品输出的过程中也将本国历史文化、风土人情带到世界各国，由此在世界范围内广泛传播。当今国际市场中的领先品牌除具有稳定可靠的产品品质外，每一个品牌均具有独特的文化内涵，使品牌概念个性化成为文化身份概念的演绎者和载体，通过获得消费者的文化认同而基业长青，进而获得丰厚的品牌溢价。培育出全球知名的国际品牌的国家也因此具有了雄厚的国家软实力，成为参与国际竞争的重要支撑力量。[1]

文化与品牌的价值密切相关，品牌价值是外部形象资产和内在无形资产的统一体，是商业价值和文化价值的整合。品牌文化价值，是品牌的价值在文化层面的展现，是品牌文化在精神价值观层面的溢价能力和品牌优势。在世界范围内，能与消费者达成精神层面互动从而成为消费者信仰的品牌仅占少数，而一旦到达精神价值驱动品牌的层次，品牌往往可以成长为引领行业发展的强势品牌，如耐克代表自信运动的精神、哈雷代表激情自由的精神、苹果代表不断创新的精神等。在中国也有"心系中华，有所作为"的华为，

---

[1] 段淳林：《从工具理性到价值理性：中国品牌精神文化价值提升战略研究》，《南京社会科学》2018年第9期。

"为发烧而生"的小米、"未来无所不能"的大疆等品牌。

品牌通过系列传播活动与消费者沟通和交流，通过价值认知、价值认可、价值认同和价值共鸣的方式获得消费者的文化认同，增强品牌的传播力。价值认知指消费者初次获取信息或参与互动时，在心理上对品牌所倡导的价值观所形成的概念、知觉、判断或想象。价值认可是指消费者对品牌所倡导的价值观产生了信任。价值认同是指消费者对品牌所倡导的价值观的趋向性，在思想、情感、态度和行为上的主动接受。价值共鸣本质上与品牌认同相同，但是价值共鸣对情绪和行为的影响更加显著，从而使人们对品牌形成崇拜等态度。

二、文化领导者：厚植基础

若有志于成为优秀领导者，不应满足于做某个垂直领域的专家，而应该注重厚植文化底蕴，成为视野开阔、博学多识的通才。在忙碌工作之余，应主动涉猎人类文化最为精髓和深刻的领域，广泛涉猎哲学、历史、美学、心理学等领域，才能够让自己的视角站位和行为习惯"更上一层楼"。例如，通过阅读百本世界名著、欣赏百首世界名曲、观看百幅世界名画和艺术品等做法，既能够以文化熏陶、丰盈自我，也可以获得对世界更好的感知，不断健全人格，丰富人文情怀，启迪科学精神，增强社会责任感，为领导行为增添人文底色。

（一）修身养德

与西方文化中常见的外向性倾向相比，中国文化有着内向性倾向，这就要求人们要自我要求，而不是去要求他人或者试图去改变外在环境。

以中国人的传统思维方式评价领导者时，会充分考虑他主观的努力、做事的过程和人际关系，尤其是本人的态度、操行和修养。这与儒家文化十分强调个人修养密切相关。所谓"修身、齐家、治国、平天下"，把修身放

第七讲 文化领导力

在第一位,而这种修身,看重的不是向外求,而是向内挖掘生命力,正如王阳明所说,"不可外心以求仁"。在这种文化背景下,人们需要通过循序渐进的方式来锻炼和培养自己的心性,克制感情和约束行为,从而达到内心的平静。

向内修身以对德的强调为典型代表。德的古字形从"彳"(或从"行")、从"直",以示遵行正道之意,也有人认为"德"的本义是登上、升。《道德经》认为,道是规律,按道做事就是德。司马光认为,正直中和是为德。在儒家文化中,君子是对内有着自我修养、纯净心灵和自律的,并且对感情有着适度表达的人;对外则是仁慈的、正义的、忠诚的,并且能够包容别人的人。

《资治通鉴》记载了中国历史上一次非常惨痛的用人教训。春秋末年,晋国大夫智宣子错误地选择了多才少德的智伯为继承人,结果为强大的智氏家族招致灭族之祸。为此,北宋史学家司马光评论道:"智伯之亡也,才胜德也。"并提出"夫聪察强毅之谓才,正直中和之谓德。才者,德之资也;德者,才之帅也",意思是才能是德行的凭借,德行是才能的统帅。

目前,"以德辅法"的做法就是向中国传统文化本身的回归。立法是对社会发展所产生的新情况、新问题的呼应,是从控制论角度讲的"后向"控制;而德治是通过自我约束实现,是一种"前向"控制,即使在法制、政令尚未触及的领域或执法不力的领域也能发挥有效的管理作用。所谓文化修炼之功是慢功夫,靠积累,靠静心,靠内修。不能求速遄如箭、立竿见影,而读到做到、手勤脑勤,便会有实效。[①]

想要修德,首先,要有正确的价值观和方向感。大德,是一种方向感。《礼记·大学》开篇即说:"大学之道,在明明德,在亲民,在止于至善。"其中的止于至善,就是一种最高的理想追求,是一种"把人类在道德品质上带向至善至美的境地"的目标。孔子"仁者爱人"的政治主张;孟子"民为

---

① 梁君春、姜旭之:《领导干部更需增强文化自信》,《新长征》2017年第1期。

贵，社稷次之，君为轻"的民本思想；林则徐"苟利国家生死以，岂因祸福避趋之"的报国情怀；贾谊"以富乐民为功，以贫苦民为罪"的责任意识；范仲淹多次遭贬仍一再为民请命、力主改革的担当精神；等等。深化对这些内容的挖掘，会给新时代的政德建设以深刻的启示。①

其次，要善于自我分析和自我反省，这是形成个人道德修养的基础。例如，《中庸》提出的"慎独"，是指一个人在独处的时候，即使没有人监督，也能严格要求自己，自觉遵守道德准则，不做任何不道德的事。修行不在于外部的行为表现，而在于内心对自己的要求。"吾日三省吾身""有则改之、无则加勉""见贤思齐，见不贤而内自省""君子博学而日参省乎己，则知明而行无过矣"等内容都是在阐述自析和自省对于个人成长与发展的非凡意义。

最后，修身强调身心一体。"意诚而后心正，心正而后身修"强调的就是身心和谐的关系问题。孔子认为，人具备仁爱之心的前提就是身心和谐。"仁"是和谐的一种表现形式，人自身做到了"仁爱"，身心达到和谐状态，在内与家人和谐相处，在外与他人和谐相处，社会的和谐便会实现。"凡四气合德，四神安和，一气不调，百一病生""君子守中和之心，养中和之气。既得其乐，又得其寿"等内容都在阐述健康对人自身和谐的重要意义。在中华优秀传统文化中，实现个体的身心和谐是实现"天下归仁"理想的基础条件，"修身成仁、身心和谐"的观点是传统和谐观的重要内容。

（二）提升艺术素养

广义的文化艺术涵盖人类社会所创造的所有精神财富，本部分所指艺术为狭义概念，作为客观世界与主观精神相结合的产物，是用语言、文学、舞蹈、绘画、音乐等形式来反映社会现实且高于现实的社会意识形态。个人的艺术修养也是审美的修养，主要指其在文学艺术欣赏、道德辨识与审美、具

---

① 罗宗毅：《汲取古代治国理政智慧 提升新时代党的领导力》，《中国领导科学》2018 年第 4 期。

体艺术表现等方面的综合素质。既包括一个人对文学作品、书法、雕塑、绘画、舞蹈等具体视觉艺术以及语言、音乐、歌曲等具体听觉艺术的欣赏能力，也包括以此为基础所形成的对自然美、环境美和创作美的鉴识水准。对领导者而言，艺术修养不但是对艺术的理解、审美和特别感受，还包括利用艺术感召他人的能力。

随着中国特色社会主义进入新时代，我国社会主要矛盾已经转化为人民日益增长的美好生活需要和不平衡不充分的发展之间的矛盾。人民美好生活需要日益广泛，不仅对物质生活的要求提升了，对以文化艺术为代表的精神生活也提出了更高要求。对领导者而言，在培养良好的艺术修养时应注重发挥其以下效用。

1. 提升情操、净化心灵

艺术创作不是孤岛，而是诞生于群体之中。艺术欣赏能力可使人更全面地理解社会、人生和现实生活，其本质就是尊重生命、尊重自身、尊重他人，能更多理解其他生命的本质和选择。钱穆认为，艺术是人的心灵通过与他人和自然万物的融通所达到的无我境界；它追求人生的趣味，是人生的快乐，但"艺术不是个人的心生命，它必得在与他人心生命的交流中才能创造，因此，艺术的最终意义与价值在于体现了人社会行为关系及其包含的道德意义"[①]。

艺术还能够净化心灵。美学大师朱光潜认为，心里印着美的意象，常受美的意象浸润，自然也可以少生些浊念。要求人心净化，先要求人心美化。无论是讲学问或是做事业的人，都要有"无所为而为"的精神，把自己所做的学问事业当作一件艺术品看待，只求满足理想和情趣，不斤斤计较利益得失，才可以有一番真正的成就。从另一个角度来看，不少因涉嫌违纪违法而落马的干部都是由于选择庸俗的眼前一己私利，在精神上丧失了对美丑的分

---

① 徐国利：《钱穆的历史文化构成论及其中西历史文化比较观——对钱穆历史文化哲学的一个审视》，《中国社会科学院研究生院学报》2003年第2期。

辨能力，对人生中什么是真正美好的事物、什么是需要坚决摒弃的丑陋失去辨别能力。

2. 提振精神、鼓舞士气

中国台湾知名画家蒋勋认为："美其实是一个库存，是在精神极度空虚的时刻，一个让你继续生存下去的东西，是使生命继续丰富、圆满的东西。"正因为有信仰与美的支撑，南非的纳尔逊·曼德拉虽在监狱度过了漫长的27年铁窗岁月，却从未丧失信心，并在狱中完成了自传《漫漫自由路》。曼德拉写道："即使是在监狱那些最冷酷无情的日子，我也会从狱警身上看到若隐若现的人性，可能仅仅是一秒，但它却足以使我恢复信心并坚持下去。"

爱因斯坦在获得1921年诺贝尔奖时的演讲中说："照亮我的道路，并且不断给我新的勇气去愉快地正视生活的理想，是善、美和真。"真善美的根本，正是为了让人学习、体会生活之美，做人有尊严、有方向、有准则，是让人在美的熏陶下有正气、有正义，懂得欣赏世界之美、他人之美，懂得感恩这些美。有了这些真善美的启迪，才能积累正能量，对抗生命里的丑恶。

对于领导者来说，提升艺术素养首先要强化美的意识、美的自觉。在决策中装上"美"这根弦，问一问"美不美"，实现由关注"好不好用"到兼顾"好不好用"与"好不好看"的转变。[1] 同时，应通过艺术欣赏等活动培养艺术精神，感受审美情趣，寻找艺术共鸣。

艺术欣赏不同于科学认识，而是一种审美活动，是在审美需要驱动下、审美意识调控下，调动审美感知、想象、情感、理解等多种心理功能，对艺术作品进行观照、体验和悟解活动，遵循的也是一种情感逻辑，更突出情感和理解。马克思主义美学认为，审美实践是一种精神实践，是人与审美对象在情感、意志和意识等方面的体验、交流和沟通。唯物主义美学认为审美体验是一种主客体在互动交流中产生共鸣的情感体验，这样的内在相互作用、

---

[1] 参见刘丽丽：《领导干部应提高审美素养与能力》，《紫光阁》2017年第4期。

潜移默化使审美主体的想象力和创造力向着更有益于个体和整体优化的方向发展，使其人格更为健全，品质更为高尚；审美实践不能改变审美主体的物理特征，却能塑造审美主体的精神内涵。需要注意的是，审美能力的提高和所欣赏艺术作品格调的高低有很大联系：高雅的艺术作品具有很高的审美价值，而低俗的艺术作品则会给人带来不良的影响。

三、组织文化领导力：植入干预

无论在国家社会层面还是区域层面，文化都处于生成和再生成的变动过程中，而在组织层面，领导者对文化的塑造和变革所发挥的作用更为明显。建立阶段，组织文化形成的力量主要来自组织的领导者或创始人；在中期发展阶段，组织文化逐渐多样化，领导者需要鉴别仍然有效的文化，并对组织文化进行干预；在后期成熟阶段，组织文化逐渐僵化，此时的领导者应该重新审视组织文化，并承担起变革的重任。[1]

（一）领导者是组织文化的创造者

在组织成长初期，创始人可以相对容易地向组织成员灌输他的愿景、塑造组织文化，并结合大文化环境对组织文化进行构思和设计。组织文化的主要创造机制包括以下方面。[2]

1. 领导者定期关注、衡量和控制的领域

创始人、领导者传达自己所关心的方向和领域的最有力机制是对上述内容的系统性关注。持续关注、频繁奖惩、提出意见建议甚至是有人违反价值观时领导者的情绪爆发，都会更清楚地传达领导者的优先事项、目标和假

---

[1] 孙玮：《领导者在组织文化不同发展阶段中的作用》，《安徽理工大学学报（社会科学版）》2013年第2期。
[2] ［美］埃德加·沙因、彼得·沙因：《组织文化与领导力（第五版）》，陈劲、贾筱译，中国人民大学出版社2020年版，第167—168页。

设。例如，如果领导者想强调安全生产的重要性，可以将每个会议的首要议程安排为讨论安全问题，也可以设立安全生产奖励。如果领导者同时注意太多的事情，下属会依赖其他信号或他们自己的经验来判断什么是真正重要的，将催生更多元化的价值假设和更多的亚文化。

2. 领导者应对重大事件和组织危机的方式

当组织面临危机时，领导者和创始团队处理危机的方式揭示了他们对人的重要性和人性观的假设，比如在2008年全球经济危机中，有的企业选择以裁员来降低管理成本，而另一些企业则对所有管理人员和员工减薪或缩短工作时间。如果团队成员在危机中一起经历非常激烈的情绪体验，那么他们更有可能记住所学，并在未来郑重地重复这些行为来应对危机。在组织内部产生的冲突或不服从行为也可以揭示领导者的价值观重要的潜在假设，如领导者可以通过与下属辩论或对不服从行为表现出宽容甚至鼓励来表达自己的理念。

3. 领导者分配资源的方式

组织制定预算的方式可以揭示领导者的假设和信念。领导人对组织的信念，包括对组织的独特能力、可接受的金融危机程度以及组织在财务上必须自给自足的程度，都会影响组织目标的选择、完成的手段以及所使用的管理流程。这些信念不仅成为决策制定的标准，而且会成为决策制定的制约因素——因为它们限制了对备选方案的认知。

4. 有意识的角色塑造、教学和辅导

组织的创始人和新领导者都知道，通过培训辅导项目向其他成员，尤其是新成员传达假设和价值观具有重大价值。相比于正式场合的发言，领导者在非正式视察和沟通交流过程中所传达的信息具有更强大的教学和辅导作用。

5. 领导者分配奖励和地位的方法

任何组织的成员都可以从自己的晋升路径、绩效考核中习得组织奖励什么、惩罚什么。奖惩的原则和性质，以及奖励和惩罚行为本身都携带着组织文化信息。领导者可以始终将奖励和惩罚与他们所关注的行为联系起来，从而快速实现自己的优先事务、价值观和假设。如果创始人想要确保自己的价值观和假设被团体广泛习得，就必须创造一个与这些假设一致的奖励、晋升和地位体系。

6. 领导者招聘、选拔、提拔和辞退员工的方式

领导者价值观嵌入和延续的最微妙但最有力的方式之一是新成员甄选。创始人和领导者通常会锁定那些在风格、假设、价值观和信仰方面与组织现任成员相似的候选人，因为"匹配"本身就是一种价值。

除此之外，植入组织文化的次要机制包括组织设计和结构、组织系统和程序、组织的仪式和典礼、物理空间和建筑物的设计、重要事件和人物的故事，以及组织哲学、信条和章程的相关正式陈述或说明。这些次要机制都可以被归入文化的人工饰物层面，它们是高度可见的，但如果没有观察领导者的实际行为而获得深层次知识，它们也可能难以解释。

作为成功将个人价值观和原则植入组织文化的卓越领导者，桥水基金创始人瑞·达利欧在公司员工规模超过65人之前，每年为每位员工挑选节日礼物，并且亲自给每人写下一张不一样的贺卡。随着公司规模的不断壮大，工作中的近距离接触减少，达利欧无法假定大家都了解他的创业初衷和奋斗目标，于是将在"严厉之爱"基础上的创意择优原则形成文字写入公司备忘录，并阐释背后的逻辑。

在《原则》一书中，达利欧介绍了"创意择优"的工作原则，也就是从各种创意中选择出最优秀的方案。想要实现创意择优，必须同时做到极度求真、极度透明、可信度加权。

极度求真是指要直奔问题，本着对问题本身的探究、解决问题去的，体

现的是专业、专注、专研的态度，是对工作的负责精神。

极度透明是指任何人没有什么私心杂念，没有对某人或某事存有偏向，公开、公正、实事求是，共同讨论。同时，每人都有了解事物本来面目的权利，平等、透明地掌握资源和信息，没有厚此薄彼，没有办公室政治，人和人之间关系简单。

可信度加权也就是集思广益，分析各种意见、思想的异同，帮助个体评估，汲取别人的意见，完善最具可行性的方案，提升工作成效。不管是工作内的还是工作外的，成员对工作都有更加全面的认识，都经过充分讨论和研究，达成了共识，没有思想桎梏，对下一步的行动更统一。每个人的方案越多，这个团队就越强，也构建了有意义的人际关系。

此外，达利欧还致力于打造允许犯错，但不容忍罔顾教训、一错再错的组织文化。公司交易部负责人罗斯曾忘记为客户执行交易，造成桥水的重大损失。达利欧并没有开除罗斯，而是向他本人和其他员工表明：犯错情有可原，但不吸取教训是不能接受的。达利欧和罗斯一起设立了"问题日志"，要求交易员把发生的错误和不良后果都记录下来，这样就可以追根溯源，系统化地解决问题。"问题日志"后来成为桥水最强大的管理工具之一。这一事件让员工充分感受到了公司的文化氛围："这件事你处理得很糟"这类话对人们是一种帮助，而非惩罚。[①]

（二）领导者是组织文化的干预者

在组织成熟的过程中，初始文化最重要的元素会嵌入组织结构和组织主要流程，传递给群体的新成员，并要求他们用类似的方式来认知思考、感知和行动。随着组织的发展壮大和所提供服务的日益多样化，组织成立初期建立的那一套被证明有效的文化，此时未必仍是一种好的指导准则。组织领导者对组织文化进行诊断和鉴别，仍然有效的文化成分需要巩固和强化，已经

---

① ［美］瑞·达利欧：《原则》，刘波、綦相译，中信出版社2018年版，第353—354页。

无效甚至阻碍组织发展的文化成分应该剔除和更新。

在年轻的组织中，文化往往比较单一，而在成熟的组织中分支机构不断发展，群体将演变出关于自己和角色的不同的基本假设，产生不同类型的亚文化，这些亚文化与主流文化可能会存在潜在的冲突。因此，领导力的关键就是确保这些亚文化与组织目标保持一致。组织中的亚文化主要包括以下3种。

1. 运营部门亚文化。运营部门涵盖了在一线生产和销售产品或服务的人员，他们是组织运作的关键。作为一线运营者，他们会围绕核心技术形成一些基本假设，包括：组织的任何行动都是人的行为，员工是关键资源，是员工在运营组织；组织的成功取决于员工的知识、技能、学习能力和组织承诺；知识和技能是本地化的，是基于组织的核心技术和员工的具体经验而产生的；无论生产流程设计得多么精心、规则和程序多么谨慎和规范，我们都知道必须处理一些不可预知的意外事件，因此，必须具备学习、创新和处理意外的能力；大多数业务涉及各部门之间的协作沟通，因此，必须高度重视团队中的沟通、开放、相互信任和承诺，并依靠管理层为我们提供适当的资源、培训和支持来开展工作。

2. 工程师和设计师部门亚文化。工程师和设计师是产品技术的掌握者和系统的设计者，这种亚文化倾向于将人从系统中抽离出来，致力于通过新产品、新结构和新流程设计，让组织变得更为有效。这一部门的基本假设包括：理想的世界由无须人工干预即可完美、精确、和谐地工作的机器和流程构成；自然可以而且应该被合理利用，解决方案必须基于科学和可用技术，问题的关键在于人，人会犯错，因此，应尽可能把人的因素排除在系统设计之外；真正的工作涉及解决问题和克服困难，工作必须导向有用的产品和成果等。

3. 高管亚文化。高管指首席执行官和其他高层管理者，尤其是那些从内部提拔并晋升到高级管理岗位的人员。高管群体的世界观紧紧围绕组织的生存和发展来构建，尤其在私营企业中，高管受到董事会、投资者和资本市场的关注，必须特别关心利润和投资回报。除了聚焦财务，这一群体的亚文化假设还包括：高管必须是"孤胆英雄"，并努力做到无所不知、掌控全局、责无旁贷；你无法从下属那里获得可靠的数据，因为下属会告诉你他们认为你想要听到的内容，因此，必须越来越相信自己的判断；组织和管理本质上是分层的，等级制度是衡量地位和成功的标准，也是维持控制的主要手段；人是必要的，但人不是价值本身，也可以像其他资源一样被获取和管理；运行良好的组织机器并不需要人的全程参与，只需要他们的适当参与。

组织内部亚文化的产生和壮大，会削弱组织整体文化的一体性，增强组织文化的多样性。无论是公共部门还是私营企业，领导者都要关注 3 类亚文化，以尽量减少错位或者破坏性冲突。当然，在一定程度上，组织文化的多样性是与组织的发展相适应的，是应该被允许甚至应该被鼓励的。

作为组织的领导者，必须能够对整个过程进行干预，以协调组织中各种亚文化之间的关系，减少和消除组织内部整体文化与亚文化的冲突，以及各种亚文化之间的冲突，维持组织文化的统一性。首先，领导者必须在文化上保持谦逊，有能力将不同亚文化聚合到一起，实现文化对话，以保持亚文化之间的相互尊重，形成协调一致的行动。其次，领导者可以评估成熟组织中不同亚文化的优势和劣势，通过系统地将某一亚文化群体中的员工晋升到关键岗位，将组织文化引向偏向其中某种亚文化。最后，可使用引入外部人的文化变革，对文化源头的亚文化造成冲击，并开始新文化的形成过程。这种极端模式可以改变结构和流程，重塑新的信念和价值观，但也存在新引入文化过分威胁到传统文化核心而失败的风险。

1995 年，杰夫·贝佐斯在家中车库创办了以图书在线售卖为主业的亚马逊公司。至今，亚马逊已经成为全球有数十万雇员、用户量巨大的零售网站和综合服务提供商。在这一过程中，贝佐斯通过不断试错，对组织文化进行了有效干预和变革，有效实现亚马逊快速发展。

21 世纪初互联网泡沫危机过后，亚马逊业务范围快速扩张。2004 年，公司员工从 2000 人增加到 8000 人，管理危机也相伴而生。物流中心无法承

第七讲 文化领导力

担拓展经营新门类的重负，系统经常瘫痪，地板上堆满了货物，一线员工能力参差不齐。亚马逊一度采取了"扩张优先"策略和让公司更有序发展的策略等来统一思想，但空有口号难以解决相关问题。追根溯源，贝佐斯发现是管理团队正在渐渐失去锐气，他们沉闷刻板、思考浅薄无序。

2004年6月，贝佐斯给所有管理人员发送一封题为"从今天开始高管层不做PPT"的邮件。贝佐斯宣布，员工不能再以旧有模式展示创意，而要用讲故事的方式进行展示，他把这种格式称为"陈述备忘录"。

这一举措遭到了公司高管团队的反对，甚至有高管认为这是走过场，"把所有的想法都用文章来描述跟表格描述没什么两样"。高管团队曾与贝佐斯就停止使用幻灯片展示这一问题展开了激烈的争论，但在贝佐斯看来，以故事形式进行展示意味着更深入的思考和更清晰的表达，有助于把前因后果、内在逻辑、轻重缓急等关键问题想清楚。

起初，备忘录没有页数的限制，给专业技术人员带来很大压力，这意味着他们需要在遣词造句上花费很多精力，耗费数周的时间炮制60多页的文章。后来，亚马逊将文件内容限定在6页以内，任何想要向他提出新产品和服务的计划书都必须以6页纸方式进行展示。如安迪·雅西关于亚马逊云服务（AWS）战略构想那简短的6页纸，如今已经升至市值超千亿美元、领跑全球的云计算产业的巨头，彻底将互联网带入了新时代。在2018年致股东信里，贝佐斯专门提到了"6页纸备忘录"的故事。"在亚马逊，我们不做PPT（或任何其他幻灯片）演示。相反，我们用6页纸写了一篇故事式、类似新闻通稿的备忘录。"

在6页纸备忘录的基础上，精简高效的会议模式也逐渐成为亚马逊组织文化的一部分。在每次会议前，团队需要在20分钟或更长的时间里，围着桌子安静地读这些故事，这被贝佐斯称为"自习时间"。贝佐斯认为："传统的公司会议从演示开始，有人站在会议室前用某种类型的PPT演示，在我们看来，你得到的信息非常少，你只能得到要点。这对演讲者来说很容易，但对听众来说却很难。所以，我们所有的会议都是围绕着一份6页的备忘录来组织的……如果你有一个传统的 PPT 演示文稿,会时常被其他人打断。如果你看了整个 6 页的备忘录,在第 2 页你有一个问题,但在第 4 页这个问题得到了回答。"自习时间过后,大家一起讨论备忘录的内容,仔细质询主讲人,详细探讨备忘录中的观点,并做出最终的决定。

如今,以 6 页纸备忘录为代表的"创新与简化"原则已成为亚马逊 14 条"领导力原则"之一,公布于亚马逊官网。随着时间的推移和外部环境的变化,贝佐斯不断对亚马逊组织文化进行干预和调整。2021 年,在贝佐斯卸任亚马逊首席执行官几天前,亚马逊宣布对企业文化进行更新,在原先的 14 条"领导力原则"中增加了两条新原则:一条是"成为这个星球上最好的雇主",另一条为"公司越成功、规模越大,要承担的责任越多"。

四、国家文化领导力:文以载道

文化不仅对领导者个人的性格素养和思想深度有着重要意义,而且对国家的重要性不容置疑。据传前英国首相丘吉尔说过:"我宁可失去一个印度,也不愿失去一位莎士比亚。"文化能够带来凝聚力和生命力,进而产生吸引力和影响力,相反,如果国家失去了文化,就好像失去了灵魂,只能被他人所同化,最终湮灭于时空之中。如果一个国家的文化内涵被充分挖掘、合理定义并精心塑造,会影响人们的精神追求和行为习惯,成为组织的价值标准、行为准则和审美规范。

(一)文化软实力

古往今来,任何一个大国的发展进程,既是经济总量、军事力量等硬实力提高的进程,也是价值观念、思想文化等软实力提高的进程。"软实力"是指一个国家的文化、意识形态和制度因素所产生的广泛吸引力。美国哈佛大学肯尼迪政府学院前院长约瑟夫·奈以"软实力"这一概念解释了美国的领导力来源。奈认为,过去对一个大国的考验是其在战争中的实力,而到

20世纪末，实力的界定不再强调军事力量和征服，技术、教育和经济增长等因素在国家间的实力对比中变得日益重要。美国不仅在经济、军事等硬实力方面领先于世界，而且在软实力方面，也就是文化意识形态对全球的影响力、国内政治体制的稳定性以及对国际制度的规制能力等方面都具有明显优势，这些优势为美国的发展提供了重要支撑。

不过，提升软实力的方式与发展硬实力的方式有很大不同，硬实力基本上可以在一定的政治共同体内得到和扩展，而软实力更加依赖于国际对一定文化价值的认可，依赖于体制在国际上得到一定的支持。由此，国家的软实力更加依赖于国际文化的势能，即国际整个文化和价值的总趋向。"接受一定的文化，往往就会引起心理和感情的向往、理性的认同。"因此，一个国家的文化传播得越广，其潜在的软实力就可能越大。

由此，约瑟夫·奈在《软力量：世界政坛的成功之道》一书中提出了美国重塑软实力的3条途径：一是日常传播，包括对国内外政策的解释，特别要关注外国媒体，注意自己的政策行为及其解释对国外造成的影响，也包括应对危机的快速反应能力，特别是弥补误导信息带来的消极影响；二是战略传播，指的是先确立主题，通过举办活动有针对性地进行宣传；三是通过奖金、交流、培训、研讨会、国际会议等方式与一些重要人物建立长期关系。

例如，在第二次世界大战后，伴随着美国经济的迅速崛起，电影、流行音乐、电视、快餐、时装、主题公园等文化产品极大地提高了美国文化的吸引力，以美国的文化价值观来"重塑"世界，成为美国文化软实力的重要组成部分。比如好莱坞电影的大量出口，不仅在娱乐消遣中潜移默化地改变世界各国观众的生活方式和价值观，而且已成为美国文化对外传播的载体，对世界的政治、经济、文化都有深刻的影响。

现如今，和平与发展早已成为世界的主流。以"软实力"的运用为特征的竞争与合作在国际关系中显得越来越重要，各国在提升硬实力的同时也越来越重视对软实力的提升。从这一角度出发，应把发展软实力置于战略的高度，并且在工业文明的推进方面，在科学技术大发展方面，在政治系统的现代化方面，在本国文化的国际化和国际文化的本土化方面、在民族的精神和民族的国际认同方面多下功夫。

（二）文化领导权

作为西方马克思主义的早期代表，著名的理论家和革命家，也是意大利共产党的主要创始人之一，安东尼奥·葛兰西系统地论述了文化领导权思想，为意大利的无产阶级革命进行了探索并提供了理论上的指导。

在葛兰西所处的时代，欧洲资本主义确立了典型的议会制，扩大了人民参与政治的权利。在葛兰西看来，相比于封建社会，在资本主义社会中国家这一概念的内涵已经扩大。他在《狱中札记》中指出："我们目前可以确定两个上层建筑'阶层'：一个可称作'市民社会'，即通常称作'私人的'组织的总和，另一个是'政治社会'或'国家'。这两个阶层一方面相当于统治集团通过社会行使的'霸权'职能，另一方面相当于通过国家和'司法'政府所行使的'直接统治'或管辖职能。"[①] 他认为对警察、法庭、军队等国家机关的领导是政治领导，而对民间的学术团体、报社、学校、教会等机构的领导则属于文化领导。

随之而来的是国家职能的扩展，它不再是纯粹暴力的象征、凶恶的"利维坦"，国家也是"教育者"。与国家的定义相对应，国家的统治权力也分为两种：在政治社会领域，国家主要采取强制式的统治；而在市民社会内部，则主要采取说服和同意等方式进行统治，其中引导、说服、教育是为了让民众接受某一阶层的意识形态领导地位，而"同意"是最终结果。国家既需要暴力和高压，同时也需要"同意"和"领导权"。暴力和高压可以说是一种"硬统治"或者"硬权力"，而"同意"和"领导权"则可以说是一种"软统治"或者"软权力"。

[①] ［意］安东尼奥·葛兰西：《狱中札记》，曹雷雨等译，中国社会科学出版社 2000 年版，第 7 页。

然而葛兰西发现，当时的意大利广大人民还没有被真正组织起来，"仍然处于一盘散沙的状态，是一些处于动物特有的毫无秩序的运动之中的、没有纪律和文化的、只受填饱肚皮的欲望和野蛮的激情支配的人"。而这种状态是无法参与或者进行革命的。他主张共产党人应当开展经常性和系统性的理论宣传活动，以此促使无产阶级组织迅速地取得革命领导地位，并通过联合和集中的途径将之转变为新型国家，在取代资产阶级经济政治体制以后实现无产阶级专政。

葛兰西认为，如果仅仅依靠或者直接通过武装革命，即使推翻了资产阶级的政权或者政治统治，最终仍然难免再次出现"复辟"的危险。因此，无产阶级领导者应该运用阵地战的形式，通过学校、教会、工会、学术团体、报纸杂志、新闻媒体等阵地，逐步消解资产阶级意识形态思想和文化观念对市民社会的控制，夺取在资产阶级手中的对于市民社会的文化领导权，进而使广大人民接受无产阶级的意识形态，支持无产阶级革命，最终实现政治和经济上的胜利。他提出"有机知识分子"的概念，在共产党的领导下打造一支具有马克思主义立场的知识分子队伍，发挥"战斗队""宣传员""播种机"等先锋模范作用。[①]

传统对于文化的定义建立在社会学、人类学等理论基础之上，文化被理解成关于一种形成于日常生活经验基础之上的特殊的生活方式的描述。在葛兰西关于文化所做的理解的启发之下，传统的文化研究跳出了以往的固有范式，将文化带入了一种"关系场"的世界之中。在这种关系的空间场域之中，文化更多的是呈现为一个谈判、协商、对话、斗争的场所。结构主义马克思主义代表路易·阿尔都塞甚至提出了意识形态国家机器的概念，"一整套意识形态的、宗教的、道德的、家庭的、法律的、政治的、审美的以及诸如此类的机构，掌握权力的阶级运用这些机构，在统一自身的同时，也成功地把它的特殊的意识形态强加给被剥削群众，使之成为后者自己的意识

---

① 参见［意］安东尼奥·葛兰西：《狱中札记》，曹雷雨等译，中国社会科学出版社2000年版。

形态"。[1]

(三)文化自信

近代以来,中国之所以受帝国主义列强的侵略,最深层的原因,就是丢掉了文化自信,失去了精神上的支撑力量。自鸦片战争以来,西方文化大量涌入,以孔子为代表的传统文化受到广泛质疑,儒学这个精神支柱轰然倒塌。文化衰国运衰,文化弱民族弱。没有高度的文化自信,就没有中华民族的伟大复兴,这正是从历史的经验教训中得出的结论。习近平总书记指出:"文明特别是思想文化是一个国家、一个民族的灵魂。无论哪一个国家、哪一个民族,如果不珍惜自己的思想文化,丢掉了思想文化这个灵魂,这个国家、这个民族是立不起来的。"[2]

立足当代中国的领导者,应对中华优秀传统文化自信。近代著名翻译家、教育家严复在《读经当积极提倡》一文中说:"无人格谓之非人,无国性谓之非中国人也,故曰经书不可不读也。"中华民族之所以在世界有地位、有影响,不是靠穷兵黩武,不是靠对外扩张,而是靠中华文化的强大感召力和吸引力。中华优秀传统文化是中华民族在长期发展中形成的价值观念、理想人格、思维方式、伦理观念、审美情趣等。中华文明绵延数千年,有其独特的价值体系。这个独特的价值体系包蕴着丰富的文化内涵和深刻的价值理念,主要表现为"崇仁爱、重民本、守诚信、讲辩证、尚和合、求大同"[3]等中华优秀传统文化的核心价值。与这6个方面的核心价值相辅而行的,是道法自然、天人合一、为政以德、和而不同、自强不息、厚德载物、天下为公、义以为上、知行合一等重要思想观念。这些思想观念体现了中华民族独特的智慧和力量,在中国传统社会和中华民族发展进程中起到了重大推动作

---

[1] 刘近:《葛兰西文化领导权理论及其当代价值》,社会科学文献出版社2019年版,第151页。
[2] 习近平:《在纪念孔子诞辰2565周年国际学术研讨会暨国际儒学联合会第五届会员大会开幕会上的讲话》,人民出版社2014年版,第9页。
[3] 习近平:《坚定文化自信,建设社会主义文化强国》,《求是》2019年第12期。

用，直到今天，仍然具有治国安邦、安身立命的重要精神价值。

如果说"文化"是一种不必特意传授、通过耳濡目染就会获得的性格特征和精神气质，那么"自信"则是需要后天习得的。文化自信就是一个国家、一个民族、一个政党对其自身的传统文化的内涵、价值和外延的充分肯定以及对其传统文化所具有的生命力保持坚定的信念。有了对本民族文化的自信，才有勇气、有智慧，用宽容的态度放眼全球，面对各种不同的文化，海纳百川。

在中华文化为世界文化作出贡献的同时，也以前所未有的开放姿态向各种优秀文化借鉴学习，与世界大家庭共享文化的最新发展成果。领导者不仅要对中华文化如数家珍、了然于胸，同时也要注意了解、学习世界先进文化。中华文化形成之后，其特质决定了吸引、汲取外来优秀文化和先进文化，博采众长、百花齐放的历史趋势不可逆转。中华文化向世界敞开胸襟，丰厚的文化沉淀具备了强大的鉴别、取舍能力，形成了完备的自我修缮谱系化、系统化机制。这是实现伟大中国梦的文化基础。以世界眼光看待中华文化，才能在比较中发现其他文化的优秀特质，在善于向世界各优质文化学习、取长补短的过程中，中华文化的优势即包容性、消融性、多样性及自信与创新才能得以与时俱进。[1]

文化自信的建立是基于对文化的尊重和自豪，具体包括自省和自信两个方面。自省主要是指将本民族文化与其他民族文化作出系统比较之后，能够理性看待自己民族文化的不足，不妄自菲薄，进而反省本民族文化的劣势，汲取其他民族文化的优势，兼容并包。"一个民族的文化自信与成熟，不仅表现在对自己民族文化的自豪感上，同时也表现在对自己文化的反思、批判与扬弃上，文化上的谦虚与自我反省，不仅不是文化上的自卑，反而是具有文化自信的表现。"自信是建立在自省基础上的，即明确不足、弥补劣势后，拒绝自暴自弃，而要对本民族文化充满自信，坚定优势。这一自信

---

[1] 梁君春、姜旭之：《领导干部更需增强文化自信》，《新长征》2017年第1期。

既来自历史的辉煌，又来自当代中国的发展成就，更来自未来发展的光明前景。

纵观古今中外，一个民族的兴旺、一个国家的崛起，都离不开自信的精神品质。在当前复杂的国际形势中，面对西方的文化攻势，有不少人曾对中华文化产生疑问，进而产生不自信的现象。在理论界，有的西方文化理论簇拥者言必称希腊，不断地鼓吹西方多么好，让一些中国人产生自卑心理，从而削弱了中华优秀传统文化的力量。在实践中，国内曾经存在过度重视经济、"唯GDP论"的现象，而忽视了对优秀传统文化的解释、优秀传统文化对国人的熏陶。在国际舆论场上，中国虽然在经济上已经成为世界第二大经济体，但长期以来，一些西方媒体戴着有色眼镜的宣传主导了舆论场，影响了中国文化领导力的塑造。

立足于当代中国的文化自信，还应以和合的态度看待世界各国的多元文明。费孝通先生提出了"各美其美，美人之美，美美与共，天下大同"的文化自觉观，以博大的胸怀和恢宏的气度，指出了中华文化在同世界各种文化融合的过程中应该秉持的态度和发展的基本路径。领导者应对自己所生活的文化环境和外部环境有"自知之明"，明白它的来历、形成过程、所具有的特色和发展的趋向，在多元文化的世界里确定自己的位置，既要让本国文明充满勃勃生机，又要为他国文明发展创造条件，让世界文明百花园群芳竞艳。

本讲思考题

1. 为什么文化能够发挥领导力？国家"软实力"如何形成和提升？

2. 从历史上看，哪些文化类别最具领导力？如何从正反两方面汲取历史经验，提升文化领导力？

3. 中华优秀传统文化如何塑造我们对领导力的认知，又有哪些可以成为领导力的来源？

4.作为新时代的中国青年领导者,如何将文化作为提升领导力的工具?

拓展阅读书目推荐

1.［美］亨利·基辛格:《论中国》,胡利平等译,中信出版社2015年版。

2.王沪宁主编:《政治的逻辑:马克思主义政治学原理》,上海人民出版社2016年版。

3.［美］格雷厄姆·艾利森、罗伯特·D.布莱克威尔、阿里·温尼编:《李光耀论中国与世界》,蒋宗强译,中信出版社2013年版。

4.［德］雷德侯:《万物:中国艺术中的模件化和规模化生产》,张总等译,生活·读书·新知三联书店2020年版。

5.［美］拉姆·查兰、杨懿梅:《贝佐斯的数字帝国:亚马逊如何实现指数级增长》,机械工业出版社2020年版。

领 | 导 | 力 | 通 | 识 | 课

第八讲
发展领导力

发展，是人或事物由小到大、由简单到复杂、由低级到高级的变化过程。发展领导力是有效推动个人或组织持续发展的能力，是变革、创新、应对危机等领导力在时间和空间维度的投射。

从微观角度来看，发展领导力一般指个体精神层面上的素质能力提升与进步。发展的主体也可以是经济组织或社会、政治组织，发展领导力使组织从无到有、从小到大、从不可能到可能甚至成就卓越。从更加宏观的角度来看，发展还以国家或区域的经济发展、政治文明、文化繁荣、社会进步为标准，如邓小平所提出的"发展是硬道理"就是几代人耳熟能详的著名论断，而"发展中国家"的定位在很长一段时间里成为制定国家发展战略的前提。

发展领导力是中国的特色和优势。中国以发展创造了中国奇迹，这种实力的提升受到全球的瞩目和效仿，又为中国在全球发挥领导力奠定了基础。个人发展、组织发展与国家的发展息息相关、密切联系，个体和组织的发展策略与国家和区域发展目标越契合，发展越有成效；国家的发展强盛也取决于每个个体的理想和追求、效率和效能，有赖于各类组织的引领力和影响力，领导力的发展和提升在任何一个层面都不可或缺。

本讲将从个体、集体（组织）二元视角，对发展领导力的不同内涵进行诠释。虽然每个层面的机理不同，都需要建立长期主义的价值观，摒弃速成思维，与时间做朋友；都需要抱着终身学习、久久为功的态度强基固本；也都需要主动跳出舒适区，以勇于自我革命的精神不断进步。

一、个体层面的发展领导力

（一）个体领导力的发展

毕生发展心理学将人的生命看作一个连续的过程，生命在每个阶段呈现出的状态都受前期影响，也影响着个体之后的发展。在本书关于领导风格、情境领导等章节中，已经提到了领导力可以经过不同阶段的训练而甄于成熟，领导风格也会随阅历的增加而呈现多样性趋势。总的来说，领导力发展具有以下特点。

1. 领导力发展是一个长期的过程，而不是一个短期行为，是与个人经验增长密切相关的。根据法国教育学家保罗·朗格让的终身教育的理念，终身教育包括了教育的各个方面、各种范围，包括了从生命开始到结束这段时间的不断发展，也包括了教育发展过程中的各方面与连续的各个阶段之间紧密而有机的内在联系。[①] 参与领导力发展项目的经历可以使个人提升学习能力，也能使个体领导者对未来的发展做更加充分的准备。

2. 领导力发展与情境密切相关。根据领导情境理论，不存在放之四海而皆准的领导力风格。领导力是否能够发挥效能，与外部环境要素密切相关，这些环境要素被称为"领导情境"。情境包括组织情境和个人情境。组织情境包括组织的文化、人员的年龄和性别组成、组织使命和商业战略等。个人情境包括个人的职位和在组织中扮演的角色，比如在组织中的级别、身份，以及目前面临的挑战等。只有将领导力发展项目的设计和实施与组织情境、个人情境结合起来，才能够发挥作用，使个体领导者的领导力持续增强。

3. 领导力发展的效果与目标设定密切相关。无论哪一种发展，都是一种跳出舒适区走向新目标的过程，目标挑战越大，收获越大，但也不能过度。根据脑科学理论，成年人大脑中的细胞，一般不会分裂并组成新的细胞，大

---

① ［法］保罗·朗格让：《终身教育导论》，滕星等译，华夏出版社1988年版，第3页。

脑会以各种不同方式来"重新布线"相关网络，比如强化或弱化神经元之间的各种连接，或者增加新的神经元链接、摒弃旧的神经元链接。由于这些神经元网络负责思考、记忆、控制移动、解读感官信号等行为，当大脑重新调整和加快这些网络的运转速度时，人的能力就得到了发展。在一定程度上，一个人遇到的挑战越大，大脑的变化也越大。但同时，在过长的时间内过分逼迫自己，会导致倦怠和学习低效。① 正如体育训练一样，如果训练目标距离舒适区太远，锻炼得太猛，就有可能受伤，反而阻碍了个体的提高和进步。因此，无论是大脑还是身体，向着处于舒适区外并离得不太远的目标挑战，改变最为迅速。

（二）领导力的发展阶段

影响一个人的领导力发展情况的因素是多方面的，主要包括先天遗传因素、后天的环境因素、教育因素或社会因素等，这几种因素在人的身心发展不同阶段产生着不同的影响：遗传因素提供了物质前提，环境因素起到了决定性作用，教育因素或社会因素起主导作用。

领导力发展的形式也是多种多样的。创造性领导力中心将发展个体领导力的方式归纳为 5 类：关系型发展、任务型发展、反馈发展、正式培训项目和自我发展行为。

关系型发展方式重视组织内部通过关系的构建来对新人和下属进行领导力的开发，如为每个员工配备一对一的导师，提供专业教练或者由管理者进行指导训练等；同时，关系型发展方式也包括通过构建学习伙伴群体和网络关系等同伴学习的方式来开发领导力。关系型领导力发展可以在工作中自然地开展，使参与成员在日常工作中就得到有效指导。

任务型发展方式主要是通过人力资源管理行为来进行的。如运用工作调动和轮岗等方式使参与者接触不同部门或不同方面的工作，避免形成狭隘的

---

① ［美］安德斯·艾利克森、罗伯特·普尔：《刻意练习：如何从新手到大师》，王正林译，机械工业出版社 2016 年版，第 65 页。

利益集团，同时可以拓展视野，从不同角度对领导胜任力进行锻炼和培养。为参与者制定一些短期任务、赋予他们工作之外的领导力角色也可以达到这一效果。

反馈发展方式是通过对其日常工作的审查和反馈等方式，来提升参与者的领导力。具体操作方法与绩效管理密切相关，主要工具包括绩效评估、360反馈、评估中心方法等。通过对参与者日常工作中的表现进行评估和反馈，以及通过评估中心相关的情景模拟对参与者的领导力进行衡量，可以更好地与参与者现有职位或目标职位的胜任力需求进行对照，更加有针对性地开展领导力发展项目。

正式培训项目是目前较为流行的一种领导力发展方式，也是狭义的领导力培训的主要操作方式。正式培训项目多为一段时间的脱产培训，不同的培训项目针对特定的干部群体，可以依托大学、研究中心进行，也可以邀请外部专家在组织内部开展。

自我发展行为是最普遍、成本最低也最容易被忽视的一种发展方式。个人通过阅读资料、参加讲座、会议发言等方式进行自我发展和提升，而这种行为与组织的激励和组织文化密切相关。比如，目前流行的"学习型组织"理念就鼓励每位员工充分地进行自我发展。

表8-1 领导力发展的方式分类

领导力发展方式	具体内容
关系型发展	导师制 专业教练 管理者扮演教练的角色 学习伙伴 社会身份网络关系 实践操作练习群体
任务型发展	工作调动 换岗 扩展工作职责 短期任务 行为学习项目 工作之外的领导力角色

续表

领导力发展方式	具体内容
反馈发展	绩效评估 360 反馈 评估中心
正式培训项目	大学项目 技能培训 密集反馈性项目 个人发展项目
自我发展行为	阅读（读书/文章/网络资源） 参加演讲和讲座 参与专业会议 参与全员大会

终身学习不仅满足了领导者个人发展的需求，也回应了社会发展的需要。随着社会观念和技术手段的快速更新迭代，个人以往掌握的知识和技能很快变得"无用"，如果不能及时补充和更新自身技能，就会被看作是"老龄化"的标志。实际上，无论处于人生的哪个阶段，个体都有学习和发展的潜力，通过不断的学习来适应新的社会思想、掌握新技能，同时也会延缓衰老的过程。新冠疫情暴发后，全球领先的猎头公司亿康先达（Egon Zehnder）对 1000 多名组织 CEO 进行调研发现，相比在疫情之前的调研，当时只有 26% 的领导者认为只需要改变自己的组织，无须改变自己，他们目前有 100% 同意、80% 强烈同意组织和他们个人都需要发生改变。[1]

凯文·凯利在《失控：全人类的最终命运和结局》一书中提到，所有可以成长的东西都拥有几个共同的特点，其中一个就是 S 型曲线生命周期：缓慢地诞生、迅速地成长、缓慢地衰败。领导者的学习和发展路径也是如此。惠特尼·约翰逊在 2022 年出版的《智慧增长》一书中引入了学习的 S 型曲线，认为领导者应该把该理论用于自身发展：发展开始时增长速度非常缓慢，直到达到临界点（通常为 10%—15% 的比例）才进入高速增长阶段，在达到约 90%（饱和）的状态之后，增长逐渐放缓。

---

[1] Vikas Shah MBE. A Conversation with Whitney Johnson on Smart Growth：How to Grow Your People to Grow Your Company［EB/OL］.https：//thoughteconomics.com/whitney-johnson/，2022-01-02.

当我们每次开始学习体验一件新事物的时候，都是处于成长的起点。这个时候的成长速度可能非常缓慢，这让人感到沮丧，不知所措，痛苦万分。但从 S 型曲线理论来看，这种初期的体验是正常的，如果在这段时间不抓紧机会去探索、积累经验，在后续发展中可能会感到更加乏力。因此，在启动阶段，你需要进行自我质疑和反省：这条道路是否与你的目标和自我认知相契合？事物是否足够新颖？是否相信自己能够驾驭它？努力的过程也是自我观察和收集信息的过程，比如自己的情绪状态、绩效水平等。当你从一条 S 型曲线跳转到另一条 S 型曲线的时候，之前的自我观察和反馈能够帮助你快速找到感觉，在另一个领域中继续成长。[1]

接下来，成长会进入加速阶段，个人能力体系的建立和发展会让人感觉兴奋，产生"心流"的感觉。这一阶段也是多巴胺旺盛的阶段。多巴胺并不只是简单地带来快感，而是与学习和动机有着密切关系，能够促使我们去行动，激励我们去做成某些事或避开某些不好的事。行为神经学家约翰·萨拉蒙（John Salamone）在一项实验中，给小鼠呈现了两种选择：一份食物和另一份在小栅栏后面的双倍大小食物。那些多巴胺偏少的小鼠几乎总是选择小份、容易获得的食物；而那些多巴胺偏多的小鼠，则会跳过小栅栏来获取更多的食物。根据神经学家朱迪·威利斯（Judy Willis）的观点，大脑具有可塑性。我们可以通过奖赏性的体验来训练大脑分泌更多的多巴胺，从而产生动力。在加速阶段，我们的行动力和情绪正是这种正向促进的关系，大脑分泌带来让人快乐的多巴胺，而多巴胺越多，发起行动所需的动力就越低，我们就会进入专注带来的兴奋而又充实的"心流"的状态。

最后，当我们在某一方面达到精通的级别后，大脑的预测模型可以相对精准地解决问题、做出决策，但是由于到了慢速增长期，大脑会感觉无聊，多巴胺分泌也会大大减少。当成长停滞的时候，不少人会以为自己受到了限

---

[1] Whitney Johnson. *Smart Growth*: *How to Grow Your People to Grow Your Company* [M]. Boston: Harvard Business Review Press，2022.

制,已经触到了天花板,于是便停步不前。但在这一阶段长期停留,并不利于个人的发展,应该振作精神重新出发,为自己设定新的目标,进入新的 S 型曲线。

(三)领导力的发展境界

美国领导力大师约翰·麦克斯韦尔认为,一个人的领导力分五个层次,大致是从职位获得的权力到关系获得的权力,再到生产力贡献获得的权力,再到培育领导者获得的权力,直至最终到口碑获得的权力。[①] 或者可以解释为,人们从不得不听你的,到喜欢你、认同你,再到佩服你、感激你、崇敬你。

1. 第一层次——职位

职位型管理者仅有的影响力来源于他的职位头衔。也就是说,员工服从他的指挥,往往是因为他们非听不可。仅仅做到职位型管理者(还不能称为领导者)或许能够成为"老板",但是难以称得上是真正的领导。因为他们所拥有的是唯命是从的员工,而非和衷共济的团队。这类管理者依靠各种规章制度来管束员工。这样的直接后果就是员工只会在管理者权威所及的范围内服从他的命令,完成他们的"分内事",而管理者权力范围之外的事情,员工则实难从命了。职位型管理者在与新生代员工及高素质员工相处时,也往往存在困难。因为这类员工具有更强的独立性,管理者仅仅依靠职权很难对其施加有效的影响力。在5个领导力层次中,基于职权的职位型领导力是唯一不需要能力或者努力就能得到的,因为几乎任何人都可以通过某些其他手段被赋予某个职位而自然而然地拥有它。

[①] [美]约翰·麦克斯韦尔:《领导力的5个层次》,任世杰译,金城出版社2016年版,第6页。

2. 第二层次——认同

第二层次领导力完全基于对人际关系的把握。在认同这个领导力层面上，人们追随领导者是因为他们愿意听他的。处于第二层次的领导者，其着眼点已非维持自己的职位，而在于如何去了解身边的人并努力探寻与他们的相处之道。这一层级的领导者必须做到坦诚，需要开放自己，做事光明磊落，通过沟通来表达自己的想法、感受和期望等，同时通过倾听和反馈来建立和下属的友好关系。总之，沟通是这一层次领导力的前提和基础。这也就意味着，如果不能真正关爱他人，就无法做好第二层次的领导者。

3. 第三层次——成果

第三层次领导力基于工作成果，领导者由此获得影响力与公信力。人们追随领导者是因为他们对整个组织的巨大贡献。团结之后产生的胜利，让人们欢欣鼓舞产生力量。"当你取得胜利的时候，任何困难都能迎刃而解。"另外，领导者在第三层级中涉及变革，他们能够勇敢面对，做出艰难的抉择并及时解决棘手的难题，挽回局面，将追随者引领至胜利的新高地。唯有不断取得胜利，才能维持和不断增强自身的领导力。

4. 第四层次——育人

第四层次上的领导者注重投资他们的追随者，通过自我经验的复制与更新，发掘与培养更多的人，让他们与自己一样拥有出色的成就。高绩效产出能够赢得竞争，关注人才培养才能获得持久的优势。在这一层次，我们会看到两种变化：一方面，人才培养的投入使领导者与追随者相互了解，对彼此忠诚；另一方面，团队中有更多领导者帮助员工提升工作绩效。处于第四层次上的领导者会改变他的追随者的人生，而这种条件下结成的人际关系往往是延续终生、牢不可破的。领导者个人发展对组织和社会带来的益处毋庸置疑，从另一个角度来看，在组织中担任导师，开发下属和组织成员的潜力，使其更好地表达自我、成就自我，也是每位领导者的职责所在。

5. 第五层次——巅峰

处于巅峰的领导者致力于培养实现第四层次的领导者。在所有的领导力任务中，难度最大的就是将领导者培养成能够并愿意去培养其他层次领导者的人，这不仅需要领导者的努力、能力和意愿，某种程度上也需要他具备一定的天赋。然而，巨大挑战的背后也有着丰厚的回报：一流顶尖的领导者成就一流顶尖的组织。他们创造出其他领导者所没有的机遇，他们以实际行动留下宝贵的财富。人们追随他们是因为他们的领袖特质以及他们所代表的努力目标。处于巅峰的领导者往往能够超越自身的职位、所处的组织，乃至所从事的行业。

二、组织层面的发展领导力

（一）组织的发展模式

在互联网思维和信息化技术发展的冲击下，易变性、不确定性、复杂性、模糊性时代已经到来。因此，仅通过职能完善和业务调整来进行组织变革，是用老办法解决新问题。美国组织理论研究者之一沃伦·本尼斯认为，组织必须完成两项互相关联的任务才能存在下去，一个是协调组织成员的活动和维持内部系统的运转，另一个是适应外部环境。第一项任务要求组织经由某种复杂的社会过程使其成员适应组织的目标，而组织也需要适应成员的个人目标。这一过程被称为"互相适应""内适应"或"协调"。第二项任务要求组织与周围环境进行交流和交换，或称之为"外适应"或"适应"。

清华大学经济管理学院教授陈国权认为，组织发展时间的长短，从某种程度上反映出其在变化环境中所具备的组织学习能力。例如，一些组织具有很强的生命力，在经历了多次产品生命周期、多位领导人更替后依然能够继续生存。也有一些组织往往因不能对变化的环境作出正确且迅速的反应而走向衰落。鉴于此，组织必须能够根据变化的环境不断地学习和改进，才能延长发展时间，保持长久的生命力。每个组织从初创阶段开始，逐渐形成一条组织价值曲线。其中，横轴代表时间，纵轴代表组织价值，即组织在运行过程中所创造的经济价值（如财务绩效、市场占有率等）和社会价值（如创造就业机会、维持员工高满意度等）。

组织价值曲线的高低起伏变化体现了不同发展时期组织的经济价值与社会价值的波动性，组织价值对时间的积分则代表组织总价值，是组织从创建之初到特定时间点所创造的价值总和。每个组织在其发展过程中对这两个目标的实现程度千差万别，因而也呈现出了形状各异的价值曲线。由此，按照价值曲线轨迹大致可将组织学习的成效分为一般型、脉冲型、长寿型和长青型4种类型。

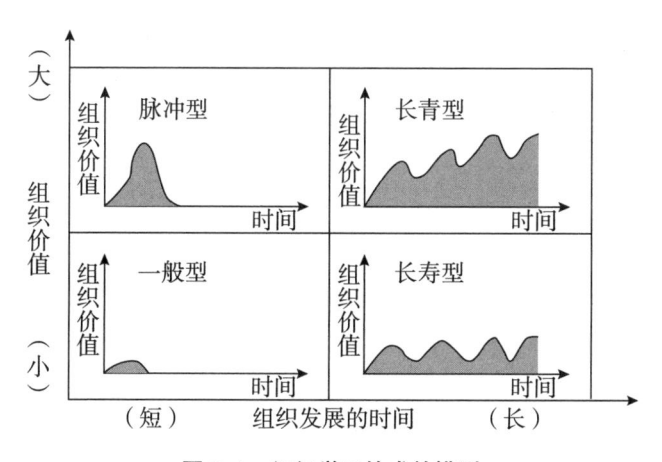

图 8-1　组织学习的成效模型

1. 一般型

有些组织发展的时间相对短暂，且在有限的时间内创造的组织价值水平不高。譬如，国内外的某些小型企业，因缺乏雄厚的资金和真正的竞争优势，仅凭一支规模不大的技术团队开展技术开发或外包等业务，无法创造较大的价值，运行几年后便退出市场。这类组织学习成效的类型属于一般型。

2. 脉冲型

脉冲是指物理学上的电磁脉冲，描述了波形在短时间内发生突变，又迅速返回原始值的变化过程。有些组织获得了较高的组织价值，但发展时间不长，在短暂辉煌后便销声匿迹。例如，有研究表明，我国改革开放中，有些企业在经历了短暂的、较好的发展势头后，就出现了经营管理不善、人财物等方面资源不足等问题，最后导致企业无法持续发展。这类组织学习成效的类型属于脉冲型。

3. 长寿型

管理大师阿里·德赫斯提出"长寿型组织"的概念，指有些组织有着较长时间的发展，且在各个时期所创造的组织价值波动幅度不大。例如，在国内外均存在的一些小型手工业企业，依靠传统的特殊技术保持生产，组织规模虽然不大，但长期拥有一定的市场份额；还有一些依靠特定环境保障的企业，创造比较稳定的经济、市场和社会等方面的价值，比较明显的特征是发展的时间也较长。这类组织学习成效的类型属于长寿型。

4. 长青型

一些组织发展时间较为长久，组织价值尽管有波动但能保持较高水平甚至不断提升。例如，吉姆·柯林斯等指出，一些企业能够努力延长组织发展的时间，而且始终坚守正确的经营理念，强调产品和服务的不断改进，重视员工、客户等各方面利益相关者的需求，从而保持着长期良好的发展。这类组织学习成效的类型属于长青型。

延长组织发展时间和提升组织创造的价值是每个组织所追求的目标，且二者相互促进，产生的价值越大则组织越有可能具有较长的发展时间；组织发展的时间越长，则可能创造和积累的价值也越高。然而，组织实现双重目标、迈向基业长青之路却非易事，只有通过不断学习和改进，把握所面临的环境变化特征并采取相应的组织学习模式,才可能取得良好的学习成效。[①]

(二)组织的发展领导力

吉姆·柯林斯等研究者自 1990 年前后进行了长达 6 年的研究,从当时世界 500 强排行榜中找到了 18 家伟大而长盛不衰的公司。从这一比例来看,能够经受住时间、市场和竞争对手的考验,最终称得上拥有发展领导力的组织确实凤毛麟角。

被吉姆·柯林斯定义为长盛不衰的顶级公司多成立于 1950 年之前,它们从规模小、资金紧缺的小企业开始,在发展过程中也都经历过严重的内部和外部挫折。[②] 通过对这些企业案例进行研究,可以总结出组织发展领导力的共性特征:一是拥有正确的发展价值观且价值观与组织文化协调一致;二是有依靠机制的领导力而不仅仅是利用领导者的个人魅力;三是兼顾守正与创新,能够实现自我迭代。

1. 正确的发展价值观

能够长续发展的公司,都有一个核心的发展理念,并能清晰地把它表达出来。通常情况下,核心理念包括两部分:核心价值观和使命。所谓核心价值观,就是公司长盛不衰的根本信条、指导原则,为公司发展提供实际指引。一家公司可能会有几个核心价值,但通常不超过 6 个。比如华为公司的核心价值观有 4 个:以客户为中心,以奋斗者为本,长期艰苦奋斗,坚持自我批判。

吉姆·柯林斯发现,大多数基业长青的企业并未把"尽量扩大股东的财富"或者是"尽量扩大利润"作为核心价值观。虽然获取利润的确是企业生存的必要条件,而且是达成更重要目的的手段,但是对于要长期发展的公司

[①] 陈国权:《面向时空发展的组织学习理论》,《管理学报》2017 年第 7 期。
[②] 参见[美]吉姆·柯林斯、杰里·波勒斯:《基业长青:企业永续经营的准则》,真如译,中信出版社 2019 年版。

来说，追求利润不是目的，正如追求氧气、食物、水不是生命的目的一样。

在这些基业长青的企业中，更为关键的是清楚表明一种核心理念。这种核心理念超出了单纯和赤裸裸地对利润的追求，而是从更高的视角来界定公司存在的意义。在公司经营上，优秀的公司可能有相似的方法论和经营架构，但在价值观上，每一家企业都不尽相同，如贡献、团结、关心和尊重员工、服务顾客、富于创新或冒险精神等。

核心价值观的表达能够给企业员工带来强大的归属感，让员工在公司运转的过程中知道为了什么而努力，从而让集体发挥出更强的力量。因此，基业长青的公司会采取很多方式，让其理念贯穿于整个公司的体系框架和运行的各个环节中，包括向员工灌输核心理念，甚至打造教义般的文化，谨慎地培养和选择高级管理者，考察高管人选是否和公司核心理念所契合，等等。

核心价值观一般是稳定不变的，但随着时间的推移和行业大环境的变化，基业长青的企业的核心价值观也会随战略的调整而调整。例如，在20世纪中期，IBM依靠大型主机技术方面的领先技术、产品，以及服务人员的专业技能来赢得客户，"尊重个人、追求卓越、服务顾客"成为IBM的基本信仰。20世纪末，IBM从生产型企业向同时出售硬件、网络及软件整体解决方案的供应商角色进行转型，郭士纳提出了"胜利、执行和团队合作"的企业核心价值。以这3条标准为出发点，经过10年的发展，IBM浴火重生。2003年，面对前所未有的行业危机，IBM在全球展开了72小时的即兴大讨论，32万名员工一起在网上探讨什么是IBM的核心价值，怎样才能让公司运作得更好。员工们一致认为"创新为要""成就客户"及"诚信负责"是对IBM现在和未来最为重要的3个要素，这也随之成为IBM的核心价值观。

2. 健全的领导机制

要打造一个基业长青的组织，有时并不需要知名度高的魅力型领导。索尼公司享誉全球，作为创始人之一的井深大就以谨慎、深思和内省闻名。美国明尼苏达矿业制造公司（3M公司）很有名，在这家公司担任多年领导者的麦克奈特轻声细语、彬彬有礼、谦恭温和，并不像公司这么出名。研究表明，魅力型领袖并不是公司具有发展领导力的关键。基业长青的企业的历史上确实有很多重要的领导者，但不一定都具有高知名度、魅力型人格特质，他们专心致志地建构一个伟大而持久的组织体系，不在意自己是否成为伟大领袖。

基业长青的企业与对照企业的明显差异并不在于魅力型领导，而在于企业的关键人物有着更明确的组织导向。换句话说，这些企业的领导者把发展公司而不是生产产品作为持之以恒努力的目标，不是"把公司视为产品的桥梁"，而是"把产品看成是公司的桥梁"。根据这种思路，技术路线可以调整、产品可以取消、修正或改进，而公司绝对不能放弃。吉姆·柯林斯引用了花旗银行领导者詹姆斯·斯蒂尔曼的案例，他通过建章立制和制定人才发展与组织机制，构建出一个在他离开后很长一段时间依然能够欣欣向荣的机构。在美国建国之初，约翰·亚当斯、托马斯·杰斐逊、詹姆斯·麦迪逊也都不是具有高度魅力的"舍我其谁"型领袖，而是眼光远大的组织型人才。

3. 自我革命，不断进步

在基业长青的企业中，核心理念的促进力和追求进步的驱动力，共同促使企业勇于自我革命，不断发展进步。例如，作为全球科技行业的百年老店，IBM 历经风云变幻而屹立不倒，4 次在生死一线间转危为安，以"自我革命"的精神推动其进行转型，这种发展领导力给我们带来很多启示。

IBM 第一次战略转型是小托马斯·沃森在 1956 年接替父亲领导 IBM 公司之后，他以大型计算机作为目标，通过 50 亿美元的研发投入，1969 年使得 IBM 计算机市场份额达到 70%。

20 世纪末，IBM 依靠出租大型机以获取高额租金的业务模式受到了严重冲击。时任 CEO 郭士纳发出"谁说大象不能跳舞"之问，带领 IBM 从大型计算机向分布式计算系统进行战略转移，这是 IBM 的第 2 次转型。1995 年，"蓝色巨人"重新焕发昔日风采，营业额首次突破 700 亿美元，是当时微软公司的 7 倍。

之后，郭士纳开始实施第 3 次转型——把重心放在服务与软件上。这次转型为 2000 年互联网泡沫破灭后 IBM 确立的"随需应变"战略打下了基础。2002 年，IBM 提出"随需应变"战略，退出 PC（卖给联想）硬件业，全面进入知识服务、软件和顾问等服务市场，向客户提供从战略咨询到解决方案的一体化服务。

2012 年，CEO 罗睿兰（Ginni Rometty）宣布进行第 4 轮转型，IBM 将成为"云计算为平台，认知计算为解决方案，专注于行业的企业"。

从 IBM 的 4 次战略转型中，我们可以发现，组织转型并不是在危机来临时做出的为适应市场变化而采取的权宜之计，而是一种从经营理念到企业结构再到运营模式的根本性转变，这也正是它能长期发展，实现基业长青的关键。

2018 年，IBM 大中华区董事长陈黎明在接受《中国经济报告》采访的时候提出，要想成为一家伟大的公司，要经历过几次风雨，但是要想成为一家基业长青的公司，必须经历过生死存亡的转型。应时而变、不断转型是 IBM 的基因，正因为如此，IBM 才能成为科技行业到目前为止唯一的"百年老店"。

（三）组织中的领导力补给线

从商业领域的具体需求出发，领导力补给线模型为建设领导梯队、实现组织长期、可持续发展提供理论框架。领导力补给线不等于技术补给线，不少组织把领导能力与工作技能两种概念混为一谈，只注重专业技术和基于具体岗位胜任力的管理，而忽略了领导力的动态长远发展。领导力补给线理论基于科层组织的特征和能力发展理论，承认组织中存在等级层次，每个等级要求不同的领导能力，因此，从低一级上升到新一级时，领导者需要不同风格的领导力。其领导力模型一共分为 6 个阶段。

1. 自我管理阶段，应该关注的是分配工作的完成情况、个人技能的提升。

2. 管理他人阶段，应该关注的是如何分配工作、如何解决下属的问题、如何帮助下属、如何更好地培训、提高下属的能力等问题。此时领导者所需的技能更多的是带领团队的能力，应更多与下属沟通，而不是亲力亲为地完成工作，因为其价值的体现是帮助下属成长。

3. 管理管理者阶段，此时应该关注的是资源的分配，识别、培训优秀的下属，帮助下属迅速成长。相比第 2 阶段，领导者有个比较特殊的技能是甄别优秀的下属，从而帮助其成长到第 3 阶段。

4. 功能管理者阶段，在这一阶段，领导者除了关注下属的情况，更多的则应该关注企业的蓝图、市场定位、近期的策略，以及自己所处的职位对于企业的贡献度，和其他职能经理的配合等。这要求领导者培养更广阔、更深远的视野，而不再是仅着眼于需要完成的相关工作任务。

5. 管理企业阶段，这个阶段的领导者基本处于企业领导者的位置，这时需要关注企业的成本收益、资产负债，平衡长短期利益，和投资人、企业外部打交道，乃至发挥企业的社会责任等。当然，处理好下属反馈的问题以及建设人才梯队仍然是这个阶段领导者的任务，只是在时间分配以及价值的判断上，他应该有较大的改变。

6. 跨企业管理阶段，这个阶段是综合性大企业才有的阶段。这个阶段的领导者不只是进行企业内部的管理，更要平衡整个集团里的各个子公司。这里考验的是领导者的战略眼光，他需要在众多的投资组合中选择最佳的或者说最符合企业价值观的投资组合。因此，这已经不单纯是领导力的发挥，更多的是价值观的体现。

这 6 个阶段在整个组织内部都有着不可或缺的意义，而领导力补给线模型的核心是每个阶段在过渡过程中的转变。如果转变得当，那么组织整体的领导力就会处于高效的状态，否则组织的效率只会变得低下。这一点不仅在企业中具有战略指导意义，在政府、非政府组织等非营利机构也是如此。

要达到这种状态，组织要对其内部各个级别的具体情况进行详细的描述，从技能、时间安排、价值判断 3 大方面构建完整的领导力梯队模型。除了描述不同领导阶段的特征，还有一个关键点是要描述清楚与相邻等级间重叠和不同的地方。这是为了更好地帮助员工摒弃过往的思维模式，推动其从内心舒适区转变到学习区，从而挑战更高的等级。①

本讲思考题

1. 个人的发展领导力呈现出哪些特点？
2. 哪些方式可以帮助个人提升发展领导力？这种提升需要经历哪些阶段？
3. 如何判断一个组织是否具有发展领导力？

拓展阅读书目推荐

1. ［美］安德斯·艾利克森、罗伯特·普尔：《刻意练习：如何从新手到大师》，王正林译，机械工业出版社2016年版。

2. ［美］吉姆·柯林斯、杰里·波勒斯：《基业长青：企业永续经营的准则》，真如译，中信出版社2019年版。

3. 贾根良：《国内大循环：经济发展新战略与政策选择》，中国人民大学出版社2020年版。

---

① ［美］拉姆·查兰、斯蒂芬·德罗特、詹姆斯·诺埃尔：《领导梯队：全面打造领导力驱动型公司》，徐中等译，机械工业出版社2021年版，第16页。

领 | 导 | 力 | 通 | 识 | 课

第九讲
集聚优势领导力

集聚优势理论的核心要义之于组织发展，是不断地发掘、积累和吸收各种外部优势资源，在整合的过程中一方面增强自身的吸纳能力和作用，另一方面形成"极"平台，并对外释放自身的优势，发挥"场"作用，以吸引更高级的优质资源。

作为发展战略理念和模式，在集聚优势的运作过程中，领导力的作用至关重要：一方面在于确保对战略的厘清和确定，明确促进自身发展的外部优质资源的认知，并通过规划和落实战略的方式，实现这些资源的集聚，使之成为推动组织实现高质量发展的基础；另一方面，在战略实现的过程中，领导力也是确保组织内各方面资源和力量整合到统一轨道上的保证，而这在某种程度上也是集聚优势的结果。

一、集聚优势理论

集聚优势理论是国家经济体实现可持续发展的新型理论，目的在于推动经济体获取"极"地位和发挥"场"效应，并形成良性循环的发展模式。集聚优势理论最早应用于区域和产业发展领域，是在内生增长理论和比较优势理论基础上发展起来的。集聚优势理论与内生增长理论一脉相承，认为领导力、制度等软因素对于区域经济发展能够起到积极促进作用。同时，由于经济发展存在路径依赖现象，技术能力的积累也不同于资本积累，存在一个长期消化、吸收、创新的过程，所以在集聚策略上，利用外部要素加速发展，不能简单等同于将各种要素在空间区位上的聚集，也就是不能简单地使用比较优势的思路进行发展。对于具有战略性意义的产业部门而言，即使当下不具备比较优势和国际竞争力，依然有必要在政策扶持下超前发展。

（一）集聚优势与内生增长理论

自亚当·斯密提出"看不见的手"理论以来，整个经济学界围绕着驱动经济增长的因素问题争论了长达 200 多年。历史上长期占据主导地位的外生经济增长理论认为，在一个相当长的时期里，一国的经济增长主要取决于 3 个要素：一是随着时间的推移，生产性资源的积累；二是在一国的技术知识既定的情况下，资源存量的使用效率；三是环境和技术进步。例如，经济学家罗伯特·索洛在 20 世纪 60 年代提出来的新古典经济增长模型中，经济增长是一个关于资本存量和劳动的函数。根据科布—道格拉斯生产函数提出的全要素生产率的概念，全要素生产率取决于生产地的环境，包括自然环境、社会环境，以及技术水平，这意味着宏观经济增长与领导者的行为、微观视角下人的行为都是割裂开的。

但古典增长模型中有一个缺陷，认为全要素生产率中的技术水平是一个外生变量，是不受主观意志控制的，发展效果只能"靠天吃饭"，否认了主观能动性。之所以会出现这一问题，是因为古典模型是基于早期对制造业的观察研究而提出的，忽略了制度、领导力等软性因素的作用。这一模型已无法适应技术突飞猛进的发展现状，尤其是在几次科技革命之后，简单将技术作为变动不居的外在变量，是无法准确预测经济增长情况的。

内生增长理论从上述问题出发，提出了经济持续增长的决定因素是内生的技术进步，而不依赖外力推动，认可了领导力等软性因素在经济增长中发挥的作用。该理论模型有 3 个基本假设：一是技术进步是经济增长的核心；二是大部分的技术进步源于市场激励而致的有意识的投资行为，即技术是内生的；三是创新能使知识成为商品。例如，诺贝尔经济学奖获得者保罗·罗默将全要素生产率中的外生变量——技术变量提取出来，作为内生变量，他将传统模型中的资本存量概念从资本拓展为知识和技术等软要素。更为广义的内生经济增长模型把人口增长率、折旧率以及储蓄率全部看作是内生变量，认为政府可以通过出台各种政策，比如鼓励生育或者计划生育、调整利率来调节储蓄等行为来刺激这些内生变量。

根据内生增长理论，大力投资教育和研究开发有利于经济增长，因此，发展中国家若要实现长期的增长，就需要具备一种使新设计或创意产生和使用的机制。在第四次科技革命浪潮汹涌澎湃的当下，内生增长理论再次成为时代巨轮前进的重要动力。基于内生增长理论，当一个区域的经济由要素投入以及外生力量推动向创新驱动方向发展时，制度、文化等软要素对地方经济的催化作用将十分明显。

国际区域科学协会西蒙和罗杰在2004年提出区域发展的新理论，将制度、领导力、企业家精神、地方文化这4个软要素作为发展的核心因素。这些软要素有两个最核心的作用：一是合理优化资源配置，投入较少的要素，获得较大的经济收益；二是极大地降低了经济发展过程中的交易成本，提高整个区域发展的效率。通过对西班牙、澳大利亚等37个区域案例的长期研究，他们发现将区域资源禀赋、区域市场与当地制度、区域领导力、企业家精神、区域文化等紧密结合，辅之以外生干预，通过内生与外生相互结合的方式，能够实现地区经济的良性发展。其中，资源（包括人力资源和资本积累）对经济增长的贡献率达到50%，而当区域领导力通过资源发挥作用后，资源的贡献率可以达到70%，这种"一加一大于二"的效果，从一个侧面验证了集聚优势理论的有效性。

领导力首先提供了一个稳定与持久的机制和联盟，可以提升经济的再生产能力以及准确识别一系列可以生成此类能力的微观技能与宏观资源，通过跨区域跨部门的合作，城市和区域将有足够的灵活性和知识技能以适应外部冲击和不断变化的现实状况。在这里，领导力不仅是个体领导者所发挥的个人魅力，还是各机构之间的一种协同行动。因此，区域经济发展的领导力将不会基于传统的层级关系，而是建立在公共部门、私营企业和社会组织之间相互信任与合作基础上的伙伴关系，权力、影响力和决策权更是分散在权力的利益相关者共同努力实现的目标上。

对于现代化发展的组织，并不能够将组织的发展寄望在领导者的个人综合素质上，而是应该优化组织内部架构、组织内部的各种资源，才能够推动组织内的各种资源的有效配置。领导力要素的充分供给主要可以通过政府组织对经济的干预以及对全社会的充分动员进行。企业家精神要素的充分供给可以通过整合、激活地方的生产系统及生产性要素进行：一是充分利用地方的人力资源与自然资源要素进行产品服务的再生产；二是创造性地利用一些新的技术、商业模式、组织方式等改变地方原有的要素供应结构与生产结构，在区域开展持续性的创新活动，推动地方迈向可持续发展路径。

（二）集聚优势与比较优势理论

比较优势理论又称比较成本理论，由英国经济学家大卫·李嘉图从国际贸易角度提出。比较优势理论认为，在两国之间，劳动生产率的差距并不是在任何产品上都是相等的。每个国家都应集中生产并出口具有比较优势的产品，进口具有比较劣势的产品，即"两优相权取其重，两劣相衡取其轻"，双方均可节省劳动力，获得专业化分工，提高劳动生产率。进入知识经济时代，除了劳动、资本等传统意义上的比较优势外，信息、人力资本等因素也成为对外贸易中比较优势的重要组成部分。发达国家凭借自己对高新技术的占有，不仅对传统产业进行改造、降低成本，更为重要的是，大力发展高新技术产业，在国际交换中获得更多的比较利益。

对西方国家来说，在资本、科技、资源、工艺等方面处于战略高位，采取比较优势策略意味着利用自身的优势吸纳发展中国家的资源与劳动力，向后者输出产品，其结果必然导致发展中国家对发达国家处于相对劣势地位，并且由于发达国家所处高位和发展中国家所处低位差异本来就很大，比较优势给发达国家带来的效益显然要远高于发展中国家。对后发国家而言，虽然已经证明通过比较优势模式，国家可以在较短时间内集聚大量的发展资金并提升国家经济实力，但其不可持续性以及导致国家经济结构畸形的严重后果，已然成为许多发展中国家无法回避的现实问题，甚至成为后发国家崛起过程中的瓶颈。这种不平等的模式和状态在现行体系中难以得到根本性改变,而发达国家在本质上也愿意维系和延续这种关系模式和地位状态,借以获得更多的实际利益。

举例来说,作为一类不可再生的稀缺性战略资源,稀土其实是 17 种金属元素的统称,素有"工业味精""新材料之母"等美誉,广泛应用于电子信息、石油化工、冶金、机械、能源等行业,更因其在导弹、智能武器、导航仪、喷气发动机等军事高新技术上的应用而备受关注。中国目前控制着全球约 80% 的稀土供应,但很长一段时间内,由于我国稀土提炼技术不如日本等发达国家,无法高效地从中提取贵金属成分,基于比较优势,大量的稀土资源常年以极低的价格被出售给了有更好加工能力的发达国家。在比较优势理论指导下,所发展的产业都是资源密集型、劳动力密集型、土地密集型、能源环境密集型的,而非技术密集型、资本密集型的,这显然与国家发展的美好愿望背道而驰。

相对于比较优势,集聚优势指经济体在一定发展目标和战略路径的指导下,将自身资源禀赋高度释放,并提升制度、文化、领导力等软要素,以提升集聚平台,打造场效应和吸引力。在现实生活中,国家、区域等经济体能够通过地缘、信息、投资、贸易等方式联系,在战略、领导力、制度等因素的作用下,采取多种优势集聚方式,发掘、整合、运作全球资源场中的内外部发展要素优势,并逐渐积累和实现优势协调效应,大幅度提高多方竞合(竞争与合作)经济体在全球市场的综合竞争能力,实现本体经济和合作体经济共同的高质量跨越发展。[1]

二、集聚优势领导力的作用过程

领导力作为组织的内生因素整合了领导者与发展资源优势,是推动组织机构整体发展的核心要素,也对组织发展具有决定性的影响。领导力并不是

---

[1] 于永达、荣飞:《开放条件下的产业升级与集聚优势》,《经济经纬》2009 年第 1 期。

纯粹由领导者表现出来的，还要从整个组织架构当中产生新的领导力，特别是通过多种优势资源集合之后，产生更为积极的推动力。

（一）优势选择

在一个国家、地区、组织的发展中，资源是一个关键要素。资源是可以对社会经济发展起到积极的促进作用的所有因素的总称，不但包括土地、厂房、设备、工人等有形要素，也包括知识、制度、环境等无形要素。因为资源的类别非常丰富，在一个地区的所有资源中，必然有一些资源相较于其他资源对地区的经济社会发展起到更大的促进作用。对这样的资源，集聚优势理论称为优势资源。

从国家发展的角度来看，优势资源可分为生产优势、金融优势和战略优势。生产优势是指与企业生产产品或者提供服务有关的有利因素，以产品和服务为载体；金融优势是指一国国内的资本、货币、汇率等金融要素与他国相比的有利因素；战略优势则是指一国具有的能够影响国家、企业和个人发展全局的、独一无二的有利因素。这3大优势资源都具有相对性，具体的优势资源会随着比较对象的不同而发生一定的变化。

从个体发展的角度来看，领导者的优势可以从以下4个方面进行分析：内在优势是个人优势和社会资本优势的表现，即与个人特质和能力密切相关的、基于领导者个人的社会网络关系获取资源或者机会的优势。外化优势是组织优势与社会资本优势的结合，即与组织能力相关的、不依赖于领导者个人魅力而形成的社会网络关系，这种网络关系对于获得外部机会、赢得信任具有较强的优势。综合优势是个人优势与人力资本优势的互动。通过领导者个人特质与后天学习、认知能力提升之间的互动，与不同组织地位、不同能力特征的其他个体形成的一种能力体系，逐步完成对个体差异性的凸显和综合效应。差异优势是组织优势与人力资本优势的整合。与他人相比，领导者个人在组织内独一无二的比较优势，具有显著的差异化特征。

（二）集聚过程

在获取优势资源之后，集聚优势的过程包括 4 个阶段，如图所示。

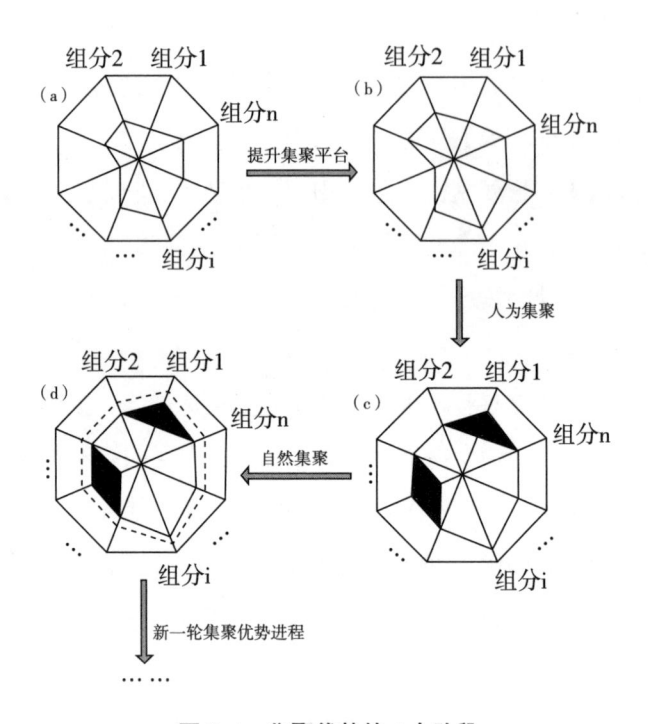

图 9-1　集聚优势的 4 个阶段

（a）图表示第 1 阶段：打造和建设集聚平台。在这一阶段，地方政府特别是发展中国家的政府要致力于提升经济资源禀赋的质量和层次，采取各种有力措施促进该区域经济的发展、市场的开放、贸易的繁荣、资本的流动、产业的布局、市场的建设和监管制度的建立，使整体优势和区域竞争力得以提升，更好更快地促进集聚优势平台的打造。

（b）图表示第 2 阶段：人为集聚。在构建了一个强有力的集聚优势平台之后，会对外部优势资源产生吸引力。因此，领导者要在整体战略的指导下，借助各个相关的主体，如地方政府、市场、公民组织等各方的力量，积极开展人为集聚，一方面利用优势资源，将"倾向"转化为现实；另一方面要学会筛除劣势资源，不能"来者不拒"。通过人为集聚，使集聚环中的某一个或某几个主体的优势水平得到提高。

（c）图表示第3阶段：自然集聚。根据集聚优势理论，"优势资源"应该具有"符合时代发展趋势、同类资源中品质最优、正的外部效应最强、吸收利用最便利"等特点。其中，"正的外部效应最强"保证了资源之间通过联动效应，自发地促进集聚环的扩展，促成集聚优势"滚雪球"式的发展。集聚优势理论指出，当某方面的组分提高时，往往会产生强大的吸引力，从而引导世界市场力量进一步推动全球资源场的优势资源被该国所集聚，最终有力地带动集聚环各个组分水平的全面提升。

在以自然集聚为主的助推下，集聚环全面扩展，使优势水平实现跨越式发展，得到如（d）图所示的结果，即第4个阶段。经过以上各个步骤，一个完整的集聚优势周期结束，并重新开始新一轮的集聚优势进程。集聚优势周期需要随着发展策略的调整和目标的提升不断循环往复。

三、集聚优势领导力的构成要素

在经济发展中，领导力并不是单纯由领导者展示出来的品质，而是通过多重优势要素集聚之后，产生更为积极的推动力的综合结果。所谓优势要素，是经济体所拥有的比自身更为占优的资源和要素。这种占优既可以是数量上的优势，也可以是质量上的优势，还可以是进一步创造出该要素的能力优势或者要素的成本优势等。领导者需要在明确目标的基础上，主动对各项资源进行集聚。[①]

---

① 郭玮、战伟萍：《集聚优势视角下的领导力提升模型——人力资本与社会资本的互动开发》，《湖北社会科学》2012年第10期。

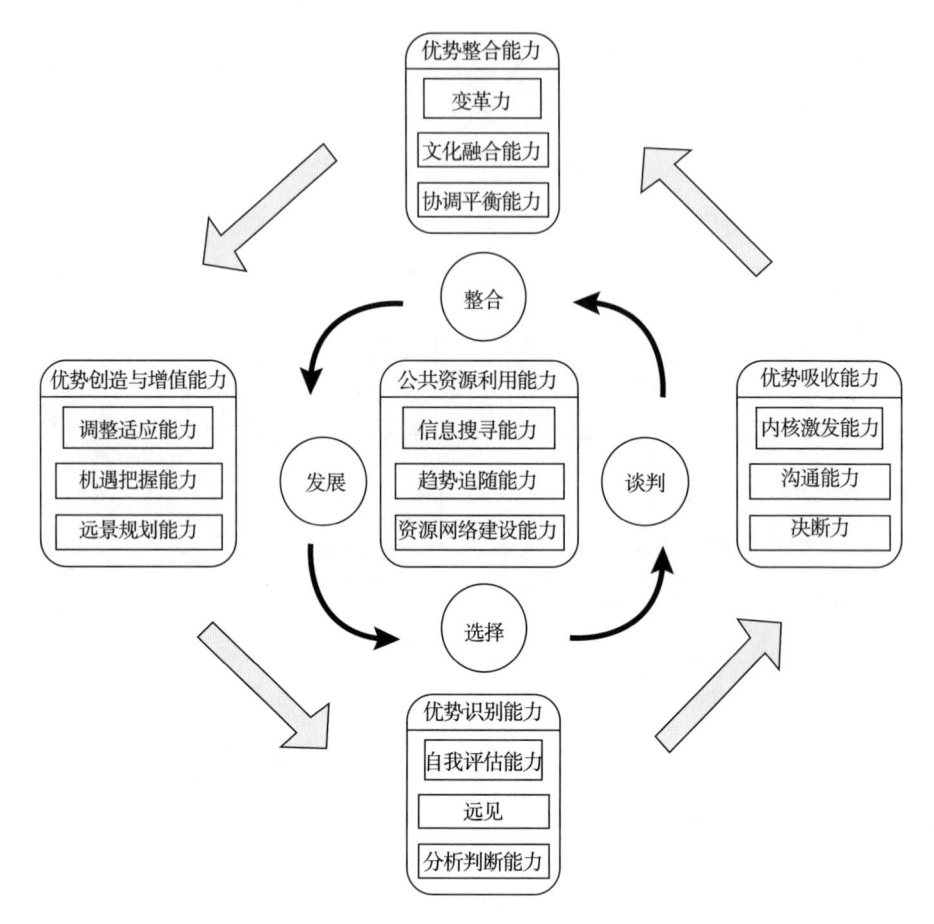

图 9-2 集聚优势领导力的能力构成要素

（一）优势识别能力

集聚优势理论认为，优势本身具有程度差异，对优势的集聚过程也将产生不同的成本，领导者只有根据自身现状和外部环境形势，准确找到符合所在组织或区域特定阶段发展的优势进行集聚，才能够获得最大收益。因此，优势的识别能力是集聚优势领导力的前提，是要来解决"集聚什么"的方向性问题，主要包括自我评估能力、远见和分析判断能力。

自我评估能力是指领导者要对自身当前发展状况和需求有准确的把握，能够基于清晰的认识构建出领导力优势环，甄别出自身的优势与缺陷，定位好所需集聚的优势。每一个人都具有成为成功领导者的独特潜能，但绝大多数人的这种潜能没有得到开发或开发不够。只有正确评估自身初始资质禀赋，以自知之明选择合适的学习对象、集聚策略和做事习惯，才能够有所成长和发展。

远见是指领导者能够提出具有激励性和可行性的短期、中期和长期目标。个人的成长、团队的壮大、组织的发展、区域的增长都不是一朝一夕的事情，既不能超越发展阶段而不计成本地盲目扩张，也不能在优势面前徘徊犹豫，这就需要领导者有贯穿始终的全局性、预见性发展思路。

分析判断能力是取舍能力，需要对优势要素的优先级做明确的区分，能够识别出当前最需要集聚的优势要素，并对未来集聚要素有所规划。

（二）优势吸收能力

无论是经济体、组织还是个人，发展都依赖于开发自我内部优势和吸收外部其他经济体的优势。在当前技术进步速度更快、资本流动更为频繁、信息扩散范围更广的全球环境下，过分强调对自身比较优势的发掘，忽视对其他竞争者优势的吸收，将会与时代发展脱节。对领导者而言，仅对内进行自身优势的潜力挖掘终究是有限的，必须不断地吸收其他外部优势，从碰撞和融合中创造新的增长点。集聚优势领导力不仅体现为其占有优势资源的数量，更体现为吸收外部优势资源的能力，也就是解决"如何集聚"问题的能力。优势吸收能力主要包括内核激发能力、沟通能力和决断力等3方面。

内核激发能力是指领导者能够最大限度地展示和发挥本体自有优势，对组织内部和外部潜在被领导者产生一定的影响力。在积极的自我暗示、有效的外部训练和广泛的社会实践中，内生领导潜能会被不同程度集聚、发掘出来，成为人最宝贵的财富。

沟通能力具体指领导者能够对外运用各种说服和谈判技巧，高效传达本方优势和集聚需求，增强彼此的信任度、降低交易成本，吸引外部优势资源的认可和合作，在合理的集聚成本基础上完成对优势资源的吸收。

决断力是指领导者在某些关键时间点或出现突发情况时，能够果断做出决策，快速而有效地解决问题，推动本组织继续向前发展的能力。优势是一个动态的概念，外部环境的变化、其他企业的竞争等因素可能会使外部优势随着时间推移发生变化，甚至转化为劣势。领导者需要准确把握双方核心利益和共同利益基础，明确合作与吸收的主要目标和可选的解决方法，敢于和善于做出决策。

（三）优势整合能力

"集"和"聚"是密切相关而又有所区别的两个环节，"集"是指发现、挖掘、吸收优势，"聚"是对所集优势的内部化、整合和再创新，"集"是"聚"的前提条件，"聚"是"集"的成果再加工。集聚优势不是要简单地将外部优势吸收，而是要使新优势与原有优势充分整合，互动激发，形成优势创造和优势增值。

优势整合能力主要包括变革力、文化融合能力和协调平衡能力3个部分。变革力是指领导者能够引导和推动本组织做出重要变革，能够打破常规，重新梳理和优化组织系统，创造发展愿景，激励追随者改变态度与行为方式的能力。具有变革力的领导者敢于和善于消除不利于优势整合的因素，能把握好整合程度、整合速度、整合成本、员工满意度等因素，综合利用物质和精神激励，引导下属主动参与到优势整合的过程中。

文化融合能力是指领导者能够准确把握不同文化之间的互通性与差异性，能够找到文化整合的路径与方法，加速文化融合过程，实现价值观念、行为规范的统一。以企业并购重组或技术吸收引进等工作为例，在吸收外部的资产、技术和知识产权等优势资源之后，领导者需要有足够的文化融合能力来消除不同文化、技术水平、管理结构、人员安排所带来的障碍，才能真正将其优势内化整合，才能提升竞争力。具有文化融合能力的领导者不仅是规则制定者，更是能够潜移默化地影响内部环境的氛围营造者，是既有广阔的视野和敏锐的观察力又有原则性和包容性的整合推动者。

协调平衡能力是指领导者能够理顺部门之间和层级之间的资源、权力、人员分配关系，最大限度地整合优势，同时平衡好各方利益，创造和谐一体的工作氛围。在吸收外部优势之后，优势环会随之发生变化，相关项目间会相对出现此消彼长的关系，需要对发展方向即时做出调整。这一过程不仅需要领导者有能力根据新优势环来做出判断，调整各种投入关系，更需要领导者有能力解决利益冲突，平衡好各方关系。领导者是否具有较强的协调平衡能力，能否做好原有优势的巩固和新增优势的发展，对于集聚优势领导力的发挥十分重要。

（四）优势增值能力

集聚优势的基本理念是经济体发展要首先对优势资源做人为集聚，随着优势的不断增加将逐步形成优势的引力场，对外部资源的吸引力和对内部资源的激发力随之大大提升，最终进入自然集聚的阶段，使优势自发地汇集，使经济体获得充足的发展动力。集聚过程可以产生两方面效果：一是实现优势创造，即通过吸收整合外来优势资源，激发经济体自身产生新的优势资源；二是实现优势增值，即使各种优势资源集聚后的福利效应远远大于单一优势资源所产生的福利效应之和，实现"一加一远远大于二"的效果。

要形成自发吸引优势的能力，实现从人为集聚到自然集聚的跨越，依赖于领导者具备较强的优势创造与优势增值能力，包括调整适应能力、机遇把握能力和远景规划能力。

调整适应能力是指领导者准确掌握内外动态发展状况，对集聚优势之后的发展目标、管理方式、成长路径等做出调整的能力。通常来讲，随着领导者的站位不断提升，所承担职责和使命的重要性增强，领导的影响范围扩展，需要考虑的因素更为复杂，需要迅速完成角色转变和视角变化，通过资源投放、人员安排、管理机制等方面的调整，激发新优势的创造和即有优势的增值，在优势自然集聚中获得最大的发展。

机遇把握能力是指领导者能够基于新的优势环判断出发展机遇，明确最具价值的优势需求；能够甄别出不同优势资源的优势度，准确定位目标优势；能够把握住自有优势与目标优势融合的时机，激发新优势，提升原有优势价值；能够扫清阻碍自然集聚过程的因素，延长自然集聚过程的时间，扩大优势资源的辐射效果。

远景规划能力是指领导者站在更高的起点上对未来发展谋篇布局，重新定位优势环下的切入点，不断挖掘优势增值潜力，找到优势创造和优势增值的路径，同时对下一轮的优势集聚有前瞻性的设计，不断在"选择—吸收—整合—成长"的循环中向前发展。

（五）公共政策响应能力

我国各行各业领导者受政府和公共政策影响较大，需要具备公共资源的利用和响应能力，更好地挖掘作为基础性优势资源的公共政策优势。公共政策响应能力包括信息搜寻能力、判断力和资源网络建设能力3个部分。

信息搜寻能力是指领导者能够多渠道、广范围、深层次、及时地获取相关政策信息，密切跟进政策过程，准确把握相关群体的态度和行为，使领导行为能够最大限度地获取公共资源的支持。在市场越来越体现"赢者通吃"规则的情况下，信息成为一种重要的优势资源，领导者如果能在第一时间掌握信息，就能尽早进入集聚优势的准备过程，使优势度得到充分提升，挤压后发竞争者的发展空间。信息搜寻能力既体现在能够从政府政务平台、各级经济会议、目标企业的行为、智囊机构和知名学者的论断中解读出深层的信息，也体现在能够甄别真伪，搜寻最真实可靠的信息。

趋势追随能力是指领导者能够对国民经济发展的宏观形势作出合理分析，使个人和组织的发展始终能够与国家政策趋势保持一致。领导者要准确判断出国家的战略趋势，将国家意志与个人和组织行为紧密结合起来，获取更多的公共资源支持。

资源网络建设能力是指领导者能够在法律规范的框架内，建立起有助于政策优势集聚的人才网络、信息网络、技术网络和资金网络，既影响公共资源的分配，又能高效利用好公共资源，将政策优势更为有效地转化为自身优势的能力。

四、案例：林肯的集聚优势

亚伯拉罕·林肯是美国第 16 任总统，以正直、仁慈、坚强的品格，洞悉人性的敏锐和卓越的政治才干，被称为最伟大的美国总统。马克思高度评价林肯："这是一个不会被困难所吓倒，不会为成功所迷惑的人；他不屈不挠地迈向自己的伟大目标，而从不轻举妄动，他稳步向前，而从不倒退……总之，他是一位达到了伟大境界而仍然保持自己优良品质的罕有的人物。"[①]

回顾林肯的一生，从孩童时期如饥似渴地学习，到南北战争时期的用人策略，再到战争结束后的经济发展和移民政策，恰好从个体领导力、组织领导力和区域领导力 3 个维度证实了集聚优势思想对于领导者的重要意义。无论是打破自己人生的每个阶段的"安全区"，还是不拘一格选用人才，以及带领美国走向统一和富强，林肯的经历都会启发大家思考：我要成就哪种事业？我要做的行业或事业的领军人物具有什么样的领导力特质或要素？我有哪些领导力特质或要素？与优秀领导者相比，我还欠缺哪些要素？我应该怎样集聚这些缺乏的要素？

（一）如饥似渴学习，集聚知识优势

1809 年，林肯生于肯塔基州的农民家庭，虽然贫困的家境导致他只有不足 12 个月的正式教育经历，却激励着林肯对宝贵知识的不懈追求。为了维持家计，25 岁以前，林肯没有固定的职业，四处谋生，当过俄亥俄河上的摆渡工、种植园的工人、店员、木工和土地测绘员，但他利用一切空闲时间刻苦自学，攻读历史、文学、哲学、法学等著作，获得了丰富的知识。被

---

① 《马克思恩格斯给美国人的信》，人民出版社 1986 年版，第 166—167 页。

提名为总统候选人时，他回忆道："以前我没有正规地上过学，我在教育上取得的一点点进步，都是在生活所迫的压力下偶尔获得的。"

本着向杰出的人物学习的强烈动机，林肯主动寻找优质的学习资源，采取多种深入的学习方法去汲取其中的知识精华，使其成为自身成长和发展的养料。他如饥似渴地阅读所能找到的一切书籍，反复阅读甚至背诵过《圣经》《伊索寓言》《鲁滨孙漂流记》《天路历程》等，帮助他形成了乐观积极的价值观；之后的《独立宣言》《美国宪法》《华盛顿生平》以及影响最深的公共演讲类书籍《斯科特教材》都帮助林肯培养了严密的逻辑思维，并使其对法律产生了浓厚兴趣。林肯热爱莎士比亚，《哈姆雷特》《麦克白》使其体会到了其中蕴藏的文采、智慧以及情感。莎士比亚等人相似的贫困经历也大大地鼓舞了林肯，让林肯对人生充满了信心与渴望。

在练习书写时，他以华盛顿和杰斐逊的字体为参照，经过认真练习，林肯的字迹和他们的十分相似，博得了很多人的赞赏。他制作了一个剪贴本，在上面记载了喜欢的内容，并随身携带以便随时学习。为了成为一名律师，他常常徒步约48公里，到镇上法院聆听律师们的辩护词，学习如何做手势。他一边倾听那些政治家、演说家声若洪钟、慷慨激昂的演说，一边模仿他们。如此学习使他博闻强记，说话和演讲时将这些通过读书得到的妙语信手拈来，运用自如，让人觉得他的语言美妙而又富有哲理。正是对知识的不断追求，培育了这位思想伟大、文采出众、演说拔萃的总统。

（二）宽容大度用人，集聚人才优势

林肯初入白宫，因其貌不扬及毫无从政经验屡次被人排挤，但他以用人的智慧和气度，将优秀人才招致麾下、人尽其用。陆军部长斯坦顿公开宣称："我不愿意与那个笨蛋、长臂猴为伍。"而林肯却大度地说："我决定牺牲一部分自尊，要派斯坦顿任陆军部长，因为他绝对忠于国家。"为了增进团结，林肯起用了竞选对手威廉·西沃德做国务卿。另一位竞选对手萨蒙·蔡斯极其自大、嫉妒心重，但在财政预算与宏观调控方面很有一套。林肯一直器重他,并通过各种手段尽量减少与他的冲突。有人表示不理解,林肯解释说:"现在,对我来说,蔡斯先生是一只马蝇,他离我越近,就越能督促我快跑。如此说来,我还有什么必要打落他呢?"

1861年4月,林肯代表美国政府对叛乱的南方7州宣战,美国内战开始。当时,北方23州人口是南方7州的两倍之多,北方也比南方富裕发达。但南方军队素质较高,他们装备精良、训练有素,经验丰富的指挥官很多。南军统帅罗伯特·李是西点军校原校长,凭着高超的指挥领导艺术,充分发挥南军保卫乡土勇猛的闯劲,经常利用速度机动和突然袭击来弥补己方给养装备,在战争初期大显身手,北军虽然拥有较多的人力物力,但依然多次陷入不利局面。

对于本身不懂军事的林肯来说,任命一位卓越的军事统帅是十分迫切的事情。战争初期,他曾先后选用了三四位将领,但修养甚好、几乎没有缺点的将领一个一个都被击败了。林肯仔细分析了对方将领的特征,南方的李将军的部下,几乎没有一位将领没有缺点,甚至有将领经常不按命令行事,使预定计划全部改变,但李将军正是善用他们的长处,使他们充分发挥自身优势。

于是,林肯毅然任命了格兰特为北军司令。格兰特身材矮壮、邋里邋遢,一生最大的喜好就是喝酒。在美墨战争期间,格兰特参加了几次战役,战功显赫,但很快就因为喝酒闹事丢了军职。南北战争时期,上司哈勒克也曾将其停职,罪名是"骄傲自满,嗜烟酗酒,成天懒散,不把命令当回事,不能胜任自己的工作"。林肯并不是不知道酗酒可能误事,但他更知道在北军将领中,只有格兰特能够运筹帷幄,决胜千里。有人告诉他格兰特嗜酒贪杯,难当大任,林肯却说:"如果我知道他喜欢什么酒,我倒应该送他几桶,让大家分享。"

历史证明,林肯用人的决策是正确的。对格兰特的任命成为美国南北战争中北军取胜的转折点。在向前方源源不断输送补给、保证军队毫无顾忌地发动一次又一次猛攻的同时,林肯政府颁布了《宅地法》和《解放黑人奴隶宣言》，极大地激发了人民的参战热情，南方的黑奴纷纷逃往北方，成千上万黑人报名参加北方军队。1865年4月，北方军队攻占里士满，李将军英雄末路，率领南军残兵在阿波马托克投降。林肯在用人上善于取其优势、避其劣势，虽然格兰特劣迹斑斑，但林肯可以充分调动他胆识过人、运筹帷幄的才能和作为军队统帅的优势，最终取得了胜利。

（三）宏观谋划布局，集聚发展优势

19世纪中叶，美国还是一个缺乏资金、人才以及科技落后的农业国家。但通过南北战争，建立了现代意义上真正的美国，通过颁布《解放黑人奴隶宣言》、鼓励移民等措施充分集聚人才优势，使得美国劳动力市场充足；通过铁路建设等项目集聚区位优势，降低交易成本，解除了发展的束缚，解放了生产力。

1863年，林肯决定建造一条横贯北美大陆的铁路线，把大西洋和太平洋连接起来。太平洋铁路始于加利福尼亚州，向东穿过内华达山脉，翻越陡峭的山脊，横穿绵延几百千米的草原和沙漠，征服2000米宽的峡谷和3000米深的裂隙，被英国BBC评为自工业革命以来世界七大工业奇迹之一。这条铁路为美国的经济发展作出了巨大的贡献，从一定意义上说，正是这条铁路成就了现代美国。

南北战争后期，随着工业革命从北部向南部和西部的拓展，美国迎来了工业化的高峰期，各行业对劳动力需求旺盛。为了吸引欧洲移民来美国，1864年，林肯游说国会通过了《鼓励外来移民法》。国务卿西沃德向美国驻欧洲的外交官发出通告，要求他们把吸引欧洲移民作为一项最重要的外交任务来对待。为了从欧洲招募熟练工人来美国工作，一些企业还组团赴欧洲招聘。它们在欧洲许多报纸上刊登广告，印发小册子，对有移民愿望的欧洲人描绘美国诱人的前景。一些企业还对愿意移民美国的欧洲人提供所需的路费。从1864年到1880年大约有500万移民来到美国，是美国移民的高峰期。

同时，林肯政府颁布了多项有关就业和劳动保护方面的法规，以减少和避免就业领域存在的种族、身份、宗教歧视等行为，为来自不同国家和地区的人才提供了充分的权利保障。这些移民给美国带来技术和创新理念，促进美国两次工业革命的完成，推动了美国经济的发展。移民中有勤苦劳作的普通劳工，也有享誉世界的精英人士，带来了他们的技艺，移民也使美国获得人口红利，铸造了美国的强大。[①] 就人才而言，美国对世界各地的人们构成相当巨大而持久的吸引力。

本讲思考题

1. 集聚优势理论所产生的背景是什么？该理论是如何应用到领导力领域的？
2. 回顾自己的成长经历，此前优先集聚了哪些优势，哪些优势要素还有待提升？
3. 为什么集聚优势可以达到 1+1>2 的增值效果？
4. 结合工作，分析如何通过集聚优势的方式来促进组织和社会发展。
5. 外生经济增长理论与内生经济增长理论最大的不同是什么？

拓展阅读书目推荐

1. 于永达：《集聚优势》，清华大学出版社 2006 年版。
2. [美] 菲利普·阿吉翁、彼得·霍依特：《内生增长理论》（增长与发展经济学译丛），陶然等译，北京大学出版社 2004 年版。
3. [美] 戴尔·卡耐基：《林肯传》，白马译，作家出版社 2016 年版。

---

① 林珏：《美国移民政策演变及评述》，中国社会科学网网易号 2019 年 2 月 22 日。

领 | 导 | 力 | 通 | 识 | 课

第十讲
数字时代的领导力

继蒸汽机、电力、信息技术之后,以互联网、云计算、大数据、物联网和人工智能为代表的数字技术已成为第四次产业革命的重要驱动因素,正向人类生活的各个领域全面推进与渗透。数字化新概念、新应用层出不穷,数据价值化加速推进,与实体经济集成融合,产业数字化应用潜能迸发释放,新模式新业态全面变革,也推动着国家治理能力现代化水平显著提升。

习近平总书记指出:"数字技术正以新理念、新业态、新模式全面融入人类经济、政治、文化、社会、生态文明建设各领域和全过程,给人类生产生活带来广泛而深刻的影响。"[1]《中国数字经济发展白皮书(2020年)》显示,我国数字经济规模占 GDP 比重由 2005 年的 14.2% 提升至 2019 年的 36.2%,并将持续扩大,其结构也将优化。[2] 当前,世界百年未有之大变局进入加速演变期,国际社会迫切需要携起手来,顺应信息化、数字化、网络化、智能化发展趋势,应对挑战。中国如果能够抓住这一历史性发展机遇,不仅能够跟欧美同步,甚至可以变道超车。[3]

无论处于何种数字化发展水平,无论是国家、组织还是个人,想要在数字时代提高竞争力,与此相关的领导力都是必不可少的。目前,数字化转型成为各领域都面临的挑战,Runwise 创新咨询公司曾采访了超过 4300 家处于不同发展水平的企业的高管,询问他们是否需要寻找新的战略领导者引领他们在数字时代中胜出。68% 的受访者表示他们的企业的确需要全新的领导机制,才能更有竞争力。本讲重点阐述了数字时代领导者应具备的领导力,数字化既可以是组织领导者的愿景、提升领导力的工具,也可以是组织变革与转型的情境和动力。

---

[1] 《习近平向 2021 年世界互联网大会乌镇峰会致贺信》,《人民日报》2021 年 9 月 27 日。
[2] 《中国数字经济发展白皮书(2020年)》,中国信息通信研究院 2020 年 7 月。
[3] 彭剑锋:《数字化不仅仅是一种技术变革,更是一场认知与思维革命》,华夏基石 e 洞察百家号 2018 年 8 月 22 日。

一、数字时代的领导者

（一）数字时代领导者特质的变化

今天，数字化转型已经成为众多组织的头等大事，为应对数字化变革所带来的挑战，领导者应加速自身转型。可以看到，新兴组织中的领导者所具备的特质，已与以往传统领导者表现出的特质大相径庭。

首先，变革愿景和前瞻性思维是数字时代领导者最迫切需要的特质。在风起云涌的数字化浪潮中，领导者更需要读懂技术发展的演变，制定明确的战略战术，以解决变革中可能遇到的各类棘手问题。[1]

其次，领导者应该具备基本的数字素养。数字素养相比编程或数据科学等核心技术、技能更重要的原因有两点：一是数字素养是变革愿景和前瞻性思维的重要前提。理解技术的发展变化所造成的影响，尤其是给组织带来的是机会还是威胁，需要数字素养作为领导者判断的基础。二是具有判断基础后，领导者不仅将判断新技术是否能为组织带来价值，还将把握引入并使用新技术的最佳时机。

最后，领导者必须以变革为导向，思想开放、适应能力强并具有创新精神。变革导向和数字素养都是变革愿景和前瞻性思维的基础。在数字化转型中，势必会遇见颠覆性变化和危机，这时领导者应以积极的心态作出快速且明智的反应，进行战略、策略或自身思维的转变。

尽管在数字时代领导力的某些特质发生了变化，但这并不意味着就和传统领导力特质完全不同。数字时代领导者仍需具备3项基本的领导力技能：洞察、培育和塑造。

1. 洞察力。我们在"变革领导力"一讲中提到，组织领导者在变革过程中起到组织和推动的作用，尤其是领导者的敏锐度、决心、聪慧、洞察能

---

[1] 方跃：《数字化领导力》，东方出版中心2019年版，第42页。

力通常被看作变革成功的首要因素。在这里所讲的洞察力，具体是指在动用足够的资源投入新技术之前，领导者必须清楚组织投资这项技术的动机和目的，不能只是跟风蹭热度，或是过度关注技术维度。

2. 培育力，也就是领导者培养和发展个体和组织完成变革任务所需的能力。数字化转型工作既需要高层自上而下的推动，更需要员工自下而上的努力。现实情况往往是员工忙于日常工作，没有时间和知识储备来为自己适应新的工作挑战做好准备，这时领导者就有必要投入精力和资源培训和支持员工。

3. 塑造力，具体来说就是领导者愿承担转型重任，成为引领组织数字化进程的主角。如前所述，数字化转型的成功绝不是取决于技术这个单一维度，因此，领导者将变革重任委托给技术人员，那几乎注定会失败。[1]

（二）数字时代领导者的思维变化

实现数字化转型，组织需要全方位提升所有人员对变革的认同感，而其中最先要实现的是领导者观念的更新，建立起数字化思维方式。数字化思维是一种复杂思维方式，包含着多个层面的含义。中国人民大学教授彭剑锋提出，数字化的特征呼唤领导者拥有四种新思维方式，分别是非线性思维、跨界式思维、迭代式思维和分布式多中心思维。

1. 非线性思维。数字化的典型特征之一是发展曲线会出现断点，呈现非连续状态。而商业社会中大生态与小生态的交融也会更加明显，大组织和小组织之间是交融在一起的，组织和用户之间是交融在一起的。这意味着领导者传统的线性思维将不能满足组织成长与发展的需要，只有非线性的生态思维才能应对商业范式的断点、突变与不连续。这要求领导者不仅要具有长远的战略格局，能够洞见未来，布局"生态"。而且要具有数字化连接的端、网、云价值闭环思维，以创新引领组织走出经验曲线，凭借战略与商业模式

---

[1] 巨彦鹏：《数字时代数字领导力矩阵分析与提升路径研究》，《领导科学》2021 年 4 月下期。

创新突破成长瓶颈，实现突破性战略新成长。

2. 跨界式思维。数字化的典型特征之二是破界融合，具体意味着生产者与消费者的破界融合、供需双方的破界融合，还有企业组织与外部生态、产业与产业、软硬技术、线上线下的破界融合。这就要求领导者具有更开放的心态、更包容的文化品性，更需要在开放式社会网络协同中准确定位价值并合作的灰度领导力。不仅如此，跨界思维对于领导者的知识结构也提出了更高的要求，其应形成既有较深的专业知识，又有广博的知识面的 T 型人才。"得到" App 创始人罗振宇和《罗辑思维》联合创始人李天田（别名"脱不花"）对这个概念进行了不同的拓展。脱不花认为，"T"字这一横并非只限于知识结构，而代表着一种"横向的跨界混搭、整合资源的能力"。她认为，当社会网络越复杂、创新的压力越大时，那些跨界型、连接型的人就越有价值。而罗振宇提出的"U 盘型人才"更具象地说明了"T"字的一竖，即创造出一个自身独特的社会节点价值，"自带信息，随时插拔，自由协作"。

3. 迭代式思维。数字化的本质是创新，而且是连续性创新与颠覆性创新，是追求原创性创新而非简单模仿式的创新。同时，数字时代又是具有不确定性的。战略有时是不可规划、不可预见的。这就要求领导者要重塑创新创业激情，打破组织傲慢，挑战权威与已有规范、戒律，敬畏变化，勇于走出组织成功陷阱。自我革新，建立新能力和模式基础上的新学习曲线。在试错中迭代，在优化中确立新的内在核心能力与外在生态优势。

4. 分布式多中心思维。数字化使得商业社会呈现出无限连接、交互的网状结构体系中的分布式与多中心特点，反映在数字化组织中，是以下 5 个特征：

（1）去中介化，数字化组织扁平化、敏捷化、平台化 + 分布式组织成为主流组织形态。

（2）去边界化，数字化组织打破边界，跨界融合生态化。

（3）去戒律化，打破固有戒律与约束，开放包容，充分尊重人的自主创新精神。

（4）去威权化，淡化威权领导，倡导赋能领导，打破"官本位"，尊重专业权威与业务权威，按角色与任务责任建立汇报沟通关系。

（5）去中心化，数字化组织打破一切以行政领导为中心的垂直指挥命令系统，一切以客户为中心构建多中心平行运行机制。

这一切都要求领导者拥有分布式多中心思维，其职责应从组织管控转变到组织赋能，从专注核心人物到尊重个体力量，关注小人物、边缘人物的创新。

（三）数字时代领导者的新伦理观

任何具有变革性的新技术都必然带来法律的、伦理的以及社会的影响。现如今，互联网、大数据、人工智能等数字技术及其应用带来的隐私保护、虚假信息、算法歧视、网络安全、网络犯罪、网络过度使用等问题已经成为全球关注的焦点，引发了大范围内的反思和讨论。探索如何让新技术带来个人和社会福祉的最大化，也是领导者应实现的课题。

其中，企业依靠算法散播虚假信息甚至带有仇恨偏见的信息、泄露用户数据隐私等问题屡见不鲜。2018年，一家名为"剑桥分析"的数据机构被曝擅自利用经由脸书（Facebook）获取5000万用户的个人资料，用于2016特朗普的总统大选。该机构获取用户信息后，进行数据分析，再使用用户喜好的方式渗入社交网络，散播虚假或带有偏见的信息，从而达到改变用户心理、操纵选举的目的。[1]

2021年，针对脸书的诉讼案再次升级，美国华盛顿特区总检察长卡尔·拉辛（Karl Racine）表示，计划将脸书CEO马克·扎克伯格添加到"剑桥分析丑闻"诉讼案的被告名单中。"在这种情况下，将扎克伯格加入我们的诉讼，无疑是正当的。此外，这还会传达一个信息，即包括CEO在内

---

[1] 参见《揭秘Facebook数据门背后主角："剑桥分析"究竟做了什么恶？》，科技新知百家号2018年3月21日。

的企业领导人需要对自己的行为负责。"①

随着全球各国对数字伦理的关注,在该领域出现了积极的进展,比如经济合作与发展组织(OECD)成员国采纳了首个由各国政府签署的 AI 原则,即"负责任地管理可信 AI 的原则",包括包容性增长、可持续发展和福祉原则,以人为本的价值观和公平原则,透明性和可解释性原则,稳健性和安全可靠原则,以及责任原则。

腾讯研究院提出,作为组织领导者,具备数字伦理思维、学习法律因素和道德因素对数字业务交易的影响至关重要,应以人为本,秉承两大权利原则。②

1. 人人都有追求数字福祉的权利,应保障个人的数字福祉。全球还有接近一半人口没有接入互联网,老年人、残疾人等弱势群体没能充分享受到数字技术带来的便利。这首先要求领导者消除技术鸿沟和数字鸿沟。其次应减小甚至防止互联网技术对个人的负面影响。现如今,网络过度使用、信息茧房、算法偏见、假新闻等现象暴露出数字产品对个人健康、思维、认知、生活和工作等方面的负面影响。我们应呼吁互联网经济从吸引乃至攫取用户注意力向维护、促进用户数字福祉转变。这就要求科技公司把对用户数字福祉的促进融入互联网服务的设计中,例如,Android 和 iOS 的屏幕使用时间功能、脸书等社交平台的数字福祉工具、腾讯视频的护眼模式对用户视力的保护等。

2. 人人都有追求幸福工作的权利,应保障个人的工作和自由发展。短期来看,由于技术采纳和渗透的周期性原因,人工智能影响的是部分常规性的、重复性的工作,不会很快造成人类大面积失业。但长远来看,以机器学习为代表的人工智能技术对人类社会、经济和工作的影响将是深刻的。我们

---

① 《Facebook"剑桥分析丑闻"诉讼案升级:扎克伯格要成为被告》,新浪科技 2021 年 10 月 20 日。
② 《报告发布丨智能时代的技术伦理观——重塑数字社会的信任》,腾讯研究院百家号 2019 年 7 月 8 日。

从中要认清的是，人类的角色和作用不会被削弱，相反会被增强。未来 20 年内，90% 以上的工作或多或少都需要数字技能。人们现在需要做的，就是为当下和未来的劳动者提供适当的技能教育，为过渡期劳动者提供再培训、再教育的公平机会，支持早期教育和终身学习。

（四）数字时代领导者的角色变化

杜克大学企业教育学院（Duke CE）瑞安·麦克马纳斯（Ryan McManus）称，在战略和执行机制的背后，领导者必须理解向数字经济转型将如何影响组织内部所有层级的团队成员，继而有针对性地创造出一整套将新技能和专业知识融于一体的领导方法。最成功的数字时代领导者应身兼"建造者""探索者""催化者"和"连接者"四职，来应对数字经济瞬息万变的挑战。[1]

"建造者"是指领导者须设计、部署、拓展新的业务，使其规模化发展。只有不断进行跨领域的试验，才能真正了解其方案及方法论是否符合市场要求，满足客户需要，实现组织价值。新业务并非等同于初创项目，也可以采取多种形式，如改革之前的传统模式和方法，这正是"探索者"一职的要求。

"探索者"如想挑战传统，那必须对新的投入要素持续保持开放和好奇的态度。采用"初学者思维"更利于领导者实现此目标，隐藏多年的经验与知识，深入聆听并吸纳不同的观点，才可能会产生突破性的想法。为此，领导者应塑造组织的学习导向，促进自己和工作伙伴共同进步，从而实现变革。

一提变革，不少人会将数字化看作剥夺就业岗位的动作，因而不愿意主动接触，甚至会产生敌意，这时就需要"催化者"与"连接者"出马。"催化者"应有效推动组织内部和外部各团队之间的协作，毕竟数字化会使组织

---

[1] Ryan McManus. Leadership for the Digital Revolution［OL］. https：//www.dukece.com/insights/leadership-digital-revolution/，2021.

从上至下发生系统性变化，职能或部门的边界感也将越来越模糊，这时将比以往任何时候都更加强调合作参与。

"连接者"则将技术概念转化为易于理解的框架，向内部员工和外部用户讲述数字化变革带来的机遇，化解他们的顾虑。通过愿景的传递为人们参与组织的数字战略搭建起一座桥梁，带动那些没有变革意愿的人一同参与进来。

二、数字时代的组织领导力

（一）数字时代的组织形态

1. 组织形态的演变及现状

数字化转型不仅意味着新技术的应用，也意味着组织形态的演变。回顾数字化转型的潮流趋势，组织形态大体上经历了 3 个发展阶段：第 1 个阶段是以流程优化为特点的信息系统建设，涉及基础的组织结构转变。该阶段以财务系统、ERP 系统为代表，强调各类管理流程的固化和优化，并延伸到生产和供应链领域的优化。第 2 个阶段是以客户连接为要点，实现了客户的在线、互动、沉淀，解决前端业务增长的问题，具体包括各类销售系统、营销系统、CRM 和客户端的建立。当下所处的第 3 个阶段是产业互联高度发展，要求更多的管理流程和产业分工进行实时在线协同，才能响应前端快速变化的需求。

在不同领域、不同产业，组织数字化转型所处阶段以及进度和效果不尽相同。头部机构生态体系健全，数字化发展快、水平高，中小机构则受技术、资金、人才、数据等因素制约，数字化转型动因不足。以处于数字化转型第一梯队的金融机构为例，中国支付清算协会金融科技专业委员会发布的《支付产业数字化转型发展白皮书》显示，我国支付行业正处于向纵深化发展的转折期，在这一过程中，新老发展阶段交集，发展不平衡、不充分问题突出。在 2021 年第十届中国支付清算论坛上，腾讯金融云副总经理王丰辉称，"在推进数字化的过程当中，机构与机构之间的差距并未缩小，反而因为数字化拉大了"。56.6% 的机构还没有制定相关发展规划，只有 27.9% 的机构制定了时间表和路线图并开展实践。从机构类型来看，清算组织数字化转型发展规划制定情况较好，而大多数银行机构虽然没有制定明确规划，但已开展了相关实践，支付机构则两极分化明显。①

2. "中台"概念及应用

"中台"概念产生之前，对于信息系统，主要分为前台和后台两个维度。其中，前台是通过各种前台系统构成的前端平台。前台系统即企业与最终用户的触点，如门户网站、微信小程序、手机应用程序等。而后台系统通常用于企业核心资源（计算+数据）的管理，如人力资源系统、客户管理系统、进销存系统等。可以将前台和后台比作两个不同转速的齿轮。前台要对用户的需求做到快速响应，因此，需要具备快速迭代创新的能力，并且迭代速度越快越好。反之，后台追求的是稳定，这主要是由于后台存储着大量用户私密数据，需要保证安全，过往的系统常常陈旧复杂，又要满足法律法规、审计等相关要求，都是决定后台追求稳定的影响因素。总之，后台的转速往往是越慢越好。这时，随着企业不断发展壮大，业务要求越来越高，这种前后台模式的"齿轮"速率匹配不平衡的问题就逐步凸显出来。

对于这样的问题，IT 研究与咨询公司 Gartner 在 2012 年的一份报告中，提出一种解决思路：企业的应用系统可以分为 3 个层次，分别对应前、中、后台。具体来讲，中台是将系统的通用化能力进行打包整合，通过接口的形式赋能到外部系统，从而达到快速支持业务发展的目的。

在国内最早提出"中台"概念的是阿里巴巴。2015 年，阿里巴巴集团

---

① 《金融机构转型：数字化未能弥合机构间差距 反而渐趋扩大》，经济观察报百家号 2021 年 9 月 30 日。

对外发布中台战略，通过构建创新、灵活的"小前台、大中台"系统架构来适应"互联网＋大数据"的时代要求。前台业务以更快速、更敏捷的响应去应对瞬息万变的客户市场；中台将整合集团的数据治理能力、产品服务技术能力，对前台一线业务构成有力支撑。阿里巴巴集团的这项战略实施至今，早已不是一个简单的组织变革，更是业务变革、机制变革、技术架构变革的全面转型。[①]

中台伴随着微服务、云计算、容器化等概念和工具的兴起，概念也在不断延伸，以深度践行"中台"概念的字节跳动公司为例，2021年，字节跳动旗下抖音、今日头条、西瓜视频等产品总月活跃用户人数（MAU）已超过19亿。这与它实施"强中台"的组织架构密不可分。所谓"强中台"，是说字节跳动会把它的技术能力转化成公司的基础设施，成立单独的团队，去支持不同产品的研发。当前台同时运营十几款App时，除了部分项目经理、工程师、运营人员跟具体某个产品绑定之外，其他大量研发、数据工作都是由中台提供支持。中台机制可以保证公司的技术能力，能够最大化地被各个产品使用，更使字节跳动不同产品之间获取的用户数据可以共享。[②] 例如，有了强大的技术中台支持，字节跳动建立了快速迭代项目的机制。前台仅需要四五个员工，就能做出抖音这样的产品来，快速试错，不断迭代，大大提高了效率。

字节跳动的"强中台"远不限于为组织内部赋能，其正在探索将自身积累的推荐算法、数据分析和人工智能等核心技术整合入企业级技术服务平台，为企业客户提供服务，让他们在自己的企业应用中搭建互动场景。例如，其推出的火山引擎AI产品线以AI中台为底座，提供包括视觉、语音等八项基础能力，支撑上层智能体验套件，在产品层提出面向各行业的音视频解决方案，已经对外推出了AI大数据和视频云等产品，服务于金融证券、

---

① 网经社：《解读阿里巴巴集团的"大中台·小前台"组织战略》，亿欧网2019年2月7日。
② 《字节跳动是怎么"复制"创新的？| 十年复盘EP07》，极客公园网易号2020年1月31日。

手机、汽车等行业。[①]

目前，政府、能源领域、金融行业等也已开始探索使用"小前台、大中台"的建设模式。与此同时，中台的分类也越来越多样化，包括业务中台、数据中台、技术中台、智能或算法中台等。

（1）技术中台通过大数据相关技术，实现数据计算分析、数据运营管理等能力，满足用户需求并提供相应服务。

（2）数据中台主要是通过数据治理实现数字化运营，涵盖数据治理的上下游过程，包括数据的采集、计算、存储、配置等。

（3）业务中台立足于整体业务整合，从全局战略、业务支撑、客户服务、产品创新等维度统筹规划，避免重复建设，实现各业务板块之间的联通和协同，确保关键业务链路的稳定高效，提升业务创新效能。

（4）算法中台由算法提供商统一维护，提供个性化算法服务，提升用户体验。

（二）数字时代的组织生态

网络是群体的象征，每个人都是网络中的一个节点，由此产生的群组织——分布式系统——将自我散布在整个网络。正因为分布式系统的出现，也造就了数字时代独特的组织生态。这个生态虽然在人类社会少有存在，但却体现出了一种大自然的生存逻辑。

凯文·凯利在《失控：全人类的最终命运和结局》一书中就提到分布式系统在自然界的展现——蜂群思维。当蜂群想要搬家的时候，五六只工蜂会在前方侦察可能安置蜂巢的树洞和墙洞。它们回来后会用约定的舞蹈向蜂群报告，侦察员的舞蹈越夸张，说明它主张使用的地点越好。接着，一些头目根据舞蹈的强烈程度核查几个备选地点，并以加入侦察员舞蹈的方式表示赞同。这就引导更多跟风者前往占上风的候选地点视察，依然运用舞蹈表达自

[①] 张俊宝：《当 AI 遇见创作，会碰撞出怎样的火花？》，InfoQ 网易号 2021 年 9 月 18 日。

己的选择。按照收益递增的法则，得票越多，反对越少，最终蜂群选举出最适合的蜂巢地点，而在整个过程中，包括蜂王在内的任何一只蜜蜂都没有做"最终决定"，但所有蜜蜂几乎都参与了决定。蜂群思维的神奇在于，有一只"看不见的手"在控制着整个群体。

蜂巢理论与我们传统的金字塔型管理方式恰恰相反，却是对数字时代的组织生态最好的解释。相比起以体积庞大、运算速度超快的串行计算机为基础的传统超级计算机，将计算机网络建立在一个箱体内，经过刻意压缩，让超级计算机网络中的成千上万台计算机并行运转，其处理复杂性能力要更好，非常适用于感知、视觉和仿真领域。

由于没有控制中心，分布式计算机的管理和中枢是去中心化分布在系统中的，与蜂巢的管理形式相同。分布式系统有4个突出特点：没有强制性的中心控制，次级单位具有自治的特质，级单位之间彼此高度连接，点对点间的影响通过网络形成了非线性因果关系。

除此以外，更重要的是，系统可根据目标自动调整自己的行为，就仿佛是生命体一样，从而让人类从繁杂的细节控制中解脱出来。

在现实生活中，分布式发电就是分布式系统的典型案例。分布式发电是指在用户现场或靠近用电现场配置较小的发电机组，以满足特定用户的需要，支持现存配电网的经济运行，或者同时满足这两个方面的要求，由于靠近用户提高了服务的可靠性和电力质量。分布式发电并不是完全取代集中供电，但通过相互配合应用，分布式发电系统中各电站相互独立，由于用户可以自行控制，不会发生大规模停电事故，所以安全可靠性比较高；分布式发电可在意外灾害发生时继续供电，已成为集中供电方式不可缺少的重要补充。

（三）分布式领导力

在数字时代不确定性较强的复杂环境下，有限理性的领导者无法通过个人的命令对下属进行全面的控制，也无法通过个人的努力来梳理纷乱庞杂的信息，更无法仅通过个人的决策引领整个组织。同时，知识经济时代培养了越来越多的知识型员工，扁平化团队、跨职能团队、虚拟团队、自我管理团队等模式的兴起也为分布式领导的推广奠定了基础，为分布式领导力提供了环境。

在特殊的组织生态下，学者们对分布式领导力也进行了论述，最核心的转变即领导者与追随者的关系。在分布式领导模式下，原来的领导者与追随者身份都发生了转变，领导者可能会成为追随者，追随者也可能转变为领导者。分布式领导理论所倡导的就在于在关键的时候正确的人能获得相应的领导力，而其中的关键是在控制和自由之间存在一种平衡。

分布式领导有3种形成方式，即自发的、本能的和制度化的。如果为了解决某一问题，多人甚至是所有人都贡献出知识和领导力，问题解决后大家的合作自动消解，几乎没有人意识到自己也提供了领导力，这就是自发的分布式领导。如果经过一段时间后，两人或两人以上形成了紧密的合作关系，合作伙伴之间也都意识到自己是"共同领导"，这就是本能的分布式领导。这两种情况在项目研发团队或咨询团队中都是比较常见的。而如果企业通过正式的制度或结构的调整将领导力分散下去，不管是正式领导还是非正式领导，都是在这样正式的安排下产生的，这就是制度化的分布式领导。比如国内的华为公司、美国的戴尔公司都成立了"CEO办公室"，首席执行的责任通过制度化的方式分解给几个人。

分布式领导力模式适应了数字时代组织扁平化发展趋势，转变了传统的上下级关系，能够提升组织情境领导力、开发追随者领导潜能、营造团结互助的良性组织氛围。[1]

---

[1] 张于：《组织命运共同体——扁平化趋势下的分布式领导与实践》，《领导科学》2021年6月下期。

三、数字时代的领导行为

在数字时代，组织运行模式、领导力结构都发生了巨大变化，包括政府、企业、社会组织在内的各部门及其领导者都不得不运用数字技术、信息技术来保障组织高效运转。"数字领导力"的概念应运而生，这是对领导者适应时代发展的素质要求与能力的描绘。

"数字领导力"这一概念虽然被提出并在一定范围内被学者讨论与分析，但关于数字领导力，学术界存在一个核心争议：数字技术的运用到底改变了领导力的哪些方面？

最直接的改变就是，领导者要将数字技术有效融入组织管理，强化组织整体的技术使用能力，并在数字技术与传统技术、灵活性与规范性、自我领导与数字授权之间掌握好平衡。①

营造变革的必要性、描绘真实可信的愿景、充当团队中的社交师、明确员工责任与建立信任，这4点是领导力展现的核心方向。《哈佛商业评论》则提出了更具体的6项领导技巧：学会倾听而非讲述；培训员工的同理心；让员工适应反馈；指导员工学会领导与追随；明确表达，避免抽象；培训员工进行双赢互动。

综合来看，数字时代高效的领导行为主要包括以下3个方面的内容。

（一）数据驱动决策

数字时代应从经验驱动的方式向数据驱动的方式转变，充分发挥机器的处理能力和人的价值判断，超越思维定式与主观偏见。在人机协同的视域下，机器提供丰富的数据资源和科学的数据处理方式，挖掘内隐在数据中的趋势或规律，领导者则结合已有的经验进行意义表征，确定何种信息以怎样的方式影响组织绩效，再进一步结合团队成员的集体智慧，形成更科学、更

---

① 巨彦鹏：《数字时代数字领导力矩阵分析与提升路径研究》，《领导科学》2021年4月下期。

精准的决策。

"数据驱动"由浅入深分为 4 个层次，分别是监测—分析—挖掘—使能。

监测是"数据驱动"的最浅层次，指的是用数据记录实际发生的事实。人们只是对数据进行了简单的加工和处理，以原始的、粗颗粒度的形式（如数据包、日志等）呈现出对客观事物的写实。这个阶段对应的关键词有：指标化、数量化、在线化、图表化，即人们通过指标来定量地记录事实，将客观世界数字化和互联网化。

分析是"数据驱动"的第二个层次，即人们能开展常态化的、有一定思维框架的数据分析，能用数据诊断问题、发现问题，能用数据可视化技术来展现数据分析的结果。这个层次对应的关键词有：常态化、体系化、诊断化和可视化。数字驱动决策的过程，可以根据 PDCA 理论分为 4 个阶段：计划、执行、检查、处理。通过循环迭代，确保目标落地，逐步提升质量。

挖掘是"数据驱动"的次深层级，它在分析的基础上要更深一步，也就是利用一些复杂的算法对数据进行深度加工和处理。比如经典的机器学习算法建立数据挖掘模型，是这一阶段最普遍的做法。在这个过程中，数据的价值能得到充分的释放。这个阶段的关键词是：模型化、公式化和规则化。

使能是"数据驱动"的最深层级。人们将数据分析服务、数据建模和挖掘的过程进行全面的自动化、标准化。数据经过程序化的加工后形成各种数据产品和智能工具，真正成为一种生产要素融入实际业务中，大大提高人们的洞察力和决策力。这个阶段的关键词是：智能化、产品化和工具化。[1]

然而，值得领导者注意的是，要分清使用数据决策的场合。数据驱动决策行为比较理想的前提是在逻辑层面上对业务已经有了相当的积累，换句话说，更适合于可预测的系统。因为在这种系统里事物之间有很密切的因果关系，用已有的数据找到规律可以预测未来的发展。但是当面对的是一个混沌的系统时，如天气或股市，数据就很难精准地预测未来。

---

[1] 《应该如何理解"数据驱动"？》，大数据先生百家号 2020 年 12 月 25 日。

此外，数据驱动决策还对组织变革领导力有较高要求。《哈佛商业评论》2019年刊文提出了一个疑问：虽然不少大型企业已经认识到了数据驱动的重要性，但为什么公司在数据驱动的过程中依然会遭遇失败？根据对大型企业技术和业务主管的调查，72%的受访者表示公司尚未形成数据文化，69%受访者表示尚未创建数据驱动的组织，53%的受访者表示其公司尚未将数据视为业务资产，52%的受访者认为自己定额企业在数据分析方面没有优势。在不少大公司中，文化变革的难度被大大低估了——40.3%的人认为组织缺乏一致性，24%的人认为文化阻力是导致企业变革建议得不到采纳的主要因素。诸如组织架构调整、业务流程、变革管理、沟通、人员技能，以及抵制或缺乏对促成变革的理解等方面，都将影响企业的数字化转型进程。①

（二）加强组织协作

领导者在追求目标的过程中，必须将知识、资源和不同的人群聚集在一起。领导者不仅要在个人、团队和组织层面提倡协作，还必须创造一个让员工感到安全和信任的环境。

对于领导者来说，数字时代还呈现出一种独特的挑战，那就是未来的工作和团队都可能是虚拟化的。随着远程办公、虚拟会议等工作方式和方法的推广，企业可以使用低廉的成本招募到最合适的员工，以此提高效率和创新性，这是一个理想状态。不过，这也会导致出现孤立和涣散的工作人员，低效的沟通交流，以及缺乏协调，甚至出现与预期效果相反的情况。

那么，管理这样一个虚拟团队，首先最重要的就是要让团队成员在正在努力实现的目标上达成共识，并明确所涉及的风险与责任。其次是让每个团队成员拥有工作上充分的自主权。因此，领导者应成为引导师，为团队提供服务，也就是担任"让事情变得容易"的角色，创造一个让团队和个人能够

---

① Randy Bean, Thomas H.Davenport. Companies Are Failing in Their Efforts to Become Data-Driven [EB/OL]. Harvard Business Review, https://hbr.org/2019/02/companies-are-failing-in-their-efforts-to-become-data-driven, 2019-02-05.

茁壮成长的环境。

事实上，虚拟团队的领导力可以在团队成员身上展现，他们可以互相促进，通过提出问题和提出有益的建议，从任何地方开始领导，作出自己的贡献。

（三）提升员工效能

由于组织进行了数字化，交给员工做的工作将更复杂、更难做。员工要弄清楚如何更轻松地进入工作环境中，这个环境使员工能更轻松地完成更复杂的工作。为了确保成功过渡，组织必须找出人与智能机器的正确交集。培训员工并对员工进行技能重塑，这对于创造一种改善了的员工体验至关重要，这种体验能重新定义工作性质。[①]

例如，美国房利美公司在数字化之后发现，在摆脱纸质流程之后，员工在手动流程上耗费大量时间，这主要是由于其业务的专业性决定仍然需高度的人工监督。为解决这项难题，他们创建了一个智能过程自动化与机器人（SPARC）小组，自该小组启用以来，已使用机器人过程自动化将28个内部流程自动化，以支持运营、采购和财务团队。由于这些流程实现了自动化，房利美的工作人员得到了解放，他们可以专注于高价值的活动。而有了核心基础，智能过程自动化与机器人团队正在努力确定具有前瞻性的机器人过程自动化战略，包括将其与自然语言处理和业务流程管理等其他技术相结合的可能性。

类似Siri的数字助理是美国宇航局喷气推进实验室的最新成员，该项目将神经网络、机器学习、弹性搜索和图形数据库等技术用作情境感知平台，以帮助员工在几秒钟内通过语音、打字、触摸或手势来搜索、过滤和汇总大量数据。该实验室的前首席信息官吉姆·里纳尔迪（Jim Rinaldi）解释说，数字助理的目标是帮员工快速回答问题并免去大量的人工研究时间，使他们

---

① 《数字化革新企业办公：54%的人认为协作对实现战略非常重要》，南方电讯1992百家号2018年9月7日。

能够做真正重要的事情。

从 2015 年底开始，全球咨询巨头埃森哲公司开始构建现代数据管理和分析平台，摄取、处理、建模并将数据可视化，以将其转化为洞察力。埃森哲还建立了名为"Enterprise Insight Studio"的中心系统，它可以支持整个企业分析的快速开发和操作。自系统和新流程投入使用以来的 18 个月内，埃森哲已经让约 2 万名关键用户用上交互的、实时的运营报告，并撤掉了近一半的传统报告。该倡议还去掉了 90% 历来与分析相关的重复且耗时的步骤，使数据科学家每月能够处理 30 至 50 个问题，并产生 120 多个分析解决方案，这些方案支持广泛的分析，从用户、人力资源到销售和客户服务都涉及。

未来的工作将利用人工智能和机器学习来发展洞察引擎并重新定义人与机器之间的工作的本质。威尔逊（Wilson）表示，这一切都是为了让埃森哲的员工拥有数据驱动的智能，而不是取代员工。他说："根据数据显示，员工因此能取得更大的成就，并可以自由自在地做其他事情，比如花时间与客户合作。"

四、首席数据官与数字时代的治理领导力

（一）政府功能在数字时代的转变

以数字化、智能化为特征的新技术变革正在发生，不断推动社会进步，如何利用现代信息技术完善社会治理，是政府当前面临的课题与挑战。从工业文明的政府形态向数字文明的政府形态的转变，将是一场根本性的变革。这就需要打破旧有政府的以"物理空间"为主要特征的政府规则或法律体系，以技术驱动不断拓展政府边界，构筑一个"数字空间"政府的形态。其中的核心在于服务的重组、整体性政府建设和协同的决策方式。

1. 大数据的运用

随着大数据技术的广泛运用，人们的一切行为都能以数据形式留痕，于是形成了海量的数据存储。面对这些"休眠数据"，需要利用数字技术所包含的算法机制进行激活，深度发掘海量数据的价值，使之成为政府分析公众需求特点的重要依据，以此提升公共服务的精准化，提高治理效能。

2019年1月，时任美国总统特朗普签署了《基于循证决策的基础法案（2018）》（The Foundation for Evidence-Based Policymaking Act of 2018）（以下简称《循证决策法案》）。循证决策最早起源于临床医学，通过将决策建立在经过严格检验而确立的客观证据之上，可使政府政策更具理性，对经济和社会行为进行更加有效和精准的干预，以减少资源浪费，使公共支出"物有所值"。[①]

《循证决策法案》提出了两个改革方向：一是对政府数据管理和信息公开工作进行规范。政府决策所遵循的证据类别十分广泛，包括基本调查事实、绩效测评结果、政策分析和项目评估报告等，法案要求证据数据具有科学性和高质量，并能够面向公众披露；二是证据在政策制定中能够被政府机构和公务员充分有效使用。法案要求各联邦机构建立数据管理部门，并新设立首席数据官、评估官和统计官3个岗位，将数据作为战略资产进行管理，支持机构完成循证决策的改革任务。

数字技术不仅是一种支持政府完成决策的工具，更是一种"万物互联互通"的数字化思维方式，旨在通过数据融通让政府、公众、私营部门和社会组织共享数据管理应用，实现对公共事务的协同治理。数字技术从改变信息的采集、生产、存储和传播方式开始，影响到组织和个人的交互方式，由此改变了政府与公众的互动方式，从而对治理产生颠覆性影响。

---

① 周志忍、李乐：《循证决策：国际实践、理论渊源与学术定位》，《中国行政管理》2013年第12期。

2. 平台化政府的建立

硅谷趋势观察者蒂姆·奥莱利（Tim O'Reilly）认为，在2.0时代，政府本质上是一种集体行动机制。在这种机制中，政府是公民行动的召集人和推动者，而不是第一个开创者。他认为，政府可以从计算机平台的成功中学到诸多内容，指出政府作为平台的理念适用于政府社会角色的方方面面。在他看来，政府作为平台，需要开放标准激发创新和增长，通过去中心化的方式鼓励领导者创新，这不仅能创造活力，同时还能防范单一组织主导的风险。具体来说，"平台化"数字政府的基本特征主要体现在以下6个方面。

（1）从现有流程的数字化到设计的数字化。依据成功和持续转型的战略要求，设计政府的运作方法，重新思考、再造和简化政府的运作，打造有效的、可持续的和公民驱动的公共部门，在此过程中，应充分考虑数字技术以及数据的潜力。

（2）从信息中心的政府到数据驱动的政府。政府认识到数据是战略性的资产和资源，是公共部门协同运作的基础动力。因此，政府充分运用数据预测公民和社会的需要以提供公共服务，了解政府运作的绩效并不断回应变革的需求。

（3）从封闭的政府运作到开放的政府运作。开放政府数据，政府的运作本着透明、廉洁、负责和参与的原则进行。在开放政府下，公民不仅可以了解政府的信息，实现充分的知情权，还可以通过协商、直接参与等途径，直接介入公共政策制定的过程，使得政府政策能够更好地回应民意，保障公民的权益。

（4）从政府中心到使用者和公民中心。政府要聚焦于使用者的需求和公民的期望，在公共政策的制定和公共服务的提供上，应充分听取公民的意见，并依据他们的需求，用数字化的方式提供优质的服务，包括跨机关的整合服务、自制式服务、个性化服务和高附加值的服务。

（5）从政府作为公共服务的提供者到政府作为公共服务共同创造的平

台。政府建设支持性的生态系统用以支持和赋能公务人员设计有效的公共政策，提供优质公共服务。这一生态系统能够促进政府与公民、企业、社会和其他组织之间的协作，激发他们的创造力，运用他们的智识和才能共同面对国家的挑战。

（6）从被动的政府到积极前瞻性政府。政府无论是在政策制定还是公共服务的提供上，能够提前预测和了解社会的变化和公民的需求，并对此作出快速的反应。要有结果，而不是消极地、不疼不痒地回应。①

3. 对政府领导者的要求

无论是大数据推动治理效能，还是政府的平台化建设，都对策划、实施和参与变革的领导者们提出了更高的要求，具体包括以下3点。

（1）强调流程与制度再造。大胆探索，尝试突破对流程的依赖，变传统政府业务需求驱动为数据驱动，在数据的统合下实现业务流、信息流和责任链合一。

（2）强调合作参与的能力。改革中的企业、政府和社会均需要适应与改变，比以往任何时候都更加强调合作参与，才能够实现对内对外赋能的目标。如广东省成立由腾讯、三大运营商组成的数字广东网络建设有限公司，承担原省信息中心的建设与技术服务工作以及省直部门信息系统建设、开发、运行维护等相关工作。

（3）强调基于反馈不断创新的能力。全球范围内"数字空间"政府组织形式创新刚刚开始，并没有太多成熟经验可以借鉴。目前唯一优势是，丰富的治理场景为技术在治理中的应用提供了"社会实验场"。只有不断从反馈结果中学习调整和修正，才能够不断完善改革思路。例如，广东省数字政务改革引入试用员体验机制，其原理就是在开放的环境中引入意见反馈机制，

---

① 张成福、谢侃侃：《数字化时代的政府转型与数字政府》，《行政论坛》2020年第6期。

不断修正和完善数字政务的服务模式。①

（二）政府首席数据官的角色

首席数据官（CDO）一职最早由企业创设，其主要职责是通过数据挖掘、处理和分析，对企业未来的业务发展和运营提供战略性的建议和意见，来满足企业业务需求的发展。Gartner2021年首席数据官调查结果显示，在企业的数字化计划被高级数据和分析领导者领导或重度参与下，企业机构更有可能在创新方面表现出色并有效地创造业务价值。

如今，这一特殊的岗位也被应用于城市治理中，成为构建数据资源管理体系不可或缺的一环。美国是最早设立首席数据官的国家，2011年芝加哥设立了第一位市政首席数据官，2013年在联邦政府层面任命了首位首席数据官。DJ·帕蒂尔（DJ Patil）被奥巴马任命为美国第一位首席数据科学家，在他的努力下，联邦政府中建立了近40个首席数据官职位。2019年1月，特朗普签发的《循证决策法案》规定"联邦政府各机构负责人应指定一名非政治任命的常任制雇员担任机构的首席数据官"。现如今，越来越多的国家在中央政府层面任命各种数据主管，如首席数据官负责政府数据战略制定与数据资产管理，首席数据官负责推进政府数字化转型，首席数据分析官侧重政府数据挖掘与分析利用等。

首席数据官是负责起一个国家、地区、组织或企业信息领域战略制定、体系执行、系统建设和技术应用等各方面持续推进和改善的高级官员，通过指导信息化进程实现对国家、地区、组织、企业发展目标的支撑。政府的首席数据官与企业的是有区别的。"政府始终是一个责任主体，与企业的首席数据官相比，市场考虑数据利用的利益、效率，而政府首要考虑的是责任，在开放环节最主要的应该是安全问题，但前提也是要解决'数据孤岛'的问题。"与企业首席数据官相比，"政府首席数据官的角色旨在促进数据共享和

---

① 米加宁、章昌平、李大宇、徐磊：《"数字空间"政府及其研究纲领——第四次工业革命引致的政府形态变革》，《公共管理学报》2020年第1期。

透明度，提高数据驱动的决策，同时保护数据机密性和隐私"。[1]

政府首席数据官的职责目标是进一步提升行政领导与业务人员对政府数据的价值认知，并将其运用到决策、流程与事务处理的优化转型上，以提高数据治理的有效性。以中国深圳市为例，2021 年 8 月，《深圳市推行首席数据官制度试点实施方案》在市本级政府、福田等 4 个区政府、市公安局等 8 个市直单位试点设立首席数据官。方案清晰明确了首席数据官 6 大职责范围，其中包含推进智慧城市和数字政府建设、完善数据标准化管理、推进数据融合创新应用、实施常态化指导监督、加强人才队伍建设以及开展特色数据应用探索。[2] 而在美国联邦政府的《循证决策法案》中，更是对首席数据官的胜任力提出了 8 项具体要求。可以看到，政府中的首席数据官责任重大，其制定的决策以及结果和影响将很大程度上决定政府数字化转型的成败，这对其领导能力素质提出了极高的要求。

然而需要指出的是，有了首席数据官，还需要有数据治理及其战略，以推动未来政府数据分析，必要的制度设计、资源支持、条件保障以及社会合作网络等构成了政府首席数据官施展能力、发挥作用的基本生态环境。[3]

（三）美国政府首席数据官的职责与业务

在美国联邦政府的《循证决策法案》中，首席数据官履职必须做到以下几点：

其一，首席数据官应为数据管理和治理（包括数据标准的制定、应用和维护）方面的专家，并具有与所在机构职能相关的数据收集、分析、保护、使用和传播方面的工作知识。

其二，在大型组织内的利益相关者之间、政府机构之间（如州与联邦政

---

[1] 张锐：《首席数据官制度在粤谨慎推行》，经济观察报百家号 2021 年 8 月 7 日。
[2] 晶报：《深圳为什么需要"首席数据官"？》，深圳特区报百家号 2021 年 8 月 12 日。
[3] 《广东首试首席数据官制度，国外有哪些经验值得借鉴？》，人民资讯百家号 2021 年 5 月 15 日。

府机构之间）以及数据用户和提供者之间，显示出有效沟通、建立联盟和施加政治影响的能力。

其三，具有成功管理组织文化变革的能力。

其四，能够在整个数据生命周期内开展数据管理，具体包括建立有效的数据采集程序和管理标准，保证数据的质量、准确性，并确保信息安全。

其五，遵守相关监管法规，能通过分析改善监管结果。

其六，具有战略性思维和以数据驱动解决复杂问题的能力。

其七，有复杂数据分析能力，能以复杂数据分析提高绩效和业绩。

其八，有商业头脑，熟悉数据科学方法、云计算、网络安全、隐私、保密、数据分析、统计方法、政策分析，能满足《信息质量法》等提到的信息质量标准，熟悉《减少文书工作法案》等。

在美国政府，哈佛大学肯尼迪政府学院艾什研究中心的地方政府创新案例中，首席数据官还扮演着数据文化宣传普及者、数据项目发起与执行者等角色。

1. 提升行政人员对政府数据的价值认知

数据文化意味着持续的数据素养渗透到组织的各个层面，而不仅仅是一次一劳永逸的会议。除了精通数据之外，真正的数据文化还会激发组织的热情，改善服务提供，并赋予员工权力。

2016年7月，首席数据官莎丽·拉丁·西恩（Sari Ladin Sienne）在洛杉矶组织了一次面向洛杉矶市员工的数据素养培训。这次培训让市中心公共图书馆的60人聚集在一起，学习城市地理空间数据——GeoHub。此外，她的数据团队建立了不同的基础设施，还尝试一种新的模式，由不同部门共同主持并促进为期一年的数据培训。她还将所有权扩展到其他部门，并深化对整个市政厅数据素养的承诺。

2. 运用数据提升治理

2017 年由美国国家多户住房委员会（NMHC）和美国国家公寓协会（NAA）委托开展的一项研究发现，到 2030 年，美国将需要 460 万套新公寓，以适应人口和生活方式变化导致的租客增加。租金和房价暴涨致使美国严重缺乏经济适用房。然而，建设经济适用房是一个微妙的政治问题，存在大量反对的声音，如对犯罪的恐惧、房价下跌和"邻里性格"的改变等。选择适合建设经济适用房的地点，成了一个政治上的难题，但在北卡罗来纳州夏洛特市，官员们正在使用数据来帮助指导他们的决策，他们使用一张数据地图，该地图将为提议的区域提供评分，以帮助在他们审查场地提案时通知安理会。HNS 住房服务运营经理沃伦·沃顿（Warren Wooten）解释说，测绘工具的工作原理是基于 4 个不同指标——接近设施、汽车和公共交通的就业机会、邻里变化分数和邻里多样性——进行组合打分，最终以透明和标准化的方式进行比较、选择地点。

首席数据官一职的诞生体现出政府组织对于数据开发与利用的重视，更折射出政府组织进行数字化改革的决心。在数字时代，领导者既要能联系起数据治理的战略与公共部门数据价值的实现，还要能担负起政府数据治理中组织者、监督者的职责。[1] 数字产业创新研究中心预测，数据资产化管理和数据驱动决策都将成为未来组织发展的核心竞争力之一。[2]

本讲思考题

1. 数字时代领导者的领导力素质有哪些变化？他们与历史上的领导者有哪些相同特征，又有哪些独特特征？

2. 数字时代的组织结构和生态结构都发生了哪些变化，这对领导力提出了哪些新的要求？

---

[1] 夏义堃：《政府首席数据官制度的核心要义与运行分析》，《图书情报知识》2020 年第 1 期。
[2] 《〈2020 中国首席数据官报告〉发布》，中国青年报百家号 2020 年 4 月 17 日。

3.哪些领导风格和领导行为在数字时代是有效的？有没有曾被认为有效的领导行为会失效？

4.首席数据官如何应运而生，又如何在政府组织中发挥其最大作用？

拓展阅读书目推荐

1.［美］凯文·凯利：《失控：全人类的最终命运和结局》，东西文库译，新星出版社 2010 年版。

2.［美］沃伦·本尼斯、罗伯特·托马斯：《极客怪杰：领导是如何炼成的》，杨斌译，机械工业出版社 2019 年版。

3.［美］纳西姆·尼古拉斯·塔勒布：《反脆弱：从不确定性中获益》，雨珂译，中信出版社 2020 年版。

4.［美］丹尼尔·平克：《全新思维：决胜未来的 6 大能力》，高芳译，浙江人民出版社 2013 年版。

领 | 导 | 力 | 通 | 识 | 课

第十一讲
科技人才的领导力

21世纪以来,我国在科技创新领域取得了很大进步,科技实力正在从量的积累迈向质的飞跃、从点的突破迈向系统能力的提升,基础研究和原始创新取得重要进展,在化学、材料、物理、工程等学科中整体水平明显提升;战略技术领域取得新跨越,在深海、深空、深地、深蓝等领域积极抢占科技制高点;民生科技领域、国防科技创新取得重大成就;高端产业取得新突破;科技在新冠疫情防控中发挥了重要作用。

越来越多的中国科学家参与到能够改变世界未来发展格局的全球项目中,发挥着领导作用并产生影响力。《中国科技人才发展报告(2020)》显示,"十三五"期间,我国研发人员(单位内部从事基础研究、应用研究和试验发展三种研究类型的人员)快速增长,从2016年的387.8万人年,增至2020年的509.2万人年,连续多年居世界第一。但与此同时,战略科学家缺口大,人才队伍大而不强,全球人才竞争日趋激烈,这也是需要面对的现实问题。权威医学杂志《柳叶刀》主编理查德·霍顿(Richard Horton)表示,"在疫情中,中国的医生和科学家已经通过自己发表的论文,与世界进行着沟通与交流,为全球应对疫情提供了可靠的知识基础……但是这些还不够,在大型的国际会议中,中国领军科学家的代表人数并不多。"[1]

2021年9月,中央人才工作会议提出了加快建设世界重要人才中心和创新高地的重要战略目标。习近平总书记指出:"到2025年,全社会研发经费投入大幅增长,科技创新主力军队伍建设取得重要进展,顶尖科学家集聚水平明显提高,人才自主培养能力不断增强,在关键核心技术领域拥有一大批战略科技人才、一流科技领军人才和创新团队;到2030年,适应

---

[1] 《〈柳叶刀〉主编答一财:中国科学家如何发挥全球领导力?》,第一财经百家号2020年5月2日。

高质量发展的人才制度体系基本形成，创新人才自主培养能力显著提升，对世界优秀人才的吸引力明显增强，在主要科技领域有一批领跑者，在新兴前沿交叉领域有一批开拓者；到 2035 年，形成我国在诸多领域人才竞争比较优势，国家战略科技力量和高水平人才队伍位居世界前列。"[①]

科技领导者的领导力有哪些独特之处，又该如何培养领？本讲结合历史上著名战略科学家的行为模式，从曼哈顿工程、"两弹一星"工程等案例出发，从价值使命、战略布局、探索创新、聚才用才育才 4 个维度，对科技领域的领导力进行剖析。

一、科技人才及其重要性

（一）科技人才的定义及层次

人才是我国经济社会发展的第一资源。2021 年中央人才工作会议提出了加强国家战略人才力量、建设 4 个梯队，包括"大力培养使用战略科学家""打造大批一流科技领军人才和创新团队""造就规模宏大的青年科技人才队伍""培养大批卓越工程师"。

1. 战略科学家

战略科学家是科技人才中的"帅才"，是担纲"国之重器"、突破"卡脖子"技术难题的领军人物。深厚的科学素养、开阔的视野、前瞻性判断力、跨学科理解能力、强悍的大兵团作战组织领导能力，这些都是战略科学家所需要具备的素质。

具体来说：第一，战略科学家必须是一名优秀的科学家，在自身从事的

[①] 习近平：《深入实施新时代人才强国战略 加快建设世界重要人才中心和创新高地》，《求是》2021 年第 24 期。

研究领域达到一定的学术高度，获得专业界认可。第二，战略科学家是一名宽口径的科学家，除了自己所在的领域，还能从更广阔的领域洞察科学发展态势，清楚了解大多数科学领域的主要发展趋势。第三，战略科学家还应该是一名战略家，在国际科技竞争中，要能分辨出哪些科学领域是竞争重点，哪些领域适合常规式发展，哪些领域可以加强合作，并且就此提出战略性意见。同时，战略科学家必须跳出学科的门户之见，站在国家发展的全局高度，审慎地判断哪些是关系国家发展的主要因素。第四，战略性科学家往往会被咨询相关政策，所以需要对科学管理有所把握，了解政策制定的基本规程。[1]

2. 科技领军人才

"领军"在我国古代指官名，出自《文选·潘岳》，即领军将军，率领军队之意。在英语中，"领军人才"通常说成"sparkplug"，这个词的本义是火花塞，引申为事业带头人、激励者，以及中坚分子和精神支柱的意思。领军人才是兼具专业能力和领导力的人才，既是一个领域公认的专家，又能够带领团队不断攀登科技创新高峰。一个杰出的领军人才往往能够突破一项重大技术，带动一个学科，甚至催生一个产业。

科技领军人才一般以两种方式进行定义：一种是通过"客体方式"，也就是通过客观能力素质描述来定义。上海公共行政与人力资源研究所2005年提出科技领军人才主要是指，在自然科学、社会科学和科技型企业经营管理的广阔领域，包括在基础（理论）研究、应用研究、技术开发和市场开拓的前沿地带，发挥学术技术领导和团队核心作用，推进科技向现实生产力转化，整合、优化社会资源，发掘、创造价值源泉，通过持续创新引领时代潮流，从而对经济社会的发展作出杰出贡献的人才。

另一种是通过"主体方式"，即通过行为方式和业绩标准来描述。根据

---

[1] 沈东方：《战略科学家，人才强国的"架构师"》，中央纪委国家监委网站2021年10月17日。

领军人才所从事的领域大致可以将其分为三种类型：第一类是主要从事基础性研究工作的科学家，他们的研究成果解决了重大的科学问题或开辟了新的研究方向，且有望在未来产生变革性创新的技术；第二类是致力于研发和创新新技术、展示技术更优性用途的发明家或工程师；第三类是能够洞察某项技术或发明对社会可能造成的颠覆性前景，调动各种资源和能力推广这项技术或发明，扩展机会，创造财富或完善科技体制的科技型创业者和创新领导。[1]

从业绩标准来看，领军人才至少须具备两个基本条件：一是在学术技术上学有所长、业有所精，不仅能够紧跟国际学科和技术发展趋势，也能及时有效地在国内加以应用推广，其研究成果达到国际先进水平并得到业内广泛认可与好评；二是具备优秀的团队领导与协调能力，担任过国家重要科研基金项目和重大工程的负责人职务。以上海市对自然科学和技术类领军人才选拔标准为例，领军人才应符合下列标准：

第一，具有本学科扎实的专业知识、深厚的学术造诣、前瞻的学术视野和较强的研发能力。熟悉掌握本学科、本行业国际或国内前沿的研究状况和研究方法。

第二，近五年，在本学科、专业领域做出具有国际水平或国内领先的研究成果，并对国家和上海经济社会发展作出突出贡献者。

第三，具有较强的科研管理能力和团队组织协调能力，领衔国家和本市重大科技或工程项目攻关、重点学科建设或担任重要科研机构学术技术负责人。

中国科学院"科技领导力研究"课题组提出由前瞻力、感召力、影响力、决断力和控制力在内的科技领导力五力模型。韩文玲等人认为，科技领军人才＝学科带头人＋沟通协调能力＋年富力强；科技领军人才应该具有独

---

[1] 李燕、肖建华、李慧聪：《我国科技创新领军人才素质特征研究》，《中国人力资源开发》2015年第11期。

特的人格魅力,志存高远、淡泊名利,是道德的典范;应该是新知识的创造者、新技术的发明者、新学科的创建者,他们站在时代发展和变革的最前沿,具有很强的洞察能力、预见能力,能够准确把握学科发展的方向,并具有非凡的创新能力;应该具有较强的组织、协调和沟通能力,拥有先进的管理理念,在工作中能够充分尊重科研团队中不同性格、不同专长的人才,合理定位。[①]

3. 青年科技人才

青年科技人才是具有较强科研领军才能和协同创新能力,在国际同行中具有一定影响力,特别是具有"大家"潜力、能够承担重任的拔尖人才。青年科技工作者在核心技术攻关的基础研究、应用研究和工程化3个阶段均发挥着重要的作用。作为核心技术攻关的先锋,需要有国际视野、思维敏锐,对束缚创新创业的体制障碍有切身感受,既要敢于批评,又要善于思考,还要探索改革,担当改革责任,发挥先锋作用。作为推动核心技术攻关的生力军,处于创造力最旺盛的时期,紧紧围绕国家长远发展急需的重大关键技术,紧盯国际科技前沿的创新课题,开展科研攻关,争取一流成果,为在世界新一轮科技革命中提升中国核心竞争力作出应有贡献。作为核心技术攻关的典范,他们拥有知识、技术、信息等创业优势,成功概率大,应当把握国家创新发展的大好机遇,走出高校院所,领办创办科技企业,推动科技成果更好转化为造福社会、造福人民的产品和服务,增加社会就业岗位。[②]

4. 卓越工程师

科学家发现未知之事,工程师创造未有之物。科学家致力于理解自然现象的内在逻辑,工程师致力于运用已得到充分理解的自然现象和人类现有

---

① 韩文玲、陈卓、韩洁:《关于科技领军人才的概念、特征和培养措施研究》,《科技管理研究》2011年第22期。
② 翟礼淼、方虹:《青年科技人才是创新驱动与核心技术突破的关键》,《科技导报》2019年第9期。

的知识来解决实际问题。科学家与工程师的能力素质有重叠的部分，尤其在前沿科技领域，二者之间的差异越来越模糊，高效的科学家都应该有工程师的素质，卓越的工程师也应有科学家的思维。卓越工程师的标准是"爱党报国、敬业奉献、具有突出技术创新能力、善于解决复杂工程问题"[1]。从近年国家对卓越工程师的培养计划来看，不仅要求其在各自专业领域成为专家，而且需要其全面发展，综合素质高，尤其对工程师群体领导力的培养和发展有着迫切需求。[2]

（二）大科学时代的领导力

历史上的科技系统是以个体小规模的基础性研究为基本特征的。在这样的系统中，科研活动的主体通常由科学家个人或科学小组组成，由他们自行设定问题、独自执行、探索式解决，其在一个领域的专业能力就代表着领导力。例如，电影《美丽心灵》中男主角的原型约翰·福布斯·纳什，从小就很孤僻，因精神分裂而终身受困。但他依然在数学领域取得突出成就，成为博弈论大师并获得诺贝尔经济学奖。

19世纪末开始，随着科技系统的发展，科学技术在社会生活的地位越来越高，与社会的联系越来越紧密，科学逐渐进入了大科学时代阶段，其时代特点主要表现如下：

第一，目标宏大。如国际空间站计划、欧洲核研究中心的大型强子对撞机计划等"工程式"大科学研究，普遍都投资强度大，多学科交叉，需要昂贵且复杂的实验设备和研究设施。当前的科技系统无论是在科学研究总的社会规模上还是研究项目尺度上，都是以前的科技系统所不能比拟的。

第二，交叉协作。随着科技系统中的研究领域逐渐扩大，单个的大科学项目的规模也越来越大，组织模式由一国主持逐步向多国合作发展。在这一大环境下，虽然基础理论研究通常是少数人乃至个人攻坚克难和智慧创造，

---

[1] 《习近平经济思想学习纲要》，学习出版社2022年版，第114页。
[2] 郭伟:《面向卓越工程师的领导力培养体系研究》，《知识文库》2017年第14期。

但科学领域整体呈现出交叉协作的趋势。例如，人类基因图谱研究、全球气候变化研究等跨学科项目，通常围绕一个总体研究目标，由众多科学家有组织、有分工、有协作并相对分散开展研究。

第三，重视应用。科研活动受社会范式的制约和影响较大。为了寻求社会资源的支持，现代科学研究总是要满足社会的需求，而社会也往往更倾向于资助那些与国计民生联系密切、能带来直接经济和社会效益的研究。

可见，在大科学时代科学家尤其是科技领军人才不仅需要把自己的专业研究做好，更肩负着科研项目管理、跨学科协作配合、青年人才培养、社会贡献等使命，这对领导力的提升提出了更高要求。中国科学院院士、北京大学微电子学研究院首席科学家王阳元认为，对于学术带头人，要具有团队工作精神；要能掌握学科发展前沿，能以敏锐的学术敏感性选择和掌握学科发展方向；要善于提出问题和学术研究课题；能虚心听取不同意见，归纳大家正确意见，然后付诸行动；要注重培育年青一代中的骨干，这些都是科技人才领导力的重要组成部分。

二、价值使命

（一）科学主义

爱因斯坦曾提出，从事科学研究的动机可以分为消极动机和积极动机两种：消极动机是逃避日常生活中令人厌恶的粗俗和使人绝望的沉闷，摆脱人们变化不定的欲望的桎梏，正如一个修养有素的人总是渴望逃避个人生活而进入客观知觉和思维的世界；而积极动机是指人们总想以最适合自己的方式，画出一幅简单的和可理解的世界图像，然后试图用他的这种世界体系来代替经验的世界并征服后者。这就使画家、诗人、思辨哲学家和自然科学家各按自己的方式去做事。因此，促使人们去做这种工作的精神状态，是同宗教信奉者或谈恋爱的人的精神状态相类似的。他们每日的努力并非来自深思熟虑的意向或计划，而是直接来自激情。为科学而科学，这就是所谓的科学主义。

科学主义源于人类的好奇本能。在古希腊时期，从毕达哥拉斯到亚里士多德，从事科学探索都是源于好奇心。亚里士多德认为，科学主义是在基本需要得到满足以后的闲暇中产生出来的思维模式：古往今来，人们进行哲理探索，都因其对自然万物的惊异，他们先是惊异于种种迷惑的现象，逐渐积累一点一滴的解释，对一些较重大的问题进行探索。例如，对日月与星的运行以及宇宙的创生做出说明。有所迷惑与惊异的人，每自愧愚蠢，他们探索哲理只是为了摆脱愚蠢。显然，他们为求知而从事学术，并无任何实用的目的。

在古代中国，也有沈括、宋应星这样为科学而科学的巨匠出现。同时，结合了科学主义和工具主义的系统价值观，有效地化解了二者之间的矛盾。例如，祖冲之是中国科学史上极具理性主义精神的科学家，他将圆周率算到小数点后7位，领先西方数学家1000余年之久，是远超当时实际应用需要的科学主义思辨结果。同时，祖冲之也是有强烈入世思想的官员，极为关心与当时政治、经济、技术有关的具体事务，编制的大明历法既能够体现"君权神授"的政治意义，更有指导农耕生产的经济意义，是体现科学主义与工具主义的科学杰作。[①]

（二）道德准则

科学的目的不仅在于求真、探索大自然的奥秘，也在于致善，即改善人们的生活条件并增进人类福祉。例如，原子弹的研发，虽然暗含危及人类自身生存的潜在危险，但其初衷是为了避免希特勒率先拥有此大杀伤力武器，这是出于科学家道德的动机，是科学领军人物道德准则的体现。作为早年秉持"探索即为一切"的科学主义者，爱因斯坦在中年之后成为具有强烈社会

---

① 参见朱亚宗：《中国科技批评史》，国防科技大学出版社1995年版，第178—183页。

责任感的科学家。1939年，60岁的他致信美国总统富兰克林·罗斯福（史称"爱因斯坦—西拉德之信"），建议美国抓紧原子能研究，防止纳粹德国抢先掌握原子弹。

除敦促政府启动"曼哈顿计划"，在第二次世界大战期间，爱因斯坦有着旗帜鲜明的政治观点，并以实际行动参与政府行为，比如致电罗斯福反对美国的中立政策；作为科学顾问参与美国海军部工作；以600万美元拍卖1905年狭义相对论论文手稿以支持反法西斯战争；连续发表一系列关于原子战争和世界政府的言论等。

1942年，罗斯福下达总动员令启动"曼哈顿计划"，物理学家罗伯特·奥本海默主动联系了主持该计划的军方负责人，并被委任为发展原子弹计划主任。在奥本海默的号召下，位于美国新墨西哥州旷野中的洛斯阿拉莫斯实验室从几百名科学家迅速发展成一个拥有6000名专家的"秘密之城"。这些专家在他们称为"奥匹"的奥本海默领导下，成功地制造出世界上第一枚原子弹。

1945年，在希特勒自杀、德国投降之后，"是否还有制造原子弹的必要"的问题成了实验室里大多数科学家的顾虑。在内务委员会会议上，奥本海默出于强烈的道德感强调，在现阶段，科学家们最关心的是如何缩短战争。由于原子物理学的基本知识在世界上的广泛传播，他指出，美国最明智的做法是将和平利用原子能的方法与各国共享。"如果我们能够在原子弹真正使用以前将原子能利用的资讯公开，美国的道德力量将会大大加强。"

6月16日，"曼哈顿计划"最高层次的科学家们提出一份名为"对于立即使用核武器的意见"的意见书，奥本海默在上面也签了名。意见书一方面认为，在使用原子弹以前，美国应当照会英、俄、法、中4国有关原子弹已经存在的事实，并且欢迎4国与美国合作，以这个武器为契机改善国际关系；另一方面指出，科学家们在如何使用原子弹这个问题上并没有取得一致意见。奥本海默知道，他的大多数同事都是主张以演习取代攻击的。但是，他的主张是不能放弃"用立即军事攻击来拯救美国人生命的机会"。

第十一讲 科技人才的领导力

当原子弹试爆成功时，奥本海默"对自己所完成的工作有点惊慌失措"，而在心中浮起了"我成了死神，世界的毁灭者"的感觉。当原子弹在广岛和长崎掷下以后，奥本海默心中的罪恶感就使其越发难以解脱了，以至于他在联合国大会上脱口而出："总统先生，我的双手沾满了鲜血。"

1947年，奥本海默担任普林斯顿大学高等研究院院长。他致力于通过联合国来实行原子能的国际控制及和平利用，主张与世界各大国交流核科学情报以达成相关协议。身为国家原子能委员会总顾问及主席，他警告美国不要陷入针对苏联的武器发展竞争，并且反对进行威力更强大的氢弹试验。他的敌人乘机发难，控告他对国家不忠。1954年，在原子能委员会举行的一次听证会之后，奥本海默被宣布为政治不安全人物，成为当时反赤色恐怖运动最著名的牺牲者。

第二次世界大战后，爱因斯坦连续发表文字信件，指出美国的扩军备战政策是世界和平的严重障碍，并发表电视演讲，反对美国制造氢弹，抗议对奥本海默的政治迫害等。尽管鼓吹继续进行氢弹研制的科学家和行政官员试图扭转局面，但研制氢弹的计划一再延迟，直到1952年，美国才成功爆炸了自己的第一颗氢弹。

从科学家对待"曼哈顿工程"与氢弹研制工程的不同态度可以看出，科学活动除了以探索未知、追求真理的"科学主义"为导向，还可能是以服务于人类生活、提升人类福祉的"实用主义"为目标。随着科学发展对社会的影响日益增大，科学家也需要担负起由于科学发展而产生的社会后果的道义责任。尤其是在科技与政治联系得越发紧密的今日，科技需要政治的稳定和支持，科技同样不断渗透进了人们的政治生活，改变了政治的运行机制等因素。由于科学家对科学技术的可实现条件、科学技术本身的规律和意义考虑较多，而政治家和行政管理者则更多从科学技术之外的领域考虑"现实需求"，导致了政治价值与科技价值取向之间的张力。一方面，政治系统的特定目的可能会与科技系统中科研活动相悖；另一方面，具有危害性的科技成果可能会引发道德伦理问题，比如大规模杀伤性武器、克隆技术等的研发，这对未来的科学领军者的道德观和价值判断提出了更高的要求。

（三）家国情怀

爱国奉献作为一种价值追求，存在于科技价值观之中，深刻影响了政治与军事化的发展。例如，在20世纪两次世界大战期间，科学界展现了极高的爱国主义热情，科学家们为真理而战，投入军事科技研究中，为国效力。1953年，英国政府80%科研费用支出是用于实现军事目标，在美国这一数字是90%。

在中国，自古至今的科学家传承家国情怀，践行科学救国、报国、兴国、强国的初心理想，形成了与西方科学家迥然不同的精神气质。一代又一代科学家心系祖国和人民，不畏艰难、无私奉献，为科学技术进步、人民生活改善、中华民族发展作出了重大贡献。胸怀祖国、服务人民的爱国精神，被列为科学家精神之首。数学家袁亚湘认为："科学家精神能够鼓舞年轻一代，最重要的一点就是爱国。在数学领域，华罗庚、陈景润就是老一辈科学家中的典型代表，他们的事迹、精神影响了一代又一代的青年科学家。"

新中国成立后，留美的中国学生奔走相告，"两弹一星"元勋朱光亚在1949年牵头组织起草的《给留美同学的一封公开信》中写道，"祖国在向我们召唤，四万万五千万的父老兄弟在向我们召唤，五千年的光辉在向我们召唤，我们的人民政府在向我们召唤！回去吧！让我们回去把我们的血汗洒在祖国的土地上灌溉出灿烂的花朵。"

在美国工作期间，作为资深火箭专家，钱学森已经享誉世界，前美国海军部副部长丹尼尔·金贝尔说："他知道所有美国导弹工程的机密，一个钱学森抵得上5个海军陆战师，我宁可把这个家伙枪毙了，也不能放他回中国去。"但钱学森深知，"我的事业在中国，我的成就在中国，我的归宿在中国"。在美国重重阻挠下，为了回到祖国，钱学森被迫参加了无数的听证会，终于在1955年10月搭载"克利夫兰总统号"游轮回国。"两弹一星"元勋王淦昌、邓稼先等科学家在明知参加原子弹研制就面临数十年不能发表论文、不能公开身份甚至连家人都可能无法见到的情况下，仍选择响应国家需要，为国分忧、为国解难、为国尽责，为中国科技事业发展提供不竭动力。

科学无国界，但科学家有祖国。爱国是科技领导者应有的政治立场和价值取向，国家利益和人民利益至上是科技工作者应秉持的信念。目前，尽管中国仍是发展中国家，在不少方面与发达国家仍有差距，但中国的经济技术面貌发生了根本的变化已是不争的事实。这里有科学家把个人的发展与国家的需求、社会的进步、人民的福祉融合在一起，在国家需要时挺身而出的精神在起作用，并且这种作用会一直延续下去。2020年，在新冠疫情暴发之初，中国工程院院士钟南山向全国民众呼吁，普通人如果没有迫切需要，不要前往武汉。但他本人临危受命担任国家卫生健康委高级别专家组组长，1月18日毅然登上从广州开往武汉的高铁。在此前几天，钟南山还在做防控策略的优化、病毒"摸底"、药物和疫苗的研发……在抗击疫情的战线上，千万名科学家舍生忘死、团结协作，争分夺秒攻关，为人民的生命健康保驾护航，也是家国情怀和责任担当的最直接体现。

三、中国科技事业的新跨越

新中国成立70多年来，科技工作者接续奋斗，中国科技实力实现了从跟跑到并跑、领跑的历史性跨越，国产大飞机、世界最大单口径射电望远镜、墨子号量子科学实验卫星等重大成果层出不穷，而在科技领域想要以打破常规的方式奋起直追，加强前瞻布局，改变在一些关键技术上被"卡脖子"的尴尬局面，需要系统谋划与统筹，科技领导者的战略意识和战略布局能力必不可少。

（一）科技领导者的战略思维

战略科学家位列科技人才梯队的顶层，足以见战略思维的重要性。因此，科技领导者都应拥有战略思维，即对关系事物全局的、长远的、根本性的重大问题的谋划思维，具体包括分析、综合、判断、预见和决策等。

1. 系统性视角

战略思维是全局性、整体性的，要求从大局、从宏观去考虑问题，而不仅仅局限于一地一域的狭隘利益。这意味着要提高站位，改变固有的心智模式。美国麻省理工大学资深教授彼得·圣吉（Peter Senge）在他关于学习型组织的著作中曾描述过心智模型在影响人们行为中的力量："我们对这个世界如何运作已经有着根深蒂固的印象了，它把我们限制在了熟悉的思维模式和行为方式上，而新的洞察与之冲突了，这就是其未能付诸实践的原因。这就是为什么管理心智模型有望成为一个重大的突破，因为它让人们开始怀疑、检验并提升自己对这个世界运作法则的理解。"

科技领导者应具备专通合一、深厚的科学素养，不仅在所从事的领域中学术造诣精深，能以前瞻性、开拓性的新理论、新思路、新方法引领专业发展方向，而且能深刻把握学科发展的分化、交叉、融合、渗透规律，形成跨学科理解能力，能立人所未立、见人所未见，以此来顺应科研跨学科、跨单位、跨国界大协作、大攻关不断深化的趋势。[①]

2. 纵深化思考

战略思维不仅是破解"只见树木，不见森林"问题的"高瞻"，还是建立在历史纵深基础上的"远瞩"。要立足现实面向未来作决策，要考虑事物几年甚至几十年发展的问题。纵深化思考既需要保持对过去的连续感，也需要保持对未来的方向感，这样才能在变化中保持控制感。

对历史的学习能够帮助科学家进行纵深化思考，爱因斯坦年轻时阅读恩斯特·马赫（Ernst Mach）有关科学史的论著，他认为正是对科学史的了解，让他对科学原理有了批判性的思考，而不是将当下普遍接受的观点看成是永

---

① 游霭琼：《坚持实践标准大力培养使用战略科学家》，《南方日报》2021年10月18日。

久不变的规律。爱因斯坦曾写道：有历史和哲学背景的知识可以免受偏见的烦恼。例如，对量子物理的研究可以从很多角度进行思考，当时普遍认同的哥本哈根诠释并不是最好的诠释，也并不是唯一有效的一个。他建议物理学家应该研究历史，理解科学观点获得证实的情况，这样处于边缘的青年物理学家就会有胆量进入新领域，提出创造性的新建议。①

3. 以假设为驱动

战略思维与"科研方法"类似，需要不断提出假设并对假设进行检验。假设带来了创造性问题："如果……会怎样？"接着，用关键问题验证假设："如果……那么……"然后拿出相关数据来进行分析。将两个步骤合并，并不断重复这一过程，就可以在不断改进假设的同时探索出新的想法。这种实验能让组织孕育出持续学习与进步的空间。"假设驱动"避免了分析与创造的对立，使得战略思维本质上既有创造性又有批判性。

不可否认的是，战略面对的大多数问题是复杂系统及复杂过程，过程的随机多变使人们对事物的发展趋势难以做出准确判断，战略决策失误的概率远远高于战术决策，因此战略决策要留有余地。

4. 以目标为导向

战略思维以战略目标为驱动，战略目标提供了一个焦点，使组织中的个人能够安排和调动他们的时间、精力与智力，确保在实现目标的过程中心无旁骛。拉尔夫·D.斯泰西（Ralph D.Stacey）认为，对目标和意图的界定必须宽泛而灵活："战略意图不是为了获得相对已知和固定的东西，而是为了发现应该去实现什么、为什么实现以及如何实现。这种意图不是来自管理者的预见，而是源于他们的经历和现在的理解……因此，动态系统视角引领管理者们依照不断发展的问题、愿望、挑战和个人意愿来进行思考，而不是依

---

① 马特·斯坦利：《物理学家为什么要学习历史？》，博科园搜狐号 2016 年 9 月 29 日。

照目标和愿景这些事先确定的意图。"[1]

在当下,全面建成社会主义现代化强国的时代使命赋予科学家鲜明的时代特质。作为科学领域的战略家,必须以科学视野和战略眼光谋划长远。一方面,能以精湛的科学技术知识预判全球科技发展大势,准确提出所从事领域的关键科学技术问题,并作出前瞻性、战略性的规划和布局;另一方面,能较好地把握国家重大需求,并将之与自身的研究结合起来。比如我国理论化学奠基人之一唐敖庆,站在国际科学前沿,结合国家战略需求,3次调整研究方向,创造性地开拓科研新领域,并在每个领域中都取得重大成果,培养了一大批高级专门人才。

(二)基础学科的战略布局

基础研究是科技创新的源头。前沿基础科学研究是指认识自然现象、揭示自然规律,获取新知识、新原理、新方法的研究活动,是对基础科学数据、资料和相关信息系统地进行采集、鉴定、分析、综合等科学研究基础性工作。虽然基础研究短时间内很难直接转化为生产力,无法解决"卡脖子"问题,但从长远来看,基础研究的重大突破不但可以提高人们认识世界和改造世界的能力,对高新技术产业的形成、经济发展与社会进步,乃至人们生活方式的改变,都将产生深刻的影响和引领作用。同时,加强基础研究是提高我国原始性创新能力、积累智力资本的重要途径,是跻身世界科技强国的必要条件,是建设创新型国家的根本动力和源泉。只有夯实基础研究之根,潜在的技术创新才能枝繁叶茂,才能避免再次出现严重"卡脖子""卡脑袋"问题。

20世纪德国著名数学家戴维·希尔伯特被后人称为"数学世界的亚历山大",是基础学科战略布局的典型代表。作为一名数学巨匠,希尔伯特不仅研究领域极为宽广,研究成果也极为丰硕。希尔伯特的研究领域涉及代数

---

[1] [美]珍妮·利特卡:《战略思维的五个要素,你都具备了吗?》,慎思行编译,慎思行网易号2021年6月22日。

不变式、代数数域、几何基础、变分法、积分方程、无穷维空间、物理学和数学基础等。在这些领域中，他都作出了重大的或开创性的贡献。单以他名字命名的数学名词，就包括希尔伯特基定理（Hilbert's basis theorem）、希尔伯特特征函数（Hilbert's characteristic function）、希尔伯特立方（Hilbert cube）等十几种。[1]

而这些数学名词加在一起，也还只是勾勒出了他研究工作中偏于"战术性"的那部分，而未能包括很多视野更宏大的"战略性"研究——比如对几何基础及数学基础的研究。希尔伯特成功地把两千多年自欧几里得以来的解析几何、非欧几何、微分几何等伟大数学研究进行总结，在《几何基础》中，他用严格的现代公理化思想震撼了全球数学界，第一次给出了完备的欧几里得几何公理系统，成为现代公理化方法的奠基人，相关理论在各个自然科学领域也越发显出了巨大的威力。

希尔伯特认为，科学在每个时代都有它自己的问题，而这些问题的解决对于科学发展具有深远意义。他指出："只要一门科学分支能提出大量的问题，它就充满着生命力，而问题缺乏则预示着独立发展的衰亡和终止。"在1900年巴黎国际数学家代表大会上，希尔伯特发表了题为《数学问题》的著名讲演。他在这次讲演中阐述了数学发展的特点，分析了数学内部及外部因素对数学进步的作用，强调了重大数学问题乃是数学前进的指路明灯，是"会下金蛋的鹅"，可以源源不断产生新的问题、新的方法、新的理念。

他根据过去特别是19世纪数学研究的成果和发展趋势，提出了23个最重要的数学问题。这23个问题统称希尔伯特问题，涉及数学大部分重要的领域，包括我们比较熟悉的黎曼猜想、哥德巴赫猜想和孪生素数问题等，对现代数学的研究和发展产生了深刻的影响，并起到积极的推动作用，后来也成为许多数学家力图攻克的难关。1950年，美国数学学会在总结20世纪前叶的数学历史时指出，希尔伯特提出的23个问题是"一张航图"，在过去

---

[1] 卢昌海：《希尔伯特与广义相对论场方程》，《物理》2020年第2期。

的50年间,"我们数学家经常按照这张图来衡量自己的进步"。

科技日新月异,不少在制定规划时被定为"前沿"的或者是"未来发展方向"的项目和课题,无法经过时间的考验,已经落伍或者转变了方向。而战略科学家们的科学预见能力,以及在此基础上所绘制的战略科研蓝图,则能够把研究工作引向正确的路径,为后来者在科学领域中探索和前行指明方向。

(三)应用学科的战略布局

科学技术是世界性的、时代性的,应用领域的战略科学家在科学技术发展中必须具有全球视野,更要积极主动整合和利用好全球创新资源,从国家现实需求、发展需求出发,有选择、有重点地参加国际大科学装置和科研基地及其中心建设和利用;抓住新一轮科技革命和产业变革的重大机遇,要在新赛场建设之初就加入其中,甚至使我国成为新的竞赛的领先者。

地球物理学家黄大年作为战略科学家的典型代表,自2009年底从英国归国后,绘就了一幅宏大的新兴交叉学科蓝图,标注出未来几十年在航空地球物理领域要达到的目标——"巡天探地潜海",多项研究成果涉及许多国内曾经没有涉及的领域,加速推动了我国"深探"事业。

在巡天方面,黄大年带领团队在航空移动平台探测技术装备项目上,用5年时间完成了西方发达国家20多年走过的路程。"远程云端控制"项目是黄大年团队首次提出的,这项研究是一个直接装载在飞机、航母等各种移动平台的探测器上的军用雷达,用于检测军用机器的位置,即使是很远的位置也可以被精确地感应到。"远程云端控制"的精准度和测量距离是普通雷达远远不及的,也是一项首创研究。这个新发现轻而易举地实时监控海域上是否有威胁、是否有外侵,有效提升了我国国防实力。

在探地潜海方面,2013年,我国第一台深部大陆科学钻探装备"地壳一号"研制成功,该装备高60米,占地1万多平方米,钻进能力达到1万米,主要用于松辽盆地国际大陆科学钻探工程,除进行地球演变和古气候研究，还将用于中国地壳的立体探测、能源探测等方面的研究。2018年，"地壳一号"完成首秀，创造了钻7018米井深的亚洲国家大陆科学的新纪录，让我国成为继俄罗斯和德国之后第三个掌握此项技术的国家，让我们向未知道路的探索迈进了一大步。

在尖端装备重力梯度仪的研制上，就数据获取的能力和精度，我国与国际的研发速度相比至少缩短了10年，而在算法上，则达到了与国际持平的水平。作为"深部探测关键仪器装备研制与实验项目"的负责人，黄大年带领团队在超高精密机械和电子技术、纳米和微电机技术、高温和低温超导原理技术、冷原子干涉原理技术、光纤技术和惯性技术等多项关键技术进步显著，快速移动平台探测技术装备研发也首次攻克瓶颈，突破了中国以外国家的封锁。相关技术直接关系我们能够开发和利用多少深部能源，与国家安全和国防战略密切相关。

在专业人才队伍建设方面，回国仅半年多，黄大年就统筹各方力量，说服大批海外科研专家回国工作。归国7年，黄大年带领400多名科学家创造了多项"中国第一"，填补了多项国内技术空白，使中国正式进入"深地时代"。在黄大年的倡议下，2016年9月，吉林大学新兴交叉学科学部筹备初期工作宣告完成，一个辐射地学部、医学部、物理学院、汽车学院、机械学院、计算机学院、国际政治系等专业的非行政化"科研特区"初步形成。

2017年初，黄大年因病去世，按照他生前设计的战略规划，黄大年团队不忘使命、刻苦钻研，努力完成其未竟的事业：移动平台探测中心团队围绕国家深海、深空、深地战略计划，在智能化重载荷物探专用无人机搭载平台研发与集成，航空重力梯度仪研制、移动平台综合地球物理一体化数据软件平台研发等多个方向开展攻关研究，获得了阶段性成果。

四、探索创新

在创新领导力章节中，已有不少对历史上伟大创意创新的描述。科学探索永无止境，创新是科学发展的不竭动力来源，也是科技人才所应具备的核心能力。杂交水稻之父袁隆平曾这样说："作为一个科学家，不能迷信权威，迷信书本，也不能因为取得一丁点的成绩就沾沾自喜，居功自傲。科学是没有止境的。只有敢于探索敢于创新，才能成果迭出，常创常新。"

如何提升科学家的创新创造力？这就必须提到著名的"钱学森之问"。2005 年，钱学森曾向时任国务院总理温家宝进言："现在中国没有完全发展起来，一个重要原因是没有一所大学能够按照培养科学技术发明创造人才的模式去办学，没有自己独特的创新的东西，老是'冒'不出杰出人才。这是很大的问题。"[①] 当他 90 多岁时，想到中国的长远发展，依然忧虑中国如何培养具有创新思想的人才。

（一）观点的共享与碰撞

任何思想经过分享、质疑和碰撞，都会激发出新的灵感。钱学森提到自己的教授冯·卡门时回忆道："卡门讲了一个非常好的学术思想，美国人叫'好主意'，这在科学工作中是很重要的。有没有创新，首先就取决于你有没有一个'好主意'。当时马上就有人问：'卡门教授，你把这么好的思想都讲出来了，就不怕别人超过你？'卡门说：'我不怕，等他赶上我这个想法，我又跑到前面老远去了。'所以我到加州理工学院，一下子脑子就开了窍，以前从来没想到的事，这里全讲到了，讲的内容都是科学发展最前沿的东西，让我大开眼界。"

钱学森说："加州理工学院给这些学者、教授们，也给年轻的学生、研究生们提供了充分的学术权力和民主氛围。不同的学派、不同的学术观点都可以自由发表，向权威们挑战。过去我曾讲过我在加州理工学院当研究生时和一些权威辩论的情况，其实这在加州理工学院是很平常的事。那时，我们这些搞应用力学的，就是用数学计算来解决工程上的复杂问题。所以人家又

---

① 汪长明：《"钱学森之问"到底问什么》，《学习时报》2023 年 3 月 17 日。

管我们叫应用数学家。可是数学系的那些搞纯粹数学的人偏偏瞧不起我们这些搞工程数学的。两个学派常常在一起辩论。有一次，数学系的权威在学校布告栏里贴出了一个海报，说他在什么时间什么地点讲理论数学，欢迎大家去听讲。我的老师冯·卡门一看，也马上贴出一个海报，说在同一时间他在什么地方讲工程数学，也欢迎大家去听。结果两个讲座都大受欢迎。这就是加州理工学院的学术风气，民主而又活跃。我们这些年轻人在这里学习真是大受教益，大开眼界。"

钱学森与冯·卡门也经常进行思想交锋和激烈辩论，某次，冯·卡门教授并不同意钱学森的观点，而钱学森却坚持自己的观点，两个人因此争论得面红耳赤，甚至冯·卡门教授还气得将文章扔在地上摔门而去。直至第二天，钱学森又在办公室见到了冯·卡门教授，而当两人见面时，冯·卡门教授立刻向他鞠躬，并笑道："昨晚我想了一夜，发现你的观点是正确的，而我的观点却是错误的！很感谢你能坚持自己的观点。"冯·卡门教授曾经如此评价钱学森："人们都这样说，似乎是我发现了钱学森，其实，是钱学森发现了我。"两位科学大家之间的相互成就，其前提正是从学术观点的碰撞、交锋中发现真理。

中国固体和半导体物理学奠基人之一黄昆考取西南联合大学物理系研究生后，同杨振宁、张守廉等人真正地认识了彼此，并结下了长达半个多世纪的深厚友谊。那时，黄昆和杨振宁20出头，同住一屋，都喜欢开展学术争论。有一次，为弄明白量子力学中"测量"的含义，他们的争论从白天持续到晚上，即使是熄了灯，他们仍爬起来，点亮蜡烛，翻开权威资料来继续争论。时隔数十年后，诺贝尔奖得主杨振宁对那次争论仍然念念不忘，他回忆："我一生中最重要的一年，不是在美国做研究，而是当时和黄昆同处一个宿舍的日子。正是那些争论，使我找到科研的感觉。"

（二）学科交叉融合

对科学家而言，不拘泥于自身领域，主动突破壁垒，拓宽学科知识面，对于提升创新能力有着重要意义。根据钱学森回忆："我本来是航空系的研究生，我的老师鼓励我学习各种有用的知识。我到物理系去听课，讲的是物理学的前沿，原子、原子核理论、核技术，连原子弹都提到了。生物系有摩根这个大权威，讲遗传学，我们中国的遗传学家谈家桢就是摩根的学生。化学系的课我也去听，化学系主任 L. 鲍林讲结构化学，也是化学的前沿。他在结构化学上的工作让他获得了诺贝尔化学奖。以前我们科学院的院长卢嘉锡就在加州理工学院化学系进修过。L. 鲍林对于我这个航空系的研究生去听他的课、参加化学系的学术讨论会，一点也不排斥。"

现代科学技术体系是一个包含基础科学、应用科学以及工程技术等多种层次的巨大系统，各个层次互相促进又相互制约。随着学术研究的不断专业化，学科间的共性越来越少，学者们缺少相互交流的冲动与能力，学科犹如"学术部落"一般，拥有各自的领地，学科之间彼此孤立。在森严的学科组织壁垒下，学科与学科之间的交互十分有限，无法有效促进基础研究与应用研究相互衔接。

目前，世界一流大学都很重视学科间的交叉融合，并将其纳入大学发展理念中，作为大学创新发展模式的"行动准则"。学科交叉融合已经成为前沿重大科学研究的重要特征，是学科创新发展及新学科产生的重要路径，也是拔尖创新人才培养的重要模式。[1]

（三）注重艺术素养

伟大的科学家往往热爱人文艺术，其艺术造诣和艺术品位常令人惊讶。爱因斯坦是一位优秀的小提琴演奏家，普朗克擅长弹奏钢琴，伽利略和牛顿都喜欢写诗。我国地质学家李四光学过作曲，数学家苏步青、华罗庚、谷超豪均爱古典诗词。钱学森吹圆号、弹钢琴、痴迷古典音乐的爱好更是广为人知。

---

[1] 焦磊：《推动高校学科交叉融合向纵深发展》，《中国社会科学报》2021 年 8 月 27 日。

钱学森还提到了艺术素养对于科学家的重要性。"我们火箭小组的头头马林纳就是一边研究火箭,一边学习绘画,他后来还成为西方一位抽象派画家。我的老师冯·卡门听说我懂得绘画、音乐、摄影这些方面的学问,还被美国艺术和科学学会吸收为会员,他很高兴,说你有这些才华很重要,这方面你比我强。因为他小时候没有我那样的良好条件。我父亲钱均夫很懂得现代教育,他一方面让我学理工,走技术强国的路;另一方面又送我去学音乐、绘画这些艺术课。我从小不仅对科学感兴趣,也对艺术有兴趣,读过许多艺术理论方面的书,像普列汉诺夫的《艺术论》,我在上海交通大学念书时就读过了。这些艺术上的修养不仅加深了我对艺术作品中那些诗情画意和人生哲理的深刻理解,也学会了艺术上大跨度的宏观形象思维。我认为,这些东西对启迪一个人在科学上的创新是很重要的。科学上的创新光靠严密的逻辑思维不行,创新的思想往往开始于形象思维,从大跨度的联想中得到启迪,然后再用严密的逻辑加以验证。"[1]

科学家必须具备大胆的想象力。爱因斯坦认为:"想象力比知识更重要,因为知识是有限的,而想象力概括着世界上的一切,推动着进步,并且是知识进化的源泉。严格说,想象力是科学研究中的实在因素。"所以,"提出一个问题往往比解决一个问题更为重要。因为解决一个问题也许仅需要数学上或实验上的技能,而提出新问题、新的可能,从新的角度去看旧的问题,却需要创造性的想象力,这才标志着科学的真正进步"。

五、聚天下英才而用之

(一)聚才

所谓"聚才",是以战略的眼光、开放的思维,创造良好的环境和条

---

[1] 《钱学森最后一次系统谈话——谈科技创新人才的培养问题》,《人民日报》2009年11月5日。

件，把来自各界的优秀人才集聚起来。民主而开放的机制、科学的管理制度、有效的激励手法及优秀的团队协作方式都是聚才的重要途径。

1. 小规模科技系统：领导魅力

欧内斯特·卢瑟福（Ernest Rutherford）作为"科学史上最伟大的人物之一"，被称为"原子时代的牛顿，是微观宇宙之王"。当他担任现代著名的科研中心——曼彻斯特大学的物理实验室和剑桥大学的卡文迪什实验室的领导者时，在组织科学研究和培养人才方面提供了众多宝贵的经验，对现代科学管理与造就优秀的科学人才产生了深远的影响。

尤其是卢瑟福在剑桥任职后，他以其特有的沟通方式——写信，持续几年，选择并吸引了一批非常出色的助手和学生，建立起一支优秀的青年科学工作队伍。

卢瑟福善于激发他们的工作积极性。每当有人在从事新的发明创造时，卢瑟福会和他们一起进行实验、研究和指导，有时甚至深夜里还往实验室打电话，给予学生有力的指导和亲切的鼓励。丹麦物理学尼尔斯·玻尔回忆说，卢瑟福最乐于关心年轻的学生，每当学生向他陈述自己的科学见解时，他总是像在倾听一位公认的科学权威的意见似的。

卢瑟福提出原子核模型以后，玻尔提出改进意见，卢瑟福随即与玻尔作了多次长谈，并给予热情指导。让玻尔一举成名的科学论文，就是由卢瑟福亲自审阅并推荐发表的。后来，他又全力支持玻尔创建理论物理研究所，这个研究所后来成为驰名世界的哥本哈根学派的中心。玻尔多次说过："对我来说，卢瑟福教授几乎是我的第二个父亲。"在卢瑟福的精心培养和扶植下，一大批才华出众的年轻人迅速成长为科学新秀，共计有13人先后获得诺贝尔奖。

卢瑟福指出："科研机构负责人应该是不但本人科研贡献要大，而且必须有能激励和指导研究人员沿着有成果的道路前进的卓越能力的人，而不是陷入事务之中和善于玩弄人事关系的人。"

2. 大科学时代：协同协作

对于大科学时代的大型科研项目，项目体量大、周期长、内容复杂，往往一个项目涉及多种专业，横跨各个研究领域。充分使用人才，就要发挥"不为我所有但为我所用"的用人观，不是简单地引进人才、留住人才，而是以任务为导向，在没有权力直接约束的情况下动员来自各个科研机构的科学研究人员齐心协力开展科学研究，更需要科技领导力。

例如，2021年，我国首次火星探测任务"天问一号"探测器成功着陆于火星乌托邦平原南部预选着陆区，配置的13台科学载荷全部开机开展科学探测活动。火星探测风险高、难度大，探测任务面临行星际空间环境、火星稀薄大气、火面地形地貌等挑战，同时受远距离、长时延的影响，着陆阶段存在环境不确定、着陆程序复杂、地面无法干预等难点。

我国首次火星探测任务于2016年立项，火星探测工程包含了工程总体和探测器、运载火箭、发射场、测控和地面应用等5大系统。在这一项目中，作为首席设计师，张荣桥负责协调一个由数万名建造和运营火星任务的团队，组织多所高校和航天系统研究所等研究机构共同开展相关研究。从多条新闻中可以看到，北京理工大学、北京控制工程研究所、北京航空航天大学、青岛科技大学、哈尔滨工业大学、清华大学等10家单位共同承担"行星表面精确着陆导航与制导控制问题研究"这个项目，确保探测器通过自主导航进行安全、精确地着陆。中国科学院地质与地球物理研究所承担了火星表面磁场探测仪电子学单元的研制和地面测试任务。哈尔滨工业大学开发出集抗辐照、低挥发和耐高低温交变等性能于一体的国旗用特种功能材料，确保了天问一号自拍图像上的五星红旗光彩夺目。香港理工大学两支跨学科科研团队也参与其中，分别为火星着陆区的地形测量和评估，以及落火状态监测相机（即火星相机）的研制作出贡献。[①] 同时，团队与欧洲空间局以及阿根

---

① 索有为：《香港理大两支跨学科科研团队参与"天问一号"探火星》，中国新闻网百家号2021年5月15日。

廷、法国、奥地利等国家的航天机构，在测控支持、载荷搭载、科学研究等方面合作，共同为增进人类对宇宙奥秘的认知贡献智慧和力量。

在工程研究及运行过程中，张荣桥一方面要负责工程研制、发射和飞行控制的技术工作，另一方面负责科学研究的组织工作，组织国内外行星领域科学家进行学术研讨，针对任务的科学目标和工程情况，开展学术交流，使科学家们能深入了解探测器配置的科学载荷情况，为能够尽早使用科学数据开展科学研究工作做好准备。[①]

"天问一号"任务突破了第二宇宙速度发射、行星际飞行及测控通信、地外行星软着陆等关键技术，实现了我国首次地外行星着陆，是中国航天事业发展中又一具有重大意义的里程碑。

（二）用才

用才的核心应是不拘一格，充分发挥人才专长进行培养和使用。习近平总书记指出："互联网领域的人才，不少是怪才、奇才，他们往往不走一般套路，有很多奇思妙想。对待特殊人才要有特殊政策，不要求全责备，不要论资排辈，不要都用一把尺子衡量。"[②]

1. 民主集中决策

在"两弹一星"研制攻关阶段，钱学森开创了"技术上的民主集中制"。他每个星期天下午把4位总设计师和负责不同理论探索方向的科学家（即各设计部、研究室主任或设计师）召集到自己家中，讨论导弹研制中的重大技术问题。钱学森请大家充分发表意见，发言不分主次、不论对错，畅所欲言、"各显神通"。当时这种会议被形象地称为"神仙会"。关于决策模式，钱学森坚持"程序正义"。如果意见一致，现场决定方案；如果意见不

---

① 付毅飞：《唯一的中国人！张荣桥入选〈自然〉年度十大人物》，科技日报百家号2021年12月17日。
② 《习近平关于网络强国论述摘编》，中央文献出版社2021年版，第37页。

一致,又无须现场定案,则留待下周继续讨论;如果事情紧迫,钱学森在综合大家的意见后给出自己的判断,定案并据此执行。而关于风险责任,坚持"首长负责制"。钱学森提出,按照经民主讨论形成的方案,如取得成功,功劳归大家;如果失败,责任由作为决策者的他承担。

在钱学森的言传身教下,担任所一级领导的中年和壮年科学家在与各分部领导讨论时也同样充分发扬了学术民主。在讨论第一颗原子弹的引爆方式时,负责领导核武器实验任务的王淦昌提议用"枪法",而其他科学家倾向于用"内爆法",后经过讨论,大多数人认为"内爆法"虽在技术上比"枪法"的要求高,但对核装料的利用率更高,建议主攻"内爆法"。在人员和资源有限的情况下,王淦昌主动放弃了"枪法",转向"内爆法"的理论研究。

在集中决策方面,钱学森也充分展示了专业能力和担当精神。1967年5月24日,在第3枚"东风三号"导弹试射之前,因操作人员精神过于紧张,忘记开通气阀,造成导弹箱体内真空,致使在大气压力作用下弹体内凹。在场的大部分人(包括技术人员)都觉得试验要暂缓,在解决导弹弹体问题之前不能发射。但钱学森经过分析判断认为,壳体变形并未达到结构损伤的程度。"他结合自己在美国做圆柱壳体研究的经验认为,点火发射后,箱体内要充气,弹体内压力会升高,壳体就会恢复原来的形状,所以他主张发射照常进行。"除他本人之外,在场的负责人都不敢决定,意见无法统一,只有钱学森单独署名,将情况上报聂荣臻。聂荣臻表示:"这是一个技术问题。既然技术上由钱学森负责,他说可以发射,我同意。"最终,导弹发射圆满成功。

实践证明,这种做法实际上是将党的民主集中制决策模式"跨界移植"到"两弹一星"研制之中,做到了最大发言权(民主)和最终决策权(集中)的最佳配置、决策科学化与决策民主化的合理转化、敢于放权及勇于担责的有机结合,对于攻克工程研制过程中遇到的紧迫技术难题、规划技术发展方向等问题发挥了不可替代的作用。时任国防部五院自动控制研究室主任梁思礼认为：钱学森很谦虚，也很民主，他奠定了中国航天技术民主决策的优良之风。在他直接领导我们搞工程的日子里，他的技术民主传统发扬得特别好，很多问题跟大家一起讨论商量。从其成功经验可以看出，"神仙会"恰恰体现了钱学森作为技术领导人的大家胸怀和战略远见。[①]

2. 搭建沟通桥梁

众所周知，科学家与管理者是两类角色、两类职业，很多时候科学研究活动和管理活动之间存在矛盾和冲突。不少科学人才虽能够在一定程度上理解或接受科学技术的政治目标，但在面对具体问题时，仍坚持以科学思维方法、科学精神为主导意识。而一些纯粹的行政领导者虽深谙管理之道，却大多数不了解科学技术的独特规律和范式，更没有科学家们的思维方式。这导致科学家和管理者对科学研究项目的目的需求并不完全相同。不仅如此，在当下研究机构，科学家还需要处理与商业管理的关系。例如，在硅谷，学者们喜欢按部就班、有条不紊，但是企业家所追求的是速度，尝试要快，失败也要快，这样才能推动技术进行快速商业化实验。因此，团队如果想良性运转，充分利用各人才力量，有效达成项目目标，就需要使科学家群体和行政管理群体之间形成共识，产生凝聚力，这时科技领导者必须起到重要的桥梁作用。

美国"曼哈顿工程"领导人莱斯利·格罗夫斯并不是科学家，他在总结"曼哈顿工程"的管理经验时曾说："战争结束之后，一直有人，特别是学术界，批评我所主张的各管一段的分工办法。……这些争论通常会在军事和民政部之间、工程师和科学家之间、科学家和科学家之间牵扯不清，这是极为有害的。"

而对参与"曼哈顿计划"的科学家来说，在第二次世界大战那样的特殊时期，与政府和军方的合作值得理解，甚至无可厚非，但行政系统和军方的各种规定常常令他们怨气十足。为此，就需要康南特、奥本海默这些科学技

[①] 汪长明：《钱学森为什么能成为战略科学家》，《学习时报》2020年12月30日。

术领域内的管理者从中协调、斡旋。在"曼哈顿计划"的执行过程中，面对与科学家之间的矛盾和冲突，格罗夫斯只有依靠奥本海默才能保证项目的顺利推进。事实证明，奥本海默不仅在理论研究方面有着极高的天赋，而且是一位游刃有余的学术组织者。物理学家爱德华·特勒说："奥本海默对别人的心理有很不寻常的洞察，这点在物理学家中是很少见的。"汉斯·贝特说："他和人谈话时总要使对方明白，对方的工作对于整个工程来说至关重要，在洛斯阿拉莫斯，他没有使任何人感到自卑。"罗斯福的科学顾问评价奥本海默："谁也没有想到一个满脑子都是概念的物理学家，能够管理这么复杂的事务。"

自2014年量子硬件小组成立就一直领导谷歌公司的量子计算工作的科学家约翰·马丁尼斯（John Martinis）于2020年辞职，这个结果的发生正是因为目标冲突和沟通能力的缺失。

在专访中，马丁尼斯承认其与主管、谷歌量子人工智能实验室的创始人哈特穆特·乃文（Hartmut Neven）的紧张关系已经持续了好几年。马丁尼斯要求整个量子团队集中精力专注于量子霸权实验上，朝着创建一台量子计算机努力，而乃文则有不同的科研思路。在冲突和路线的争论中，马丁尼斯失去了对硬件团队的管理权，乃文决定让该项目中的另3个人共同领导，由马丁尼斯担任顾问。但是在尝试继续协同工作未果之后，马丁尼斯选择离开谷歌公司。[1]

（三）育才

1. 甘为人梯

任何一个学科、任何一个领域，如果想要保持指数增长的势头，就必须

---

[1] Paul Smith-Goodson. Google's Top Quantum Scientist Explains In Detail Why He Resigned［EB/OL］. Forbes，https://www.forbes.com/sites/moorinsights/2020/04/30/googles-top-quantum-scientist-explains-in-detail-why-he-resigned/?ss=big-data#52a793756983，2020-04-30.

有全新的学科、领域不断涌现，而全新的学科、领域，又往往需要年轻的科学家去开拓。这样一来，现代科学就给现代教育提出了一个生死攸关的问题，那就是"如此众多的开拓性的科学人才从哪里来"。显然，它要求每一个科学家能培养出更多的超过自己的学生，去完成新兴学科的探索和研究。

"在中国培养一支科技人才队伍的重要性远远超过个人在学术上的成就。"中国固体和半导体物理学奠基人之一黄昆如是说。从"黄散射"到"黄方程"，从"黄一里斯因子"到"玻恩和黄"，再到"黄一朱模型"，他在世界固体物理学发展史上树立了一块又一块丰碑。然而，当发现国家需要大批科研人才的时候，他毅然放下自己心爱的科研事业，全身心地投入教学中去，并坚持了26年之久。重返北大后，黄昆开讲的第一门课是普通物理。虽然每周只讲3次，仅6个学时，可他用于备课的时间足足要50到60个小时。

在军事工程专家及教育家、国家最高科学技术奖获得者钱七虎看来，建设科技强国要靠几代人共同努力，在培养学生的过程中要学会放手，鼓励年轻科技工作者大胆提出自己的学术观点。"真理是一个长河，无数真理的结合才形成了一个真理。"[1]

2. 精准指导

钱学森非常强调工科学生的理论基础。在"大跃进"时期，大学学制普遍缩短，大学生专业知识理论基础薄弱，大部分时间都花在了科学技术含量很少的劳动和所谓的"革新"上，根本无法胜任科学研究任务。而国防科技战线尤其是尖端武器的研制，需要理论基础扎实又具有动手和创新能力的工作者。有感于大学生理论基础缺失，钱学森亲自决定，延长半年学制，补习数学和外语两门课程，直到学生达到毕业要求，才准予毕业，分配到工作岗位上。

---

[1] 詹媛：《赓续创新奋斗的精神血脉——科学家精神述评》，《光明日报》2021年10月12日。

第十一讲 科技人才的领导力

钱学森曾针对人才培养和任用的方式指出，真正的"人才"不是靠生产线式的培养，而是靠学习和工作中被发现、被任用，才表现出其专长和能力。钱学森认为，对所有人"一视同仁"地预设培养目标、有目的地进行培养教育，实际上并不利于真正有才华的人才成长发展。孙家栋就是在一次导弹发射时提出减少燃料提高导弹射程这种"违反常规"、别出一格的建议后，被钱学森发现并加以重用，成长为中国航天领域著名科学家和航天工程带头人。

1962年，中国新研制的一种导弹在发射试验时失败了。经分析，主要是发动机和控制系统出了问题。在分析故障原因、总结教训时，钱学森看到年轻人压力大，就主动给他们减压。钱学森说："如果说考虑不周的话，首先是我考虑不周，责任在我，不在你们。你们只管研究怎样改进结构和试验方法，大胆工作。你们所提的建议如果成功了，功劳是大家的；如果失败了，大家一起来总结教训，责任由我来承担。"孙家栋从新中国的第一枚导弹、第一颗卫星干起，成为中国探月卫星工程首任总设计师，他饱含深情地说："钱学森是我尊敬的领导和良师益友。"[①]

华罗庚最初只有初中毕业文凭，却破格成为清华图书馆管理员，之后又成为教员，从剑桥访问归来后直接提升为教授，这一切都是因为有更老一辈的科学家花费心思指导和培养他。后来华罗庚先生自己又当伯乐，把陈景润从厦门调到北京来。"科学家培养年轻一代的科学家，是我们的责任，是我们的使命。所以，我们这一代更应该在当今社会弘扬这种甘为人梯、扶助后学的精神。"

💡 本讲思考题

1. 科技人才分为哪些梯队？梯队间的动态关系是怎样的？

---

① 《钱学森与孙家栋：两位"科学巨星"情深谊长》，中国科学院网2010年1月11日。

2. 大科学时代的哪些特征对科技人才提出了更高的要求？

3. 战略科学家如何建立自身的战略布局思维？

4. 科技领导者需要哪方面的能力来有效领导科技精兵团？

拓展阅读书目推荐

1.［美］比尔·康纳狄、拉姆·查兰：《人才管理大师：卓越领导者先培养人再考虑业绩》，刘勇军、朱洁译，机械工业出版社2016年版。

2. 于永达、战伟萍编著：《美国政府人力资源管理》，清华大学出版社2011年版。

3.［美］埃里克·施密特、乔纳森·罗森伯格、艾伦·伊戈尔：《重新定义公司：谷歌是如何运营的》，靳婷婷译，中信出版社2019年版。

4.［美］道格·克兰德尔编：《西点军校的领导力》，刘智强译，电子工业出版社2009年版。

5. 东生编著：《"两弹一星"百年探秘》，外文出版社2018年版。

领 | 导 | 力 | 通 | 识 | 课

第十二讲
危机领导力

进入 21 世纪以来，世界各国危机频繁发生，从地震、海啸等自然灾害到交通环境等技术灾难，从肆虐横行的传染病疫情到血腥暴力的恐怖袭击，形形色色的危机事件给公众的生命、健康与财产安全造成了严重的威胁，挑战全球领导者的价值观与领导力。

　　无论是个人、组织还是国家，在危机事件中都需要不同于常规的领导力，这种领导力与危机的情境密切相关。本讲在分析危机情境特征的基础上，通过大量实例来说明危机领导力的 3 个重要部分：要有"草摇叶响知鹿过、松风一起知虎来、一叶易色而知天下秋"[①]的危机感知力，这是将危机化解于无形的重要能力；要有危急时刻的决策力，临危不乱的背后需要日常大量专业积累、预案设计和认知模式的训练；作为一个现代社会的领导者，在危机时刻还要有舆情把控力，成功地利用好舆论这把"双刃剑"来鼓舞人心、凝聚共识，能够在危机中起到事半功倍的效果。

一、危机情境的挑战

　　美国学者克里斯汀·皮尔逊（Christine M. Pearson）和朱迪斯·克莱尔（Judith A. Clair）将危机定义为低概率、高影响事件，它威胁着组织的运行，其特点是原因、结果、解决手段的模糊性，需要快速做出决策[②]。具体说来，危机有以下特质：

[①]《习近平谈治国理政》第三卷，外文出版社 2020 年版，第 226 页。
[②] C.M.Pearson, J.A.Clair. Reframing Crisis Management [J]. *The Academy of Management Review*, 1998, 23（1）: 59–76.

1. 危机是重要的系统性威胁。

2. 危机具有极强的意外性，是不可预测、不可规划、前所未有的，甚至是不可管理的。

3. 危机具有独特的时间压力。

4. 危机具有极强的不确定性，人们通常不具备确切的专业知识，也缺乏决策的路线图。

5. 危机呼唤决策，人们没有时间延宕，不能等待研究结果或共识形成，必须在摸索中快速决策。

6. 危机具有断裂性，突发断层线出现，情况会走向极端。

7. 危机让我们不知所措，固守旧有的模式是致命的。[①]

从危机事件发生的概率来看，可以分为"黑天鹅"和"灰犀牛"事件。其中，"黑天鹅"事件是指那些出乎意料发生的小概率高风险事件，一旦发生影响足以颠覆以往经验，具有可预测性低、影响力大、人们习惯于对其视而不见等特点。[②] "灰犀牛"事件则是指某种风险隐含着巨大危机，有发生巨变的可能性，不是随机突发事件，是在一系列警示信号和迹象之后出现的大概率事件，具有可预测性，但接受者决心忽略这些信号，拒绝承认明显的灾难威胁。[③]

以危机发生的边界范围为标准，可以将其分为企业/组织危机和公共危机，具体案例见表 13-1 所示。值得注意的是，未来社会的危机多为跨界危机。其特征是可能跨越地理和功能的边界，从一个系统蔓延到另外一个系统，导致多个重要系统崩溃。具体而言，跨界危机的发生途径有两种：一是

---

① Patrick Lagadec. The Mega-Crisis Unknown Territory: In Search of Conceptual and Strategic Breakthroughs [J]. *Working Papers*, 2009.//Ira Helsloot, Arjen Boin, Brian Jacobs et al. *Megacrises: Understanding the Prospects, Nature, Characteristics and the Effects of Cataclysmic Events* [M]. Springfield Illinois: Charles C. Thomas Publisher, Ltd., 2012: 13.
② [美]纳西姆·尼古拉斯·塔勒布：《黑天鹅：如何应对不可预知的未来》，万丹、刘宁译，中信出版社 2019 年版，第Ⅳ页。
③ [美]米歇尔·渥克：《灰犀牛：如何应对大概率危机》，王丽云译，中信出版社 2017 年版，第 22 页。

一个系统的失误蔓延到其他系统，产生滚雪球效应，逐渐升级为复杂的灾害；二是外部的威胁对多个系统同时产生影响。2008年华尔街由次贷问题导致的金融危机，让全球经济遭遇重创，这就是一次从企业危机演变为公关危机的跨功能边界危机；而2020年新冠疫情则是一次跨地理边界危机。

表 12-1 企业/组织危机与公共危机比较[①]

企业/组织危机	公共危机
巨大的市场转移	自然意外事件与灾害
有预谋的产品失败	环境危机
软件、硬件与沟通失败	新稀缺性
大型项目的脆弱性	高危险技术
跨国项目失败	新型及重复发生的传染病
管理难以继续	核危机
管理人员紧张与冲突	民族紧张
产业调整与重组	人口及移民潮
兼并与恶意收购	城市过大
有毒及核废料运输	群体及娱乐中心灾难
原材料短缺	暴动及社会政治骚乱
联合抵制与禁运	跨国犯罪组织
产品破坏	巨大的制度变迁及冲突
恐怖主义与绑架	政策失败
技术转让与依赖	政策执行失败

以危机演进速度和终结速度两个尺度为坐标，荷兰危机管理专家乌里尔·罗森塔尔（Uriel Rosenthal）等人将公共危机划分为速燃型、导泻型、慢燃型与长投影型（见表12-2）。

表 12-2 危机的类型与特征

类型	特征
速燃型	演进时间非常短暂，开始即意味着终结，如劫持飞机或人质事件。要求领导者决策果断、响应迅速。

[①] Uriel Rosenthal, Alexander Kouzmin. Globalizing an Agenda for Contingencies and Crisis Management: An Editorial Statement [J]. Journal of Contingencies and Crisis Management, 2008 (1): 50.

续表

类型	特征
导泻型	通常要经过一个长期、逐渐的演进过程,但结束速度较快,如次贷危机引发雷曼兄弟倒闭。要求领导者防微杜渐,避免紧张与冲突突破临界点。
慢燃型	发展速度缓慢,未经解决而逐渐衰退,如长期的环境与生态问题。
长投影型	突然发生,但终结缓慢,并且常常有着深远的影响,如日本福岛核电站事故、新冠疫情、汶川地震灾后重建等,均产生了社会放大效应。

二、危机洞察力

美国韦氏大字典将危机定义为"事件转机与恶化间的转折点",拥有对所谓"转折点"的敏感度和洞察力,是有效开展危机领导甚至防患于未然的重要前提。中国古代医学经典《黄帝内经》提出"上医治未病,中医治欲病,下医治已病",感知到危机,能够化风险于无形之中,才是最高境界的领导力。

(一)未雨绸缪的危机洞察力

《汉书》中"丙吉问牛"的故事形象生动地告诉我们什么是危机洞察力:西汉时期,宣帝的丞相丙吉外出,结果遇到有人打架斗殴,路边还躺着死伤的人。车夫认为丞相一定会派人去了解一下斗殴的情况,就把马车停了下来。丙吉却不闻不问,让车夫继续前行。不久后,他们看到一个农民赶着一头牛往前走,这头牛一边走一边喘气,还不时地把舌头吐出来(牛喘吐舌)。丙吉立刻要求停车,派人去向赶牛人查问原因。

随从对丙吉的行为很不理解:为什么对人命关天的事视而不见,看到一头牛吐舌喘气,却停下车来询问,难道人命还不如牛的命重要?丙吉是这样解释的:市民斗殴伤人,这应该由地方官去处理。丞相的职责就是考核这些地方官的政绩,到年终时奏请皇上进行奖惩。作为丞相,没有必要事事都亲自过问,所以不停车管那些打架斗殴之类的事情。然而这头牛的情况就不

313

同了。现在还是春天，按理说天气还不应该太热，这头牛却吐舌喘气。如果并没有走很远的路，而是因为天太热而导致牛吐舌喘气，那就说明今年的气节不正常，如果没有预备，恐怕会造成严重的危害。丞相丙吉的洞察力和判断力能够帮助其应对可能出现的灾害天气，而这种对于危机前征兆的敏感程度，一方面来自其对于农业的专业经验积累，另一方面也是其用心留意细节的态度和能力体现。

相反，如果对出现的危机前兆视而不见、掉以轻心，可能会引发灾难式的后果。在人类历史上，大量惨痛的危机和突发案例，早期都是有迹可循的，但遗憾的是，这些早期信息常常被人们忽视或延迟响应，且类似的悲剧一再重演。

1666年9月2日凌晨，英国国王查理二世的面包师约翰·法力诺睡觉前忘记灭掉烤面包的炉火，导致伦敦城内燃起熊熊大火。当时的伦敦木质结构建筑较多，发生火灾是司空见惯的事情，因而伦敦市市长也没有高度重视。他在火灾现场甚至口出狂言："一泡尿就可以将火浇灭。"后来，大火在伦敦肆虐了5天，导致当时这座欧洲最大城市4/5的地区都毁为焦土。尽管这场危机仅导致8人死亡，但1.3万多座房屋被毁，许多珍贵的历史文物和古代建筑也毁于一旦，约80万人流离失所、无家可归，火灾造成的经济损失约1000万英镑。[①]

1995年7月中下旬，美国城市芝加哥遭遇的热浪袭击，也是一场逐渐演进的危机。事发之初，芝加哥市长正在度假，并没有给予足够的重视。在第三天，他甚至调侃地说："芝加哥就是一座容易走极端的城市。"然而，热浪中穷人、老人、病人等成为最脆弱的群体，紧急求助电话接连不断，医院人满为患；为了缓解酷热，消防部门打开了街头的消防栓，却导致高层断水。空调等用电量的增加导致停电时有发生。芝加哥在热浪来袭的第六天才宣布进入紧急状态，消防部门提供了应急服务，开放城市纳凉场所并征集志

---

① 王宏伟编著：《公共危机管理概论》（第二版），中国人民大学出版社2021年版，第43页。

愿者参与服务，但739人死亡的悲剧已经无法挽回。

洞察力能够阻止早期的弱信号转化为重大危机和突发事件，通过及时洞察、精准管控，可以将危机所涉及范围缩小，同时减少耗散资源，把损失的代价控制在最低程度。《韩非子·喻老》提到："千丈之堤，以蝼蚁之穴溃；百尺之室，以突隙之烟焚。故曰：白圭之行堤也塞其穴，丈人之慎火也涂其隙。是以白圭无水难，丈人无火患。此皆慎易以避难，敬细以远大者也。"白圭和丈人治理水患、火灾的办法很简单，就是通过对风险隐患的洞察，堵塞蚂蚁洞穴、修补烟筒缝隙。方法虽然简单，但是这其中蕴含着减缓风险的大智慧：重视简单的隐患以规避复杂的危机，重视细节以远离大患。

（二）提升洞察力的三种途径

灾害及暴力冲突等危机事件事先都要经过一个孵化期，而政府或企业领导者之所以选择忽视危险、拒绝为承担危机响应责任而做好准备，是因为信息在组织内传播共享过程中，并不是自然而然得到传播和重视，而是有可能出现过滤现象。如一线人员将观察到的苗头或预兆向领导者汇报时，有可能被领导者忽视、漠视或者掩饰，导致不能充分认识到其危险性，或者未给予关注。

战略管理鼻祖伊戈尔·安索夫（Igor Ansoff）将洞察力缺位或缺失的问题总结为3种情形：观察过滤、认知过滤和权力过滤。破解3种"过滤"现象，是提升领导洞察力的关键。

1. 破解观察过滤

观察过滤是指企业的情报部门对外部环境微小变化的感知与洞察失灵，忽略了一些可能对未来会产生重大影响的弱信号，导致战略盲点出现和意外事件的发生。对弱信号的观察感知需要大量隐性知识、实践阅历和责任担当，因此，情报部门应深入一线，把握最真实的情况，不得对弱信号熟视无睹或心怀疑虑，也不得盲目自信。总之，在新生事物产生之初不宜过早下结论，要重视专业人才的经验和观察以及直觉判断。

观察过滤还可能通过信息茧房的方式存在。哈佛大学法学院教授、奥巴马的法律顾问凯斯·桑斯坦（Cass Sunstein）在《信息乌托邦——众人如何生产知识》一书中提出，在信息传播中，因公众自身的信息需求并非全方位的，公众只注意自己选择的东西和使自己愉悦的通信领域，久而久之，会将自身桎梏于像蚕茧一般的"茧房"中。信息茧房带来了群体极端化，陷入信息茧房的人都失去了了解不同事物的能力和接触机会，思维变得定式化、程序化。

达特茅斯学院的悉尼·芬克尔施泰因（Sydney Finkelstein）和他的团队针对企业的失败案例进行研究，发现在每一个案例中，企业失败的原因都事先可以被察觉到，但是企业的领导者并没有发觉。在领导者的位置上，选择看到什么本来就受到一定的限制，此种限制又内化于经济模型、商业战略以及诸多猜测假设中，这也是一种信息茧房。

华为公司领导层为避免观察过滤做了很多努力，包括"让听得见炮火的人作出决策"等。其战略管理部下设两个组织，蓝军部和红军部。所谓"蓝军"，原指在军事模拟对抗演习中专门扮演假想敌的部队，通过模仿对手的作战特征与红军（代表正面部队）进行针对性的训练。按照华为创始人任正非的解释，"蓝军就是要想尽办法来否定红军"。蓝军能够从不同的视角观察公司的战略与技术发展，采取进行逆向思维，论证红军战略/产品/解决方案的漏洞或问题；模拟对手的策略，指出红军的漏洞或问题，这就是避免单一视角看待问题导致信息过滤的制度设计。

2. 破解认知过滤

观察过滤导致组织的情报雷达捕捉不到弱信号，认知过滤则使组织难以正确判断和评价弱信号。由于人们习惯接受与自己已有认知框架一致的信息和看法，对框架之外的信息会本能产生否定、怀疑和排斥的心理，从而形成"认知偏差"。因此，当组织分析、解读某一弱信号时，就可能出现认知屏蔽、忽略质疑、错误解读和战略误判等行为。为避免认知过滤，优秀的危机领导者应保持自身认知框架的开放性，始终对新事物、新信息具有好奇心和兴趣；同时，也要保持认知框架的敏感性，提升对信息的解读能力，做到运用少量信息就可以进行洞察和判断。

《黑天鹅：如何应对不可预知的未来》的作者纳西姆·尼古拉斯·塔勒布（Nassim Nicholas Taleb）将那些完全没有预料到具有突发性、大规模影响且不定期的"黑天鹅"事件的纯经验主义者称为"火鸡"。他是这样描述"火鸡思维"的：一只每天有人喂食的火鸡，每次的喂食都加强了"人类对我很好，人类是友善的，并且每天都在好好照顾我"这种信念，它通过持续数十天、数百天对每天喂食量的观察，得出了这个结论，或者称"信念"，因此，它对"人类是友善的"这个信念深信不疑。直到感恩节前星期三的下午，火鸡被农场主抓走屠宰成为感恩节大餐。这时，火鸡意料之外的"黑天鹅"事件发生了。火鸡错误地把对过去一次天真的观察、十次天真的观察、一千次天真的观察当成某种确定的东西、代表未来的东西，这是其无法把握"黑天鹅"现象的原因。

2008年金融危机后，不少研究者开始反思人类在灾害性事件发生之前出现的选择性感知、扭曲的推理和组织偏见。[①] 美国财经作家贝萨尼·麦克莱恩和乔·诺塞拉合作，深度调查并撰写了《众魔在人间：华尔街的风云传奇》一书，他们认为次贷危机在变得不可收拾之前，已经有各种预警和征兆，但是贪婪破坏了人类的理性，偏见和认知扭曲在警报响起后依然不断推动着放贷者舞弊、金融创新失控、评级部门昧良心给垃圾债券打上3A级优质标签、政府监管部门被金融机构所绑架等一系列行为的发生，最终将华尔街引向了不归路。

[①] Pierre Rossel. Weak signals as a flexible framing space for enhanced management and decision-making [J]. *Technology Analysis and Strategic Management*，2009，21（3）：307-320.

表 12-3　风险感知中的直觉偏见[①]

偏见	描述
可得性	那些很快映入人们脑海的事件，比起那些更难想起的事件被认为是更可能发生的
固化效应	发生概率被可得信息或感知到的信息的重要性调整
代表性	个人所经历的独特事件，或其属性较之以发生概率为基础的信息会被认为是更典型的事件
避免认知不一致	如果某些信息对构成一个现存信仰系统之一部分的概率感知形成了挑战，那么这些信息要么被忽略，要么被轻视

按照过去的经验及早下结论，或者凭借专家的资历武断决策，往往妨碍人们对新事物的认识。防范认知过滤需要建设性争议，让专家提出多种假设和对未来的多情景预判，也需要领导者关注异类、包容模糊，尤其需要克服战略固化、过度聚焦、封闭守成等问题。

3. 破解权力过滤

权力过滤是指官僚体制导致信息被层层过滤或拖延不报，导致组织最高决策层的决策失灵，这是占据管理岗位、具有决策权和掌握关键信息的人没有责任与担当的表现。为避免权力过滤，组织需要克服权力至上、层层设障、明哲保身和偏听偏信等文化弊端，构建起信息真实、透明度高、目标一致、风险分担、分工协同、及时响应和执行力强等保障体系。

曾担任国家地震局分析预报室京津组长的汪成民在接受采访时回忆，以他为代表的国家地震局一批年轻同志当年坚持认为 1976 年唐山、滦县一带会有大震，但他们的意见始终得不到重视。1976 年 7 月 14 日，全国地震群测群防工作经验交流会在唐山召开。汪成民要求在大会上作震情发言，主持会议的时任国家地震局副局长查志远没同意，让他在晚间座谈时交流，但强调不能代表地震局。就这样，汪成民利用 17 日、18 日晚间座谈时间，通报了"7 月 22 日到 8 月 5 日，唐山、滦县一带可能发生 5 级以上地震"的

[①] ［德］奥尔特温·雷恩、［澳］伯内德·罗尔曼：《跨文化的风险感知：经验研究的总结》，赵延东、张虎彪译，北京出版社 2007 年版，第 25 页。

震情。青龙县县长冉广岐得知这个消息后，又从其他一些渠道获得了可能发生大地震的信息。多个相互佐证的信息让他提高了警惕。县里通过广播、会议及其他一切可能的形式介绍地震知识、防震方法，还把防汛和抗震结合起来，每个公社安排一名书记、一名工作队负责人具体落实防汛抗震工作等。7月28日，唐山发生大地震。青龙县房屋倒塌18万间，仅一人因震死亡（后经证实是一位老年妇女因为地震引发心脏病而死亡），后来青龙县一度成为唐山的后方医院，还派了救援队赴唐山支援抗震工作。

青龙县无论是负责地震工作的主管，还是县长，将上级单位、监测点的数据和其他观察现象进行整合，秉承对百姓负责的精神，通过各种渠道发布地震预警和为抗震工作做好准备，在风险还不确定的情况下，宁愿虚惊一场，也绝不大意。

在2001年9月11日的恐怖袭击之前的5个月里，美国联邦航空管理局共收到105份情报报告，其中52次提到奥萨马·本·拉登或基地组织。但这些重要情报被分散在各个政府机构和部门，它们以碎片方式存在，结果导致其情报所预警的严重程度被大大低估，弱信号严重失灵，危机随后爆发。

三、危机中的决策

乌里尔·罗森塔尔认为，危机是指"一个系统的基本结构或基本价值和规范所受到的严重威胁"，"由于受到时间压力和处于高度不确定状态，这种威胁要求人们做出关键性的决策"。危机是一种情境，在这种情境之下，某个系统的整体受到根本性的挑战，领导者必须在压力下做出至关重要的决断，对领导在压力和约束下的决策能力有着特殊的高要求。

在危机决策过程中，领导者应有意识地思考，并权衡轻重缓急。决策行为其实反映了一个人的核心价值观和由此带来的取舍。领导选拔过程中，有一种流行的测试方法叫作"公文筐测试"，所反映的就是个人决策能力。

假设你是一名公司高管，刚结束了为期几天封闭会议，到办公室处理累积下来的电子邮件、电话留言和各种文件：

1. 人力资源部提交的离职率情况报告，声称公司目前人才流失严重，希望能够尽快与你面谈。

2. 技术部门对公司突然终止研发项目的诉苦，说现在人心不稳，建议尽快面谈。

3. 市场部门的调研报告，提到公司薪酬结构和激励机制问题，希望得到高层重视。

4. 研发部门提出一份创新项目建议，要求给予政策扶持。

5. 采购部门要求调整内部分配机制，希望能够面谈部门薪酬政策改革。

6. 上级部门来的一份函件，要求提供相关情况数据和经验总结。

7. 下属企业的业务研讨邀请，希望你能够出席并发言。

你应该怎么做？

公文筐测试就是为了考察应聘者是否具备"要事为先"的意识，以及在给事情排序的过程中，可以看到一个人的价值取向，也就是对"哪件事情"最重要的思考。或者说，不同风格、不同经验和工作背景的人，在测试中会做出不同的优先权决策。

在日常决策中，给出的选择是既定的，可以按照"艾森豪威尔矩阵"进行决策，但危机决策作为一种非常规决策，是在信息高度不确定的状态下进行的，是一种挑战大、难度高的决策。在危机不可避免到来之际，领导者的决策行为比日常决策面临着更多挑战：一是由于事发突然，信息来源于多个渠道，既模糊不清，又残缺不全，决策者获取所需信息的能力受到很大的限制；二是危机自始至终都处于不断的变化过程之中，人们很难根据经验对其发展方向做出常识性的判断，进行有针对性的准备；三是当危机发生时，常规的管理措施与政策很难发挥作用，决策者面临巨大的时间和心理压力，而当身体和情感上面临着过大的压力时会对决策产生不良影响。

表 12-4　常规决策与危机决策的差异[1]

常规决策	危机决策
无限制时间，问题需要解决，但不会同时具有重要性及危机特征	有限时间，面临严重困难，需要立即行动
程序化决策，融入日常之中，重复，结构良好，采用预设规则的情境	意想不到的决策，预设的规则不切实际，因为情境是全新的或结构不良的
满足，个体无视或忽视危险的迹象或机会	防御性规避，个人在此情境下否定威胁或机遇的重要性，不承担采取行动的责任
果断决定，决策者在响应中接受问题决策可能带来的挑战，遵从有效的决策过程	恐慌，个人的反应令人窒息，疯狂地寻找解决问题的办法
可以控制的情境	情境存在危机升级的可能

2005 年，在卡特里娜飓风过后，美国政府因应对不当引起纷争。已经退休的通用电气公司首席执行官杰克·韦尔奇（Jack Welch）由此反思了无效危机管理中普遍存在的一种模式。他在《华尔街日报》刊出的一篇评论文章中总结了糟糕的危机处理可预见的几个阶段：

第 1 阶段是否认，第 2 阶段是压制。在这两个阶段中，多数人包括一些完全有能力解决问题的领导者，都想把问题交由别人处理，借此让问题从自己的视线范围内消失。第 3 阶段是推卸责任。此时，与事件存在利害关系的各方都进入警戒防卫状态，他们往往指责别人犯错，并声称自己是无辜的。第 4 阶段是祭旗下台。几乎每一次危机的平复都是以某位高层人士的牺牲作为代价的，有时还会连累一拨人。

韦尔奇认为，优秀领导者的特质之一就是承认现实，不否认、不逃避。他说："领导者应该立刻停止否认，睁大眼睛正视困难。"在他看来，最适合进行危机管理的领导者特质就是"坦率、冷静、果断和无畏"。

迪士尼前 CEO 罗伯特·艾格在自传《一生的旅程》一书中提到，上海迪士尼开业那天，其实是他职业生涯里"最痛苦的一天"。上海迪士尼经过十几年辛苦的谈判、筹备和建设，终于开幕了，对迪士尼而言是一大喜事。

---

[1] Karen A. Mingst. Essentials of International Relations [M]. New York: W. W. Norton & Company, 2004: 55; Charles W. Kegley. World Politics. 8th ed. [M]. Hong Kong: McMillan Press Ltd., 2000: 127-130.

但就在开业之前,迪士尼后院起火,最火爆的美国奥兰多迪士尼乐园频频出现危机,先是乐园旁边的酒吧发生了枪击案,接着,一个两岁的孩童被鳄鱼拖走身亡。乐园开放45年来,之前从来没有一位顾客受到袭击。

对艾格而言,这意味着处理情感上充满矛盾的两件事情,在轻重缓急上做出选择。对上海迪士尼的开园,艾格亲赴现场,确保光彩亮相、开张仪式万无一失。既要在上海的公开场合表示欣喜和感激之情,又要对美国的受害人感同身受,表示慰问和同情。艾格认为,真正遇上意外的时候,我们本能地对问题进行筛选分拣。这个时候,就必须依靠内心的"紧迫刻度尺"。有些是需要放下一切去处理的紧急事件,有些则会让你告诉自己"这件事情很严重,必须要立刻处理,但我需要先抽离出来专注其他事情,然后再回头应对此事"。

酒吧枪击和鳄鱼袭击幼童两次突发事件相比,发生在乐园内的幼童被袭击事件显然更重要。艾格在上海的行程中挤出时间,亲自与美国本土上的受害者家属进行沟通,也派出了更高级别的高管团队前往处理。但对于十几年努力建成的迪士尼乐园而言,CEO的出席更为重要,在应对突发情况的同时,只能划分界限,充分授权,控制情绪,然后将注意力集中在上海迪士尼开幕式最后准备阶段的细节之上。最后,两件事情都得到了妥善解决——既没有在上海迪士尼开幕的大喜之日扫兴提及美国之事,后方派去的高管团队也稳妥地处理了佛罗里达的意外事件。

在实践中,危机领导者的加分做法包括以下几项。

(一)临危不乱、保持理性

危机发生后,领导者必须在巨大的时间和心理压力之下,迅速调动可以掌控的一切人力、物力和财力,进行有效应对,控制事态发展,消除不利的后果与影响。学者帕特里克·拉加戴克(Patrick Lagadec)认为,在危机发生时,过度的压力与焦虑将使危机管理者产生以下问题:判断能力受到影响;个人人格特征更加明显,如具有轻微焦虑倾向的人会更加焦虑,个性较为封闭者则会遇事退缩、迟疑，变得更加沉默，甚至行动迟缓；想方设法寻找替罪羊；情绪逐渐不稳定；产生防卫心理，宣称一切尽在掌控之中。毫无疑问，上述问题将极大地影响危机管理的效率。甚至在危机中会出现对某一情况的过度分析或思虑过度导致的决策与行动陷入"瘫痪"境地，无法形成决策方案并采取行动。这种情况可能出于几个原因：担心出现更大的问题；问题太复杂，无法决断；追求完美的解决方案；担心制定错误的决策，永远在追求更好的解决方案上，在这个过程中不考虑时间窗口和有限理性。与分析导致瘫痪的另一个极端是"本能灭绝"（extinction by instinct），指的是由于仓促判断或直觉反应所做的致命决定。领导者应注重在危急时刻控制好情绪、进行充分休息，保持机敏和睿智。

即使面临最为严峻的挑战，优秀的领导者依然可以保持冷静。全美航空公司（US Airways）机长切斯利·萨伦伯格（Chesley Sullenberger）就是这样的佼佼者。他创造了紧急飞行迫降的"哈德孙河奇迹"。那次飞行原本很可能演变成一场灾难，但切斯利表现出了超乎寻常的沉着与冷静。切斯利则坦言，自己其实也是强作镇定。切斯利表示：我本能的反应非常强烈，这使我不得不强制自己使用训练中的方法，强迫自己冷静下来，沉着应对紧急的情况。

消防战士也是这样，他们要接受专门训练，才能做到头脑冷静地冲入火场。经过反复的训练，消防战士和军队士兵能够自然形成新的习惯，包括重新编程杏仁体，让大脑在极度困难的情况下不会左思右想，顾虑太多。

（二）基于经验前瞻判断

鲁迪·朱利安尼（Rudolph W.Giuliani）在《领导：纽约市长朱利安尼自述》一书中说："在危机降临之际，个人的经验是无法替代的，因为时间不允许你慢慢琢磨。日常生活养成的智慧，遇到危机时将扮演前锋角色。"但是，在危机决策过程中，经验难以完全复制，基于经验的前瞻与推断能力是至关重要的。

2013年，波士顿马拉松爆炸案发生时，波士顿紧急救护局局长吉姆·胡利（Jim Hooley）正在马拉松终点附近的阿尔法医疗救护帐篷内。他说："我听见了第一声爆炸声，还以为是哪个街边摊贩的煤气罐炸了，或者是哪辆车回火了。紧接着听到了第二声爆炸声，我顿时意识到这是一起袭击事件。"胡利是一位沉默寡言、尽职尽责的人，从波士顿紧急救护局的医护人员一路晋升到波士顿紧急救护局局长。在组织日常工作时，他更多靠的是以身作则的自律性，而不是所谓个人魅力。

统领紧急救护局的工作绝非易事。一些救护车属于市政厅车队，其他的归属于各类私营公司，所有车都由911调度中心统一调度。胡利曾学习过其他国家应对爆炸案的经验，知道要将伤员分派到不同的创伤中心，因为如果全部送往一家医院，那么这家医院将会面临巨大的周转压力。他也知道那些轻伤患者最好可以自行前往医院，这样救护车可以救助更多的重伤患者。

事后被问起"你怎么没有像医生一样奔去救治伤员"时，胡利回答："我是一个团队的领导者。有个人快不行了，我有种冲动想去救她，但我没有。我好不容易才遏制住这种冲动，因为我不能走错一步，必须有人从大局看问题，这个人就是领头羊，就是我。我们必须有序地疏散人群，而我清楚地知道如何去做。我也想过如果还有炸弹该怎么办，我必须想到下一步该做什么。所以，我留在了领导者应该坐的位子上。"

（三）及时调整，随机应变

复杂自适应系统不像线性系统那样拥有直接的始终如一的规律，其反应和决策更容易根据不同的情况发生不同的变化。危机的情势在不断变化，这要求领导者要灵活、机动，不能只盯着一个时间点而忽略不断涌入的新信息，对于失误具有一定承受力，成功的决策者可以权衡各种备选方案。

2005年，美国路易斯安那州新奥尔良市遭受卡特里娜飓风重创时，官员们推测即将到来的飓风危机是一个与"风"有关的事件。暴风雨过后，有些官员认为主要是大风造成了破坏（但实际上大风并没有造成灾难性破坏)。然而,飓风同时引发了风暴潮,淹没了保护城市的堤坝和大片地区,数千人无家可归,大约 1500 名市民在飓风危机中丧生。新奥尔良市真正面临的其实是一场与水有关的灾难——应对洪水灾害需要采取与应对大风灾害完全不同的处置措施。新奥尔良市政府采取的应急处置措施存在一定缺陷,其中的部分原因是,虽然灾害的实时信息不断涌入,但是官员并没有随着形势的发展迅速调整自己的判断和策略。这种误判源于当地官员对于灾难现场形势的盲目与无知。

危机情境下的领导者必须是应对复杂性问题的高手,不仅要善于从别人提供的信息中获得决策的支撑,也要善于从别人的评价中了解决策的效果、矫正决策的失误。

(四)注重沟通与舆情引导

危机包含着人们主观评判的因素,其来源于可以左右公众情感的媒体,因为危机的魅力特质很符合现代新闻媒体追求新奇且具有煽动性的题材的品位。比如,领导者在危机处理中做出的不当选择更容易被人讨论和记住,却很少有人记得领导者做出的明智选择。在自媒体、全媒体时代,舆论在危机应对中扮演着特殊的重要角色。领导者必须重视大众舆论的力量,提高危机处理的公共精神和大局意识。

美国学者赫里奥·弗莱德·加西亚(Helio Fred Garcia)所提出的在危机处理中 10 个易犯的错误里,有 6 个与危机沟通相关,包括公开误导性、真假参半的消息;说谎和欺骗;仅公开部分信息,让坏消息自己疏散;推卸责任、埋怨别人;过度坦白、过度忏悔;攻击上报问题者的动机与不准确等。[1]

在网络媒体时代,领导者在危机情境下所面临的舆情挑战更为严峻。

---

[1] [美]赫里奥·弗莱德·加西亚:《从危到机:危机中的决策之痛与领导之术》,董关鹏、鲁心茵译,人民邮电出版社 2020 年版,第 4 页。

1. 网络媒体信息传递的交互性

传统媒体的信息传播是单向的，受众多为被动接受。而网络媒体传播的过程是双向互动的。网民不仅是信息资源的接受者，还是信息资源的生产者和传播者。网络舆情的形成大致遵循这样一个模式：首先是网络媒体对新闻进行报道或网民提供事件信息；接着网民通过跟帖、留言、即时通信工具表达意见，发表评论；网民的意见在多次互动、碰撞中汇聚、综合，形成带有共识性的利益诉求和价值观念。

2. 网络舆情信息的非理性

由于互联网匿名性的特点，网民不用受到现实身份的制约，可以相对自由地阐发对于公共事务、社会热点问题、突发事件、政府决策、公众人物言行等方面的观点和立场。因而，网民很容易遵从"快乐原则"，在互联网上随意宣泄不满情绪、发表非理性的信息，言辞激烈，甚至相互侮辱和谩骂。有时，自媒体为了实现高点击量，会故意将热点新闻诉诸情感的狂欢，比如煽动怜悯、愤怒、狂热等情绪，往往能够引发大量人群的共鸣。

与传统媒体相比较，网络媒体中经常会出现信源模糊不清的现象：一是网上信息只有内容，没有确切的来源，信息传播途径不明；二是网上信息经常在原有信息的基础上添加道听途说的内容，信息传递者可能会添枝加叶，不断将信息内容合理化；三是网上信息来源可能是虚拟和杜撰的，在现实生活中并不存在。谣言如果不被及时澄清，反而会因先入为主的效应，令社会公众对权威媒体发布的信息产生怀疑，甚至抵触的情绪。

可见，在新媒体时代下，人们借助社交媒体迅速传播信息，危机事件的紧迫性和公共性都进一步增强。公共舆论不再只是意见表达和汇聚的场域，同时也逐渐成为社会动员和社会行动的发起、组织平台。社交媒体的广泛应用，使得公众强势介入危机进程，甚至主导危机舆论的发展和调性。回顾成功进行危机沟通的案例，领导者在危机时刻应该确保做到以下几点。

（1）及时回应

危机大师詹姆斯·E.卢卡谢夫斯基（James E.Lukaszewski）认为，沉默是一个组织或领导者可以选择的最危险的策略。沉默不仅会损害组织声誉，也会影响领导者和组织内部的沟通；它对组织传承的任何有形和无形的资产都会带来损害，也会削弱组织未来做出的任何（关于沉默的）合理解释。

2017年，美国联合航空将一名越南裔男子强行拖下飞机的视频在网络广泛传播。4月9日，美联航UA3411航班由于超售机票，随机选出4人请他们下飞机。在越南裔医生以第二天早上要看病人为由拒绝下飞机后，3名安保人员上飞机将其拖走。视频显示，他被拖走时毫无反抗能力，眼镜滑落至鼻子下方，嘴角流着血。

美联航在危机发生近24小时后才发表首次声明并回避事件的主要矛盾——"暴力对待乘客"，既没有充分告知公众真相，也没有回应网民关注。美国舆论和社交网络对这一轻描淡写的声明并不买账，认为美联航故意忽视了强行拖拽乘客的情节。4月10日晚，美联航首席执行官奥斯卡·穆尼奥斯（Oscar Munoz）发表了前后矛盾的第二份声明，说美联航员工只是"按照既定程序应对类似状况"，使得舆论再次燃爆直到危机扩大。在社交网站上，"抵制美联航""拒绝乘坐美联航"等标签迅速走红，不少网友或分享以往乘坐美联航的负面体验，或表示以后绝不乘坐美联航航班，或索性直接贴出退订美联航机票的截图。此外，不少网友支持受害乘客向美联航提起诉讼，要求赔偿。有网民在白宫请愿网站上发起签名，要求美国联邦政府展开调查。

4月11日早上开盘后，美联航股票价格一度下跌高达4.3%，半小时内市值蒸发9.6亿美元。穆尼奥斯在4月11日第三次发表声明时终于道歉，说美联航对这一事件"负全部责任"，将进行详细调查。4月21日，美联航表示，2018年首席执行官奥斯卡·穆尼奥斯将不再自动获得董事长头衔。

(2) 有效引导

公共危机管理者还应清晰地向社会公众进行有效引导，准确无误地传递自己的信息。

承认事实：表明组织已经意识到发生了什么事。

表达关心：如果危机事件有受害者，应向他们表示同情和关心。

重申价值观：说明或重申企业信守的价值观，如"我们首先关心的是员工的安全……"

介绍具体措施：总结已经采取或将要采取的行动，如"我们正在与急救人员和公共安全官员积极配合，并将一直坚持，直到所有员工都得到妥善安排"。

做出郑重承诺：设定人们对未来的预期，如"我们将继续严密监测，并在了解更多情况时进一步公开信息"。

有上述这几项信息备用，可确保在危机到来之时迅速发声，抢占先机，并向利益相关方传递必要的关心。

此外，虽然"人人都有麦克风"，但网络意见领袖的作用尤为重要，"信息流"和"影响流"都经过意见领袖这个中介，其位置不仅影响了个人的信息与权力，更控制了整个网络的资源流通。[1]

(3) 言行一致

除了疏解网民情绪之外，通过务实的行动来改变引发危机的系统性或制度性问题更为重要，也更为持久，能够起到"釜底抽薪"的效果。强生公司对"泰诺"药品中毒事件的有力回应，正是危机中以言行一致获得称赞进而逆转企业形象的典型案例。

1982年9月29日至30日，在美国芝加哥地区发生了有人服用含氰化物——强生公司生产的"泰诺"药而中毒死亡的严重事故。最初，仅有3人因

---

[1] 周晶晶：《网络意见领袖的分类、形成与反思》，《今传媒》2019年第5期。

服用该药物中毒死亡，但是随着信息的扩散，据称全美各地已有250人因服用该药物而得病或死亡，这些消息的传播引起全美1亿多服用"泰诺"胶囊的消费者的极大恐慌。民意测验表明，94%的服药者表示今后不再服用此药。

面对新闻界的群体围攻和别有用心者的大肆渲染，在首席执行官詹姆斯·伯克（James Burke）的领导下，强生公司采取了一系列的快速而有效的措施。强生CEO戴拉协同公关人员积极地进行危机公关。在公关部基础上成立危机公关领导团队，要求大家首先按照强生信条行事，绝对将顾客的安全放在第一位。他接受副总裁兼公关部经理的建议，要求公司按照公司信条统一口径，统一行动，积极与媒体合作，向新闻界敞开大门，公布事实真相，而不是争辩。

危机公关领导团队的具体做法包括：与新闻媒介密切合作，坦诚面对新闻媒介，迅速真实地向公众传播各种消息，通过媒体向公众呼吁停止购买并服用泰诺产品。花费50万美元通知医生、医院、经销商停止使用和销售。在药物中毒事件发生后的数天里，坦诚圆满地答复了从新闻界打来的2000多个询问电话。积极配合美国食品与药品管理局的调查，对800万瓶泰诺药品进行试验，查看其是否还受过其他污染，并向公众公布检查结果。停止报刊广告，尽可能地撤掉广播电视中所出现的泰诺药品广告。

在第1阶段完成之后，强生第2阶段的危机公关，即"强生与泰诺归来"立即启动。泰诺以新包装重新打入市场。新包装有多重密封，专防假药掺入，成为全国第1种防掺假药品包装。强生积极与各大媒体联系，向全国吹响泰诺归来的号角。为了让公众再接受这种新产品，恢复泰诺的人气，强生走访了上百万名医务人员，不惜花费5000万美元向消费者赠送这种重新包装的药品。一年以后，强生公司的产品重新获得了广大公众的信任，泰诺重新占领了95%的市场份额。

四、案例：沙克尔顿的"坚韧号"南极探险

欧内斯特·沙克尔顿（Ernest Shackleton）的南极探险经历被众多商学院列为"危机中的领导力"的经典案例。如果以抵达目的地作为衡量成功的标准的话，沙克尔顿几乎所有的探险都是不成功的。然而，作为一名领导者尤其是危机中的领导者，沙克尔顿无疑是卓越的。1914—1916年，在带领"坚韧号"前往南极探险期间，沙克尔顿历经外部自然绝境与内部冲突危机的重重考验，将27名队友一个不少地从南极极端险恶的困境中解救出来，被队友称为"世间最伟大的领导者"。在长达700多天的危机时刻，沙克尔顿审慎果敢的决策能力、乐观积极又坚忍不拔的精神以及未雨绸缪、防患于未然的意识都充分展现了作为危机领导者的智慧和魅力，值得各个领域的领导者学习和借鉴。

（一）沙克尔顿的探险经历

在1901年跟随探险家罗伯特·斯科特（Robert Falcon Scott）进行南极探险失败后，沙克尔顿于1909年进行了第二次南极探险，并把英国国旗插在了距南极点180公里的地方。1914年8月，通过公开招募和遴选培训，沙克尔顿组建了一支28人团队，踏上了南极探险的第三次征程。根据家族座右铭"坚韧必胜"，他将探险所乘坐的蒸汽帆船命名为"坚韧号"（Endurance），希望成为徒步穿越南极大陆的第一人。

1. 危机乍现：保持乐观

沙克尔顿团队于1914年11月抵达南极南乔治亚岛后，天公不作美，海面上浮冰异常密集，始终没有缓解的迹象。当地的捕鲸人建议推迟计划，等下一季再出发。但对沙克尔顿来说，推迟无异于放弃。在南乔治亚岛等了一个月后，"坚韧号"载着28人团队和69只雪橇犬，向南极的威德尔海驶去。

1915年1月19日，"坚韧号"陷入由积雪构成的浮冰区，碎冰紧紧围拢在船身四周，团队尝试过很多次，也没能把"坚韧号"从浮冰区中解救出

来。受洋流和强风的影响，"坚韧号"被浮冰裹挟，一路向北漂流。

沙克尔顿警觉地意识到，如果队员们不各司其职、例行公事，便会懒散，感到无聊。因此，长达4个月的极夜和之后的日子里，即使船处于失控状态，他仍然坚持让所有人尽量按部就班地开展日常工作，让队员们充实起来，包括刷洗甲板和船身，组织和配给物资，防止锚链生锈，设立单人观察哨时刻观察冰层的变化，期待着出现可供航行的裂缝，安排人手在鲜肉存量下降时猎捕海豹和企鹅等。此外，他还要求训练雪橇犬，组织驯犬对抗赛等，并组织了打扑克、下国际象棋、歌会等娱乐活动。有一天，他出乎意料地与船长伴着口哨在浮冰上跳起了华尔兹，以此娱乐众人。

一位船员在日记里写道："他总是能镇住所有困难，展现出无畏的一面。他经久不衰的乐观态度，令我们这帮沮丧的探险家受益匪浅。我们都对当前的灾难心知肚明，尽管他本人也很沮丧，但却从未表现出来，只是极力展现幽默与希望，他是最乐观的人之一。"

2. 危机升级：积极行动与耐心等待

在10个月的与世隔绝中，沙克尔顿以其超强的自信心让团队保持着对生存的期望，队员们乐观地认为，等坚冰消融，探险可以继续。然而，更严重的危机正慢慢逼近。随着浮冰的进攻变得越来越猛烈，船体慢慢开始出现了破损，并开始呈现一定程度的倾斜。1915年10月24日，一大块冰直接擦过船尾，船尾柱几乎被扭断，大量海水涌入，排水泵连续工作了3个昼夜，依然收效甚微，饱经摧残的船体再也无法承受巨大冰坨的压力。

沙克尔顿不得不宣布弃船。大家将物资全部转移到附近的厚冰，队员们对着"坚韧号"3次振臂高呼，以此告别栖身一年的家园。行动是振奋士气的最好方式，沙克尔顿提出拉着雪橇穿过数百公里前往保利特岛的计划，新目标让人精神一振，大大缓解了队员们逐渐萌生的懒散和无助。为了减轻重量，沙克尔顿带头将必需品之外的东西全部扔掉，包括金表、黄金雪茄盒等，做出了榜样。

然而，南极严酷的环境严重地阻碍了计划的开展，雪越下越大，第 1 天他们前进不到 1.6 公里，第 2 天只走了 0.8 公里，第 3 天走了 0.4 公里就不得不停下。到了圣诞节，50 多岁的木匠麦克尼什拒绝继续前进，他公开表示，既然"坚韧号"沉没，就不再履行"船员"的义务。沙克尔顿意识到队伍中的任何嫌隙和分裂都可能致命，就将队员聚到一起，重新评估了船规，然后做出了一项重大调整。尽管从法律上讲，他没有义务在沉船后继续向队员支付薪水。但沙克尔顿还是向所有队员宣布，将向他们全额支付每一天的薪水，直到抵达安全地点，抵达之前所有人还要受他约束。

沙克尔顿对船规的更改平息了事态，同时稳固了自己的权威，一场风波很快过去。但沙克尔顿理性评估食物和跋涉速度，得出无法到达浮冰边缘的结论，决定终止此次跋涉，再次在浮冰上扎营，直到环境变得更利于摆脱困境，队员们将新营地称作"耐心营地"。

3. 危机破局：主动出击

1916 年 4 月 9 日，浮冰终于化开了。沙克尔顿下达了期待已久的命令——起航寻找陆地，3 条救生船载着 28 人出发了。他们在浮冰间横冲直撞，冒着暴风雪在狭小的水道间穿行。在寒风、冻疮、痢疾和干渴的轮番折磨下，7 天后终于在名为大象岛的小岛上登陆，这是自离开南乔治亚岛后他们第一次踏上陆地。但这片狭小的陆地上寸草不生，气候恶劣，更重要的是它远离任何航线，不可能被人发现。队员们情绪低落，健康状况下滑，食品也在减少，有人再次陷入了绝望的情绪。马上冬天和极夜就来了，以队员的状态和物资情况，这个冬天很难熬过去。

沙克尔顿面临重大抉择，必须拿出可行的方案让大家看到生还的希望。坐以待毙不是沙克尔顿的性格，他决定立刻派一艘船寻找救援，绝不能迟疑。沙克尔顿选择了 1300 多公里外的南乔治亚岛作为求救目的地，那里有鲸鱼加工场。第 2 天他就挑选了 5 名队员，乘最大的救生船去南乔治亚岛求救。这是一次更为凶险的航行：队员们皮肤被湿透的衣服擦伤后开始生疮流脓，腿因为长时间浸泡在海水中而肿了起来，手因冻疮感到火辣辣地疼。沙克尔顿密切关注着队员们的状况，警惕需要注意的症状。终于，在航行了14天后小船到达南乔治亚岛西岸，完成了一项近乎不可能完成的任务。

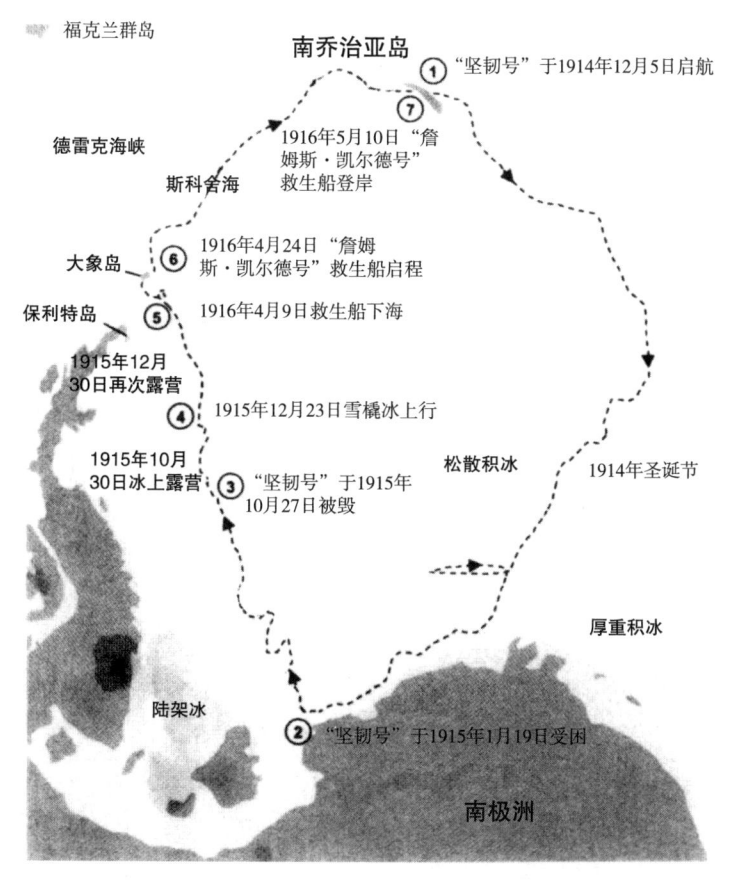

图 12-1　沙克尔顿带领下的"坚韧号"团队行程[①]

沙克尔顿原本计划在登陆点稍作休整，然后驾船绕到另外一侧的鲸鱼加工场求助。然而，刚刚到达南乔治亚岛，一场风暴将停泊在海上的船撞毁。沙克尔顿只能选择带着状态较好的队员来执行这最艰巨的任务，让身体欠佳

[①]〔美〕丹尼斯·N.T. 珀金斯、玛格丽特·P. 霍尔特曼、吉利安·B. 墨菲：《沙克尔顿的领导艺术：危机环境下的领导力》（第二版），冯云霞等译，电子工业出版社 2013 年版，第 14 页。

的成员留在原地。最终，他们靠一根绳索、2把冰镐，跋涉了36个小时，奇迹般地穿越了海拔3000多米的高山冰川，到达了40多公里外的鲸鱼加工场。

尚未恢复的沙克尔顿急不可待地借船，先接回留在南乔治亚岛的队员，然后开往大象岛营救他留在那里的船员。风浪太大，试了4次，营救船才抓住积冰化开的短暂机会靠近大象岛。1916年8月30日，28人团队终于重逢，并于1916年9月安全抵达智利。

（二）对危机领导者的启示

尽管目前少有组织会遭遇像沙克尔顿团队所面临的极端自然环境挑战，但在动荡不定、竞争激烈、危机四伏的外部环境下扭转局面，在情绪浮动、人心不稳、消极悲观的组织环境中凝聚人心，依然是各个领域领导者所面临的重大挑战。人们将处于不知道还将持续多久的巨大风险、团队成员耐心和信心越来越少的危机时刻，称为"沙克尔顿时刻"。此处的"时刻"并不一定是较短的时间，很多时候，危机不会在短短几天内自行缓解或消退，而是持续数个月甚至几年，沙克尔顿团队在危机中挣扎了约700天，其间境遇不断恶化，问题层出不穷。例如，自2020年以来，新冠疫情肆虐全球，对各国政府的决策和应对、区域治理和企业经营等方面带来了难以预计的长期性影响，对全球领导者的危机领导力也带来了类似挑战和考验，而本案例为领导者应对此类长投影型危机提供了行为范式和思路启迪。

1. 勇于担当，充分发挥领导职责

越是危急的情形下，领导力的重要性就越凸显，对领导者担当和勇气的要求就越迫切。沙克尔顿清晰地认识到领导者在危机中应该发挥重要作用，他的一言一行不仅起到了指明方向的定盘星功能，还有稳定人心的压舱石效果。在危机中，探险队员都能够看到他坐镇领导。即使前途未卜，他依然以冷静、自信的方式向团队成员进行动员，让他们相信能够掌控自己的命运，安全生还和探险成功在望。在团队乘坐无遮蔽的救生船前往大象岛途中，他

坚定地立于船尾指挥航程，在关键时刻发挥领导、鼓舞作用。登上南乔治亚岛之后，他主动提出第 1 个值班站岗，连续守了 3 小时，而不是常规的 1 小时。

相反，如果在危急时刻扛不住重大压力，试图避重就轻或敷衍了事进行应对，就无法承担危机领导职责。例如，与沙克尔顿团队形成鲜明对比的是，1913 年 8 月，一支由加拿大探险家菲尔加摩尔·史蒂芬逊率领的探险队乘"卡勒克号"起航，向位于加拿大最北部海岸和北极之间的冰天雪地的北极地带进发，也不幸被困于坚固的浮冰中。他们一开始也在等待冰况好转，并试图解除对探险船的包围，但等了 5 周后，史蒂芬逊不耐烦了。他判断"卡勒克号"无法再依靠自身动力前进了，如果探险船有幸不破损，就要随冰块漂流几年时间。想到要被动等待，史蒂芬逊决定动身进行个人探险。9 月 19 日，他突然宣布要去狩猎，当"卡勒克号"随浮冰漂移到了海里，史蒂芬逊努力想跟上探险船，但太迟了。于是他继续实施自己的计划，弃船去开展测量和地理发现，直到 5 年后（1918 年）才突然再次现身。史蒂芬逊离开后，探险队领导责任先后落到船长、总工程师身上，但他们无力经营有凝聚力的团队，导致成员冲突四起、离心离德。等到 1914 年 9 月 7 日被营救时，只有 9 人生还，11 名探险队员殒命于荒芜的北极地带，其中 1 人为开枪自尽。[1]

沙克尔顿将队员安全返回放在首位，与史蒂芬逊对队员漠不关心的态度形成鲜明对比，是领导责任感的具体体现。英国探险家阿普斯利·彻里加勒特曾经这样评价南极探险者们："若想要科学探险的领导，请斯科特来；若想要组织一次冬季长途旅行，请威尔逊来；若想组织一次快速而有效率的探险，请阿蒙森来；若是你处在毫无希望的情景下，似乎没有任何解决办法，那就跪下来祈求沙克尔顿吧！"

---

[1] ［美］丹尼斯·N.T. 珀金斯、玛格丽特·P. 霍尔特曼、吉利安·B. 墨菲：《沙克尔顿的领导艺术：危机环境下的领导力》（第二版），冯云霞等译，电子工业出版社 2013 年版，第 24—25 页。

2. 审慎冒险，灵活务实进行决策

在危机中，沙克尔顿及时调整目标，根据实际情况勇于决策。他在日记中写道："人必须向新目标努力，而让旧目标彻底消失。"在"坚韧号"被毁的那天，沙克尔顿虽然心痛，但理智地将探险目标转为"一个不落地重返家园"。他躺在帐篷中，一心想着自己的责任："现在的任务就是要确保探险队员的性命。要达到此目的，我必须尽我的体力和脑力之所能，并用上从过往亲身经历中所获得的一切知识。这次任务可能漫长而艰巨，如果要在无人员损失的情况下完成探险，就必须保持头脑清醒，还必须制订一个清晰的计划。"

在"坚韧号"沉没后，他尝试带领队员拖着沉重的救生船在冰上前行，在发现这种做法不切实际后，沙克尔顿快速转变决策，就近建立宿营地，大部分队员等待时机到来再乘坐救生艇出发。

即使危机重重，沙克尔顿依然审慎决策，尽量避免不必要的风险，如1916年3月23日，在看到开阔的水域之后，队员们想尽早逃离在浮冰上露营的状态，开启救生船的呼声与日俱增。然而，沙克尔顿认真审视周边情况后，认为不能冒这样的险，"在这里浮冰可能会迅速裂开和闭合，救生船可能会被挤坏，我们可能会被冲开，很多事情可能发生。但是，如果再继续这样漂浮，势必会漂到开阔的水域，我们就可以抵达最近的捕鲸站。"直到4月9日，沙克尔顿才下达起航寻找陆地的命令。

而在危机日益恶化的情况下，要敢于选择冒更大的风险摆脱困境。在大象岛登陆之后，面对岛上的不利环境和越来越少的粮食储备，沙克尔顿仔细审视环境，决定前往南乔治亚岛求助。他认为，这次行动虽然极度危险，但考虑到大家迫切需要救援，值得冒险，否则大家会一起在岛上慢慢饿死。同时，行动不会给岛上的留守队员增加任何风险，而且不会耗费更多的食物。在下定决心之后，南乔治亚岛的冒险终于换来一丝生机。

3. 未雨绸缪，提前做好周密准备

"坚韧号"的船长弗兰克·沃斯利在评价沙克尔顿时说："他是我所见过

第十二讲 危机领导力

的最勇敢的人，但他从来不是有勇无谋。必要时他会承担最大的风险，但他总是会用最慎重的方式处理问题。"沙克尔顿清楚地知道，南极探险中危险无处不在，必须用最谨慎的态度来对待哪怕看似最细微的问题。

在物资方面，沙克尔顿吸取了自己第一次南极探险的教训，为避免船员在长期探险过程中缺乏维生素患上坏血病，特地把酸橙汁封装成药丸。他还发明了由多种原料制成的"合成蛋糕"，一片就能提供将近3000卡路里的热量。他还购买了用最新技术制作的极地服装，包括毛皮衬里的睡袋、坚固的帐篷等。这些物资价格不菲，但对后来探险过程中船员绝处逢生起到了至关重要的作用。例如，在救生艇驶往南乔治亚岛的途中寒冷刺骨，沙克尔顿确保每4小时供应一次热牛奶，保障了途中无一人死亡。

在团队成员选择方面，沙克尔顿也在团队组建初期处处用心留意。沙克尔顿本人乐观坚韧，也非常看重候选人积极乐观的品质。他认为一个人能承受潜在的危险与困境，是作为探险队员的重要素质指标，而那些展现出乐观与幽默感的人比较容易通过他的面试。同时，他还非常看重船员的协作能力，在面试时，他询问后来成为探险队物理学家的雷金纳德·詹姆斯会不会唱歌，就是想考察作为科学家他能否与他人近距离地一起生活和工作。当沙克尔顿决定带5个人前往南乔治亚岛求援时，他考虑的不仅是哪些人更适合和他一起出发，而且考虑了哪些人更适合留在原地忍受遥遥无期的等待和寂寞。

正是在选择探险成员及"坚韧号"探险的早期过程中的准备，团队成员之间的共同身份感越来越强烈，尽管在后期探险队一分为二甚至一分为三，留守人员也有绝对的信心不会被同伴抛弃。沙克尔顿离开大象岛前留下一张字条："我一定会回来营救你们，如果我不能回来，那我也尽我所能了。"收存字条的船员从未打开这张字条。是什么力量让他们在枯坐干等中支撑这么久的时间？一名船员回答道："因为我和所有人直到那时仍坚信沙克尔顿会成功，他不会丢下我们不管。"

本讲思考题

1. 危机可分为哪些类型，现如今最常见的类型是哪种？

2. 如何提升危机预判能力，降低信息过滤、认知过滤和权力过滤等带来的影响？

3. 危机决策和日常决策有哪些区别？这对领导者提出了怎样的要求？

4. 试想一个危机场景，并根据危机沟通和舆情引导的要点，撰写一份发言稿。

拓展阅读书目推荐

1. 王宏伟编著：《公共危机管理概论》（第二版），中国人民大学出版社2021年版。

2. ［美］伦纳德·马库斯等：《哈佛大学危机管理课》，武越、刘洁译，中信出版社2020年版。

3. ［美］赫里奥·弗莱德·加西亚：《从危到机：危机中的决策之痛与领导之术》，董关鹏、鲁心茵译，人民邮电出版社2020年版。

4. ［美］丹尼斯·N.T.珀金斯、玛格丽特·P.霍尔特曼、吉利安·B.墨菲：《沙克尔顿的领导艺术：危机环境下的领导力》（第二版），冯云霞等译，电子工业出版社2013年版。

5. ［美］纳西姆·尼古拉斯·塔勒布：《黑天鹅：如何应对不可预知的未来》，万丹、刘宁译，中信出版社2019年版。

6. ［美］巴里·埃森格林：《镜厅：大萧条、大衰退，我们做对了什么，又做错了什么》，何帆等译，中信出版社2016年版。

后 记

在2023年秋季学期迎新之时，也迎来了《领导力通识课》一书即将出版的好消息。20多年来，我在清华校园里开设领导力课程，为充满好奇心和求知欲的优秀清华学子讲授领导力，见证了一批又一批同学的成长和发展。抱着让更多人感受清华园学习氛围、启迪更多人提升领导力的美好愿景，我们将课程内容编辑成书，为有志于提升领导力的每位读者架起一座通往卓越领导力的桥梁。

站在当下，展望未来，我们需要怎样担当有为的领导者？如何将充满无限活力的领导力理论用于指导具体实践？在人生的不同阶段，如何找到最适合的提升领导力的方式？我们在编写过程中持续思考着上述问题。这既是当代中国的重要命题，也是全球各国的共同命题。在本书的编写过程中，我们有幸与来自世界各高校的优秀领导力研究者深入沟通交流，并通过线上线下等渠道在世界领导力论坛（WLF）等国际会议上讲述中国故事，传递中国领导智慧。

领导力课堂是开放的课堂，我们的课堂上既有深入思辨的理工科背景学生，也有旁征博引的文科背景学生；既有涉世不深、初露头角的本科生，也有在职场上脱颖而出的MPA、E-MPA学员。课堂上的思想交锋和灵感碰撞既开阔了每个人的视界，也是教学相长的重要契机。感谢每一位在课堂上踊跃发言、积极互动的同学，思想火花的碰撞为本书的编写提供了宝贵的素材；感谢多年来帮助我们完成领导力课程教学任务的清华大学校内外所有的老师、同学和各方面的领导者、专家、学者。

因本书脱胎于课堂讲义，参考了诸多国内外书籍和期刊内容，从中汲取了大量精华，在对相关书籍和期刊作者表示深切的敬谢之意的同时，恳请其文作者谅解我们因篇幅所限有挂一漏万之不足。本书在出版的过程中得到了北京华景时代文化传媒有限公司的刘雅文女士提出的中肯而具体的修改意见，让全书主题更加鲜明，内容更加凝练，在此表示衷心感谢！

限于水平，书中难免有不妥之处，恳请广大专家和读者批评指正。

作者
2023 年 9 月 23 日